资源型地区城乡过渡性新型社区的形成逻辑及治理探索

基于山西两个典型案例的实证分析

何璐瑶　王慧斌　著

山西出版传媒集团

山西人民出版社

图书在版编目（CIP）数据

资源型地区城乡过渡性新型社区的形成逻辑及治理探索：基于山西两个典型案例的实证分析 / 何璐瑶, 王慧斌著. -- 太原：山西人民出版社, 2024. 10. -- ISBN 978-7-203-13503-6

Ⅰ . D669.3

中国国家版本馆CIP数据核字第2024G2M654号

资源型地区城乡过渡性新型社区的形成逻辑及治理探索：基于山西两个典型案例的实证分析

著　　者：何璐瑶　王慧斌
责任编辑：周小龙
复　　审：吕绘元
终　　审：武　静
装帧设计：中尚图

出 版 者：山西出版传媒集团·山西人民出版社
地　　址：太原市建设南路 21 号
邮　　编：030012
发行营销：0351-4922220　4955996　4956039　4922127（传真）
天猫官网：https://sxrmcbs.tmall.com　电话：0351-4922159
E-mail：sxskcb@163.com　发行部
　　　　　sxskcb@126.com　总编室
网　　址：www.sxskcb.com

经 销 者：山西出版传媒集团·山西人民出版社
承 印 厂：天津中印联印务有限公司

开　　本：710mm×1000mm　　1/16
印　　张：17.5
字　　数：285千字
版　　次：2024 年 10 月　第 1 版
印　　次：2024 年 10 月　第 1 次印刷
书　　号：ISBN 978-7-203-13503-6
定　　价：69.00 元

序

当前，随着我国城镇化、工业化进程的加快，农村产业结构和城乡人口布局已经发生了重大改变。为了顺应城乡产业和人口布局改变，各地都在积极探索推进城乡空间重置和治理重构，城乡基层社会的治理环境和治理结构都相应发生改变。尤其为有效促进城乡基础设施和公共服务均等化，缩小城乡差距，改善农民生活条件，国家和地方加大了农村的投入力度，通过新型城镇化建设、易地搬迁、集中居住等形式，在城乡之间形成了大量的新型社区。不同地区城乡新型社区的形成过程及后续治理都具有不同特点，本书作者选取一种特殊地域即资源型地区来讨论，既反映了资源型地区的特殊情况，也反映了我国整体上从乡土社会向城镇社会的现代化转型，具有很强的现实意义。

对于煤炭资源型地区来说，由于面临着生态修复、资源整合、经济转型、采煤沉陷区治理、脱贫攻坚、乡村振兴、城镇化建设与行政村撤并等多重任务叠加，国家和地方政府，更是从基础设施建设、生态修复、道路交通、住房安置等，投入大量的资源资金来解决日益衰败的农村问题，在这个背景下就形成了大量城乡新型社区。虽然农民的居住、出行等生活条件都得到了极大改善，但作者通过实地调研发现，这些在空间和治理中表现为"既不像城镇，也不像农村"的城乡过渡性新型社区，由于定位不清、经济羸弱、机制滞后、服务不足等问题，都面临着严重的发展困境，有些甚至面临"回流""空城""烂尾"的风险。因此，必须加强制度改革，推动治理创新。

基于此，本书作者以典型的煤炭资源型地区山西为例，选取在资源整合与转型、采煤沉陷区治理等政策背景下，形成的整村易地搬迁型和强村合并弱村型两个典型的城乡新型社区，通过实证调研详细梳理其形成过程并分析后续治理中出现的问题，总结和提炼资源型地区城乡新型社区治理困境的形成逻辑，进而针对性地提出对策和建议。可以说，我国城乡基层社会面临着从乡土社会向城镇社会转变，基层治理体系也面临从静态传统社会城乡分割治理，向融合流动的现代社会的城乡整体治理转变。最后本书认为治理转型滞后于实践建设是当前城乡新型社区的主要困境，必须通过创新城乡融合体制机制，创新探索不同新型社区治理模式，加强村民自治和现代社区治理有效衔接，方可推动城乡新型社区治理转型。

扎根田野，向基层学习、向农民学习、向实践学习，是我们从事社会科学研究的基本方法，也就是做学问应有的价值遵循。本书两位作者从硕士起就跟着我从事乡村治理的实证研究和田野调查，作为青年学者，从事乡村治理研究本身就具有极大的挑战性，尤其是关于煤炭资源型地区的乡村治理更是涉及利益主体多、矛盾多，而本书研究城乡新型社区具有一定的前沿性和开放性，研究对象相对庞杂，工作量也比较大，加之受疫情的影响，实地调研更是相当困难。为了深刻挖掘第一手材料，作者从 2018 年到 2021 年，用三年多的时间多次深入山西各地煤矿资源型县域和农村进行实地调研，克服了种种困难，最终才有了本书的呈现。本书只是作者的一个阶段性成果，希望在此基础上能够坚持不懈，使其之后的研究不断有所提升和进步。

董江爱

2023 年 3 月于太原

目　录
contents

导　论

随着我国工业化和城镇化的快速发展，城乡基层社会治理环境和治理结构发生了巨大变化，农业经营方式、农村治理单元、农民生活方式等随之改变。城乡人口流动加速更使农村由传统社区逐步向开放的现代社区转变。伴随着大规模整村搬迁、集中居住或者城市扩建等，乡村涌现出大量新型社区。对于资源型地区来说，面临着生态修复、资源整合、经济转型、沉陷区治理、脱贫攻坚、城镇化建设与行政村撤并等多重任务叠加，于是国家和地方通过加大资金投入、改善基础设施、实现集中居住等，创建了大量的城乡新型社区。实地调研发现，这些城乡新型社区目前却都相继遇到了各种问题，为什么投入巨大形成的新型社区没有取得相应的治理绩效？其背后的形成逻辑是什么？围绕这些问题，本书试图从资源型地区各种城乡新型社区的形成过程与当前困境的关联中，找寻问题的答案。

第一节　问题提出和研究意义

一、问题的提出

新中国成立 70 年多来，随着我国经济社会高速发展，社会结构变革不断加快，城乡基层社会的治理环境和治理结构发生了巨大变化，出现了大量新情况和新问题。一是农业经营方式发生了变化。市场化和工业化的发展，加速了土地流转和农业的规模化经营，打破了传统小农一家一户的土地经营方式，农民生产生活日益社会化，与市场的关系也日益密切，传统意义上单纯从事农业种植、主要依靠农业收入为生的农民已经发生改变。二是农村治理单元发生了变化。随着农民居住集中化和农业生产方式规模化，特别是农村城镇化、新型农村社区、农业园区的发展，原有的村与村之间的空间界限被打破，传统意义上的农村治理单元也发生了改变。三是农民生活方式发生了变化。大量的农民涌入城市，变为"市民"，城乡人口流动的加速，农民与市民、农村与城市之间的界限在消除。同时，大量农民流入城镇基层社区，却由于城乡融合体制机制尤其是治理体系不健全，不仅加大了城乡基层治理成本，还埋下隐患。

可以说，我国城乡基层社会面临着从乡土社会向城镇社会转变，基层治理体系也面临从静态传统社会城乡分割治理，向融合流动的现代社会的城乡整体治理转变。在这个大的背景下，面对农业农村不断衰败、农民依然贫穷的局面，为有效促进城乡基础设施和公共服务均等化，缩小城乡差距，实现共同富裕，国家加大了对农村的投入力度。在这个过程中，随着农村城镇化、精准扶贫、生态治理等政策的有效落地，在城乡之间形成了大量的新型社区，这些新型社区大都搬离原址，基础设施和公共服务基本接近城市社区，搬迁到新型社区居住的农民生活条件都得到极大改善。

以煤炭资源型地区为例，随着资源整合与资源转型、采煤沉陷区综合治理、脱贫攻坚等政策的实施，国家和地方政府，从基础设施建设、生态修复、道路交通、住房安置等，投入大量的资源资金来解决日益衰败的农村问题。在这个背景下就形成了大量的城乡新型社区，集中表现为两种类型：第一类是采煤主导型乡村因资源整合和沉陷区治理整村易地搬迁的移民社区；第二类是资源转型驱动下强村带弱村形成的合并社区。虽然搬迁到这些新型社区后，农民的住房、用水、出行等生活条件都得到了极大改善，但实地调研发现，这些在空间和治理中表现为"既不像城镇，也不像农村"的城乡过渡性新型社区，由于定位不清、经济羸弱、机制滞后、服务不足等问题，都面临着严重的发展困境，有些甚至面临"回流""空城""烂尾"的风险。

基于此，我们不禁要问，为什么国家和地方投入巨大资金资源建成的城乡新型社区，在现实中却遇到了种种困境，造成这种困境的原因是什么？其形成过程中是否有导致其出现困境的潜在因素？如果不解决这些问题，就很难应对城乡融合背景下日益增多的新型社区，不仅关系到乡村振兴战略实施，更关系到基层社会持续发展，必须引起社会各界的高度重视，切实解决问题根源。因此，本书选取山西因资源整合、采煤沉陷区治理、资源转型形成的两个典型的城乡新型社区，通过实证调研分析其治理中出现的问题，尤其是通过详细梳理其形成过程，从形成过程探索其治理困境出现的原因，总结和提炼资源型地区城乡新型社区治理困境的形成逻辑，进而针对性提出对策和建议。

二、研究意义

因资源转型、沉陷区治理、生态修复、脱贫攻坚等形成的城乡新型社区作为一种政府主导规划建立的社区，主要是行政力量作用的结果，其在后续治理中依然存在着行政色彩浓厚、对上级政府过度依赖等问题。目前学界对于资源型地区、处于乡村和城市之间的过渡性新型社区，尚没有展开有针对性的深入研究。本书将试图突破以往的"城市社区－乡村村落"思维，从整体治理的视角，聚焦于资源型地区中出现的各类城乡新型社区，总结和梳理其治理中存在的问题和困境，初步构建城乡新型社区治理的内生动力机制，以期为促进乡村治理体系与乡村振兴战略有效衔接，为推进我国城乡基层治理现代化和社区治理现代化提供思考和建议。

就理论意义而言，本书主要以问题较为集中的资源型地区为例，通过详细梳理各类城乡新型社区的形成过程，着重从历史过程中挖掘影响城乡新型社区有效治理的各种内生要素和主体关系，从而尝试探索和构建城乡融合背景下城乡新型社区的有效治理机制。一方面从新型社区的研究视角进一步拓展和丰富资源型地区乡村治理理论；另一方面从资源型地区的区域特色出发，为构建具有中国特色的本土化城乡融合理论、城乡基层治理理论，提供理论研究素材。

就现实意义而言，目前我国正处于城乡融合发展转型时期，各类新型社区、各种新问题不断涌现。近年来更是出现了众多"既有城镇特征、又有农村属性"的易地搬迁移民新村和合并新村，亟需对城乡基层社会治理实践中的法律、制度、政策问题以及一些具有典型性、代表性的地方案例进行专题研究。本书选择资源型地区具有代表性的城乡新型社区展开研究，通过探索其形成过程中政府、企业、社会、农民之间的关系，进而探索城乡融合背景下城乡新型社区有效治理的体制机制，不仅对于解决当前资源型地区各类城乡新型社区治理和发展中存在的具体问题可以提供对策建议，也为其他地区提供相关的借鉴参考。同时，试图探索构建城乡融合与乡村振兴、城市社区与村民自治的有效衔接机制，进而对提升城乡基层治理体系的活力、适应性、持续性，提高基层治理能力现代化提供一定实践参考价值。

第二节　国内外研究现状

从实践中看，城乡新型社区主要是伴随着新农村建设、农村城镇化、农村公共服务供给等形成的，资源型地区城乡新型社区的形成过程中更是糅合着资源转型、采煤沉陷区治理等因素。因此，本书一方面从新农村建设、农村城镇化、农村公共服务以及资源型地区新农村建设、农村城镇化、资源转型、采煤沉陷区治理等方面去梳理城乡新型社区形成过程的相关背景；另一方面从乡村治理、资源型农村乡村治理、社区治理等方面来梳理城乡新型社区的相关治理要素。

一、关于乡村建设、城镇化与治理的研究

（一）国外关于乡村建设与发展的研究

国外，关于乡村建设与复兴的研究开始于二战前后的"归农运动"，主要关注农村住宅、道路等乡村景观的规划和建设问题，主要偏重于农村社区的景观建设。之后西方国家普遍存在重城市轻农村、重工业轻农业的现象，也有部分学者关注农业建设对国家经济发展的重要性，如美国学者Theodore W. Schultz（1964）提出通过人力资本投资，重新改造农业，振兴农村。20世纪70年代，随着工业化、城市化的发展，乡村日益衰败，不仅出现了人口减少、基础设施不足的问题，城乡非均衡发展引发的问题也开始显现。许多西方国家开始了以乡村重建、乡村复兴为目标的乡村建设运动，研究成果大量涌现，如美国学者E.A.J.Johnson（1970）提出内生动力驱动的乡村内源式发展道路；Maurice Freedman（1975）提出乡村社区发展理论；日本学者祖田修和大原兴太郎（1994）针对日本农村因人口过疏化而导致衰败提出的加强农村经济、生态以及居民交往等综合发展论；美国学者Peter.B.Nelson（2001）则以美国西部乡村人口、产业等社会变迁问题入手，提出重视乡村移民及人地关系协调问题；Michael Roche（2003）从地理学的角度提出了"农业－工业化、后生产主义和乡村可持续发展"三种乡村发展共生模式。

国外学者关于城镇化的研究，普遍认为城镇化和工业化密切相关，城镇化的过程就是"城乡人口直接分布发生变化的过程"[①]，是市场化、工业化驱动的自然而然的结果，主要集中在城镇化后的移民融合、城市治理等问题。关于农村城镇化的研究主要基于市场经济和人口流动的视角，与我国不同的是，国外普遍认为农村城镇化主要就是人口从城市向乡村流动的过

---

① [美]西蒙·库兹涅茨. 现代经济增长[M]. 戴睿，易诚，译. 北京：北京经济学院出版社，1989：1.

程，因此要大力发展小城镇或实现乡村的小城镇化，如 M Paecione（1990）。

随着村民自治在中国基层社会实行，国外学者对中国乡村治理展开了丰富的研究，涌现出众多研究成果。如 Prasenjit Duara（1988），Jean C. Oi（1992），Elizabeth J. Perry（1994），Melanie Manion（1996），Lianjiang Li（1998），Yongnian Zheng（1998），Tianjian Shi（2000），EmersonM.S.Niou（2000），Philip C. C. Huang，（1986、1992、2010）等。除聚焦中国基层民主研究外，关于中国的社会结构、乡村治理、农村工业化等也开展了丰富的研究，如 Jean C. Oi（1992）提出了政府"法团化"及对中国农村工业化的研究；Elinor Ostrom（2000）的自主治理理论；以及 Winter M（1998），Richard Bell（1999），Sheona Shackleton etc（2002），Vernooy（2008）等关于社区农户生计和环境可持续发展问题的研究。这些成果为本书研究奠定了坚实的理论基础，极大地开阔和丰富了本书的研究思路和理论视角。

国外关于公共服务的研究，并没有直接研究农村的公共服务，基本上都是从城乡社会整体视角研究公共服务供给问题。19 世纪末期到 20 世纪初期，德国社会政策学派和法国公法学派初步提出了"公共服务"的概念和内涵，从政府政策和公法意义的角度强调了公共服务的价值和作用，强调了政府干预市场的必要性。如 Adolf Wagner（1876），Léon Duguit（1912）。二战后到 20 世纪 80 年代，随着西方经济危机的爆发，西方经济学家提出公共物品理论，认为公共物品具有受益非排他性和消费非竞争性特点，是市场机制失灵的重要领域，因此政府应该承担公共服务供给责任。如 Paul A. Samuelson（1954），Richard Abel Musgrave（1959）。20 世 纪 80 年 代 至今，西方国家掀起了声势浩大的新公共管理运动，强调顾客导向以提高公共服务质量，主张采用政府业务合同出租、竞争性招标等方式，实现公共服务供给的市场化与社会化。如 David Osborne & Ted Gaebler（1992），John Kamensky（1996）。

此外，还有学者从供给单元出发，主要研究诸如基层、社区、小型集会或者论坛、小规模团体在公共服务供给中的行动和策略，并提出小规模团体自主供给公共服务的路径。如 Mancur Olson（1995），James Bohman（1996），Elinor Ostrom（2000）。总体上，国外学者主要从整体上研究公共服务的供给方式，并侧重城市的公共服务，并没有直接针对农村公共服务的研究，但关于公共服务的分析视角、理论模型等对我国农村公共服务体系建设，尤其是对城乡公共服务均等化研究和实践提供了一定的借鉴价值。

（二）国内关于新农村建设与城乡基层治理的研究

1. 关于新农村及农村社区建设研究

近代以来，随着西方工业文明侵入，我国乡村呈现不断衰败的局面，以晏阳初、李景汉、梁漱溟等为代表的知识分子开始探讨乡村建设问题，主要途径是通过文化教育等对农民进行改造。中华人民共和国成立后则主要通过农民组织化和农业集体化等方式对乡村进行整合。改革开放后到21世纪初，国内学者主要关注农村经济改革、乡镇企业和农业发展的研究，对农村建设关注较少。

随着我国社会主义新农村建设的开启，学者们广泛聚焦于新农村建设的方方面面。如简新华（2006）等认为新农村建设应重点通过发展集体经济来逐步实现农业产业化；温铁军（2006），郑新立（2006），陈锡文（2006）等强调新农村建设是关于农村农业全面综合的建设，不能单纯强调经济发展，更应该注重农业、农村、农民的全面发展，既包括村容整治，也包括乡风文明，尤其强调通过公共服务加强农村社区建设。面对城镇化进程的加速，徐勇（2007）提出新农村建设中的乡村治理要以城乡一体化为方向，在社会主义新农村建设中推进农村社区建设；陆益龙（2007）则从多元化和城市化角度提出新农村建设要注重和城镇化协同推进；李昌平（2009）提出要通过新农村建设全面推进农村的土地、金融、管理等体制改革。

之后，随着各地大力开展新农村建设，学者们在肯定成就的同时也发现了新农村建设中的许多问题。如陆学艺（2007），朱启臻（2007），盖国强（2007）等学者关注土地问题，强调要在新农村建设中不断推进土地制度改革，保障农民土地权益；傅志华、赵大全（2007），孙文基（2009），王先明（2012）等学者聚焦新农村建设中的资金筹集及使用问题，指出资金问题是制约新农村建设的关键，并发现财政对"三农"支持力度不够、财政支农总量投入不足、财政支农结构不合理、财政支农方式不科学是新农村建设资金短缺的主要原因。此外，还有大量学者发现在新农村建设中存在忽视农民主体作用的现象，强调在新农村建设中要注意文化建设，提高农民主体地位。如郑风田（2008），贾德先（2006），吴理财（2009）等。从新农村的建设主体关系上，学者也展开了不同方向的研究，如董江爱（2007），高珊、包宗顺、金高峰（2007）等重点研究了乡村精英在新农村建设中的作用；周由强（2006），胡建渊、赵春玲（2007）等则强调地方政府在新农村建设中的作用；董磊明（2007），李腾飞、王志刚（2012）则强调要发挥社会资本的作用，在新农村建设中要加强政府与社会力量的合作；郁建兴（2009）等强调要注重政府与企业的关系。

总体上，多数学者认为新农村建设要加强农村的综合发展，通过基础设施建设、公共服务供给推动农村社区建设，协调推进新农村建设与城镇化发展，尤其是强调在这个过程中要充分发挥政府、企业、社会以及农民等多主体的共同作用。但实践中，各地新农村建设大多没有沿着城乡一体化和城镇化的方向，仅就农村谈农村，在资金使用、资源配置、农民主体发挥以及城乡公共服务供给均等化等方面都存在着许多问题。

2. 关于农村城镇化及城乡基层治理的研究

改革开放以来，随着社会主义市场经济逐步建立，农村集市和贸易恢复以及乡镇企业如雨后春笋般发展，农村城镇化引起了各界关注，许多学者对其进行了详细的论述和研究。如费孝通在20世纪90年代初就提出小城镇战略，随后许多学者从户籍、土地、农民市民化、产业转移等方面提出了农村城镇化的建设路径。但各地在推进城镇化的实践过程中，却出现了许多问题，包括土地粗放式利用、环境污染严重、产业集聚能力不足、基础设施不完善、人口聚集度低、资源浪费严重等等。如孙林兴（1996），秦润新（2000），李树琮（2002），潘维（2004）认为我国农村城镇化过程中存在缺乏整体规划，盲目扩张，许多小城镇建设格局凌乱、类型混杂、乱占耕地等现象；沈和（2011）认为体系不协调、农民市民化制度障碍、发展方式不够集约、城镇综合管理能力不强以及投融资体制机制不活等严重影响了我国城镇化健康持续发展[1]；李强、陈宇琳、刘精明（2012），孔祥云（2013），邓大才（2013）等提出由于各地城镇化大多由政府强制推动，农民被动进城影响了城镇化的效果。总体上我国城镇化过程中存在土地城镇化快于人口城镇化的现象，特别是许多地方政府在经济利益驱动下，盲目将人口城镇化演变为土地城镇化，甚至不顾实际出现许多"并村上楼"现象，不仅造成耕地资源浪费，而且打造出了许多"空城"。另外，由于制度改革滞后，许多农村城镇化形成的新型城镇，尤其县域范围内的一些非建制镇都被排斥在城市体系之外，导致发展困难。

随着我国城镇化进程加快，我国城乡基层社会治理环境也发生巨大变化，如城市流动人口增加，新型城镇的形成以及村庄空心化等都对我国现有的城乡基层治理体系提出了新的挑战。为此，许多学者开始对城乡基层社会治理问题进行总结与反思，并试图从新的角度对城乡基层社会治理体系进行再造，主要集中在两个方面：一是从户籍、土地、农民市民化、体制机制障碍等方面研究城镇化背景下基层社会治理面临的问题，如吴敬琏（2013），林毅夫（2013），辜胜阻（2015），肖金成（2015），梁木生（2015），李强（2015）等。二是从公共政策、政府责任方面研究城镇化中的公共事务治理问题和基层社会管理创新问题，如许耀桐（2013），汪玉凯（2014），徐盼（2015）等。

3. 关于农村公共服务供给及城乡均衡化的研究

在开展新农村建设的同时，学者们也结合农村社区建设实践，针对农

---

① 沈和. 当前我国城镇化的主要问题与破解之策[J]. 世界经济与政治论坛，2011（2）：162-172.

村公共服务供给开展了大量研究。

一是强调政府在农村公共服务供给中的作用。由于农村公共服务固有的非排他性特点，政府要承担城乡公共服务差距的主体责任，学者们也从构建服务型政府的角度提出改革我国公共服务供给方式的建议。如程又中（2005），杨宏山（2009），陈国权（2009），吴业苗（2010），郁建兴（2011），王浦劬（2015，2019），张晓山（2019）等。

二是提出以市场化来解决农村公共服务供给效率不高的问题。王小林、赵小明（2002），宋亚平（2011），蒋开东（2011）等学者提出政府部门的公共服务以管理为主，服务为辅，不能满足农村公共服务需求，应引入彻底的竞争机制，通过契约化的形式将公共服务外包给社会组织、市场企业，完善农村公共服务的市场化供给，提高公共服务供给效率。

三是认为农村公共服务供给存在与农民需求相脱节的现象，认为应该以社会需求为导向，根据不同村庄的发展层次，构建以农民需求为主导的公共服务体系。如林万龙（2007），艾医卫、屈双湖（2008），陈世伟（2010）等。

四是针对农村公共服务的"专项化""项目化""碎片化"等问题，提出要加强整体化资源整合。如渠敬东、周飞舟、应星（2009），汪锦军（2012）等提出协同性整合。唐任伍、赵国钦（2012）等强调信息化整合，以及仇叶（2020）等构建的情景化机制。

之后，学者们意识到以需求为导向推动公共服务供给的重要性，并开始研究公共服务需求问题，如张立荣（2011），尹栾玉（2016），刘书明（2016），赵勇（2015），吴业苗（2013）等。其中，陈水生（2017），盛明科（2018），容志（2019）等强调对公共服务需求的识别与治理研究；宁靓（2019），党秀云（2019），蔡振华（2020）等注意到信息时代下的公共服务需求；孟天广（2015、2019），马超（2020），宋向嵘（2020）等从问责的视角研究公共服务需求；赵超、金华宝（2017），姜晓萍（2020）等构建了回应公共服务需求的治理路径。还有一些学者研究了农民公共服务需求与治理路径，如李莉（2020），金梅（2020），张美华（2020）等。

党的十八大以来，随着农村城镇化进程加快和城乡之间深度融合，农村公共服务供给呈现出新的态势。许多学者开始关注农村公共服务供给与基层治理之间的关系。如谢迪、吴春梅（2015）认为农村公共服务供给效率与农民公共理性的建立、村庄治理的发展呈正相关趋势，并指出农民个体利益与村庄公共利益的有机结合是这种正相关关系产生的现实基础。余成龙、冷向明（2019）指出基层治理失效是农村公共服务陷入可持续发展困境的深层次原因，农村公共服务供给应该与基层社会治理实现结构性融合。尤其是随着乡村振兴战略的实施和城乡公共服务均衡化的快速推进，学者们普遍认为要逐步推进城乡公共服务融合化发展，如陈沛然、汪娟娟（2020），陈浩、吴典（2021），肖建华（2022）等。

总之，国内关于公共服务的研究经历从城乡二元差别到城乡均等化供给、从政府单一供给到多元合作供给、从供给导向向需求导向转变的过程，而随着城镇化和乡村振兴的快速推进，围绕城乡融合背景下公共服务均等化、公共服务与基层治理关系等内容，学者们也逐步开始进行研究和探索，这些研究为本书对城乡新型社区治理的研究提供了思路和方向。

二、关于资源型地区乡村发展相关问题的研究

（一）国外关于资源型地区乡村发展相关问题研究

关于资源型地区经济发展与转型、社会冲突与治理等方面的研究一直是西方学者关注的重点，从 20 世纪初到现在涌现出大量研究成果。本书主要从资源型地区经济转型及城镇化、资源型地区乡村治理、采煤沉陷区治理等与本书相关性较强几个方面进行梳理。

1. 关于资源型地区经济转型及城镇化的研究

西方国家在经过工业革命后，随着包括矿产在内的自然资源成为经济发展重要的生产要素，各种类型的资源型城镇进一步发展壮大。因此，对

于资源型城市经济、社会、文化等方面展开了丰富的研究，也开始探讨资源型城市发展中存在的不稳定因素。20 世纪 60 年代后，随着资源型经济带来的生态环境破坏以及资源型经济停滞等问题出现，西方学者更是着重研究资源型城市（社区、地区）的兴衰与转型问题。如 Lucas etc（1971）提出资源型城镇的四阶段发展理论，分别是建设期（Construction）、发展期（Recruitment）、转型期（Transition）和成熟期（Maturity）;[1]Bradbury（1979）认为以往研究并没有充分解释阻碍资源型城镇发展症结所在——单一结构，他指出资源型城镇发展困境是由于地区的不均衡发展，以及资本主义社会发展进程中的资本积累和资本国际化，认为只有将资源型城镇视为全球资源开采系统的组成部分才能理解其社会经济问题。[2]此后他以加拿大谢弗维尔为案例研究矿区的衰退模式，扩展了 Lucas 提出的资源型城镇发展的四阶段理论，增加了两个新的发展阶段，即衰退阶段（windingdown）和关闭或废弃阶段（closure）。[3]

进入 20 世纪 80 年代，随着资源型地区"荷兰病"（Borden & Neary，1982）和"资源诅咒"（Auty，1993）理论模型提出后，关于资源型地区资源禀赋与经济发展的悖论引起学界的广泛关注。部分学者也开始探讨资源型经济转型背景下资源型地区城镇化与劳动力就业转移等相关性的研究。如 Houghton（1993）通过对澳大利亚 20 世纪 80 年代出现资源型城镇长距离通勤的 LDC 模式，即"Long Distance Commuting"（员工不在采矿区居住，而在矿区之外新建居民生活社区）的分析，提出了一种新的资源型地区化

① Lucas RA. *Mine town, Mill town, Rail town: Life in Canadian Communities of Single Industry*[M].Toronto：University of Toronto Press，1971：410-423.

② Bradbury JH. Towards an Alternative Theory of Resource-based Town Development in Canada[J]. *Economic Geography*，1979，55（2）：147-166.

③ Bradbury JH, St-MartinI. Winding Downina. Quebec Mining Town：A Case Study of Schefferville[J]. *The Canadian Geographer*，1983，27（2）：128-144.

解采矿危害与劳动力生活新的模式。[①] 此后，西方许多学者也开始着重研究资源型城市的负外部性与劳动力流动及其城镇发展的相关性，如 Randall（1996）、Markey Sean（2006）等学者对加拿大资源依赖型社区的经济结构、市场波动与人口流动的研究；[②]Ruth Beach（2003）等人对澳大利亚 FIFO（Fly In Fly Out）模式的矿区劳动力流动及影响进行研究，认为这种模式所导致的劳动力流失和长期居住人口减少是矿区不稳定甚至衰退的重要原因。

　　进入 21 世纪，越来越多的学者开始关注资源型地区如何成功转型并实现可持续发展，并不断探索资源开发与绿色发展、社会治理、改善民生、城镇化建设等各方面协调、均衡、可持续的发展路径和模式，尤其是开始探索资源型城镇或社区中资源开采与居民协商互动的问题。如 McMahon G（2001）等人在一份跨国案例研究中指出，社区参与程度是资源型地区实现可持续发展的重要因素，政府应建立与企业、社区等多方主体的协商合作机制，同时这份报告还指出，（资源开采）企业在进入新地区之前，应充分认识、调研本地的社会结构、经济情况和政治动态，而保持对当地社区和居民的持续关注是企业应尽的义务。Adisa Azapagic（2004）在对 MMSD（Mining Mineral and Sustainable Development）计划调研结果的基础上，提出了建立一种可持续性指标框架，涵盖经济、社会和环境等综合因素，作为绩效评估和改进的工具。除传统的研究内容之外，资源型地区的资源开发对当地社会尤其是社区、居民所产生的影响也引起众多学者关注。Lockie S（2009）等人对昆士兰中部科帕贝拉煤矿从人口、公共服务、社区参与和社区融合、社区认同、政府治理能力等多个方面进行了社会影响的纵向评估。

---

①　Houghton DS. Long-distance commuting: a new approach to mining in Australia[J]. *Geographical Journal*，1993，159（3）：281-290.

②　Markey S, Halseth G, Manson D. The Struggle to Compete：From Comparative to Competitive Advantage in Northern British Columbia[J]. *International Planning Studies*，2006，11（1）：19-39.

2. 关于资源型地区乡村治理的研究

主要集中在资源开采对农业生产、农村生态环境影响以及因资源利益分配带来的社会冲突问题。首先是资源型经济对农业农村的影响方面的研究。早在"荷兰病"模型中学者就提出资源开采可能对农业产生挤出效应，之后 Sala-i-Martinand Subramanian（2003）等在对尼日利亚、博茨瓦纳等非洲国家的研究中，证实了石油、煤矿的开采造成了巨大的农业挤出效应。其次，西方学者还关注到资源型经济不仅会对生态环境带来破坏，更导致地区范围内农民贫穷。如 Downing（2002），World Bank（2003），Adekoya（2009）等指出，矿产资源的开采不仅会导致当地生态环境退化，更直接影响农民生计，加剧农民的贫困和农村的衰败。OECD（2009）更是指出资源开发容易使农村陷入资源陷阱，出现"资源诅咒"现象，穷人能够获得的直接利益较少，资源型经济中要实现减贫增长更为困难；Lin（2011）分析了非洲资源型国家尽管资源丰富，但仍然有大量贫困人口，矿区村庄经济情况并没有得到改善，这是由于专业型大矿开发是技术、资本密集的，贫困农民很难就业。最后，基于资源开采对农业、生态、农民生计的影响，西方学者还注意到资源开采带来的社会冲突问题。如 Ross（2001），Hilson（2002），Garvinetal（2009）等都提出，如果农民不能分享资源经济收益，就极有可能爆发严重的社会冲突，集中体现为农民与资源企业的对抗；呼吁资源企业要广泛注重农民生存问题，回应农民诉求，并积极履行相应的社会责任。

3. 关于采煤沉陷区治理的研究

从 20 世纪 50、60 年代以来，随着煤炭资源的开采带来了许多生态破坏和地质灾害，造成了许多采空区。国外学者围绕采煤沉陷区的土地复垦、生态恢复、矿区重建以及社会参与等方面开展了研究。如 A.Gwynn（1974），Walter S. Misiolek & Thomas C. Noser（1982）等从经济成本的考虑，认为在煤炭开采中必须将采空区治理、土地修复、矿区重建等纳入企业成本。Vimmerstedt（1973），Curry（1988），K.Mukhopadhyay（1994），Z.Strzyszcz

（1996），M. E. A. Jochimsent（1996）等学者从采矿技术、工程技术、生物技术等方面重点研究对采煤区进行生态修复、植被种植、物种恢复、土地复耕等技术治理方式。美国学者 Joseph P.Tomain（2004）等人则从法律角度研究了美国关于采煤沉陷区土地复垦与恢复的相关规定。Gavin M. Hilson（2006），Morana & McVittie（2007），Lockie Stewart（2009）等通过对美国、澳大利亚的研究，提出矿区生态修复和采空区治理更应该通过加强政府、企业和当地居民的合作共治，尤其是强调通过税收、市场、付费等方式充分激发采煤区当地居民参与的积极性，并充分尊重和听取公众意愿及加强公众参与。德国学者 Andreas Keil（2005），Anne Brownley Raines（2011）等则以鲁尔工业区转型为例探讨了城市工业遗产的保护及使用问题。

总之，国外学者关于资源经济转型、城镇化、资源型地区乡村治理、采煤沉陷区治理等相关方面的研究成果为我国资源型地区经济转型、生态治理、处理资源开采与农村发展的关系以及社会治理提供了充分的借鉴和参考素材，尤其是为我国采煤沉陷区治理中的乡村治理、易地搬迁等提供了许多有效的借鉴和思考。

（二）国内关于资源型地区乡村建设与治理相关问题的研究

1. 关于资源经济负外部性及转型发展的研究

在改革开放初期，就有学者从工业与城市规划的角度开始对我国资源型城镇进行了研究，如李文彦（1978）[①]。20 世纪 80 年代、90 年代，国内学者主要探索资源型地区的产业布局和可持续发展问题。如薛荣哲（1988），原树贤（1989），周运来（1990），聂孟军（1991），孙健（1991），刘戒骄（1992），田霍卿（1993）、袁国强（1994），王颖（1997）等。资源型经济曾在推动资源型地区发展中发挥了积极作用，随着资源总量不断减少，产业发展受阻，特别是由于经济长期依赖资源的开发和开采，产业结构严重

---

① 李文彦. 煤矿城市的工业发展与城市规划问题[J]. 地理学报，1978（1）：63-77.

失衡，不仅带来生态破坏等问题，也导致资源型地区大多陷入资源诅咒的境地。进入 21 世纪以来，国内学者开始结合西方的资源诅咒理论，主要从经济学的角度研究我国资源型城市的发展困境及转型路径。一方面从理论和实践上验证了我国资源型地区确实存在相关现象，并重点研究其负外部性。如徐康宁（2005，2006），张耀军（2006），韩亚芬（2007），段利民（2009），刘继生（2015），韦结余（2018）等。另一方面则重点从产业结构调整、产业延伸、收益调节等方面探索资源转型问题。如张米尔、武春友（2001）①，张米尔、孔令伟（2003）②，邵帅、齐中英（2008）③，张复明、景普秋（2008）④，杨继瑞（2011）⑤，曾坚、张彤彤（2017）⑥ 等普遍认为资源型城市的产业结构单一、对资源依赖性强等是导致其持续发展困难的重要原因，应该从科技创新、结构调整、产业延伸与升级以及调整资源收益比例等方面推进资源型经济的转型，走出资源诅咒的困境。

国内学者在关注资源转型的同时，也开始重点关注资源开采对生态环境的影响并开展了相关研究，如鲍世行（1994），方晨（1995）等。随着资源型经济造成生态环境不断恶化，大部分研究认为这种不可逆的生态破坏必然会限制经济社会的可持续发展，威胁人类生存质量和生存空间。基于这个共识，部分学者开始关注资源型地区的绿色转型问题，并从循环经济

---

① 张米尔，武春友. 资源型城市产业转型障碍与对策研究[J]. 经济理论与经济管理，2001（2）：35–38.

② 张米尔，孔令伟. 资源型城市产业转型的模式选择[J]. 西安交通大学学报（社会科学版），2003（1）：29–31.

③ 邵帅，齐中英. 西部地区的能源开发与经济增长–基于"资源诅咒"假说的实证分析[J]. 经济研究，2008（4）：147–160.

④ 张复明，景普秋. 资源型经济的形成：自强机制与个案研究[J]. 中国社会科学，2008（5）：117–130，207.

⑤ 杨继瑞，黄潇，张松. 资源型城市转型：重生、困境与路径[J]. 经济理论与经济管理，2011（12）：77–83.

⑥ 曾坚，张彤彤. 新常态下资源型城市经济转型问题、对策及路径选择[J]. 理论探讨，2017（1）：81–86.

角度探索绿色转型的路径，如景普秋、张复明（2004），臧淑英、李丹、韩冬冰（2006），方月梅、张晓玲（2011），胡鞍钢（2012）等。党的十八大以后，随着生态文明理念的大力推广，国内学者更是对资源型地区的经济与生态协调发展开展了大量的研究，尤其是许多学者从自然资源产权改革的角度探索了我国生态环境保护和生态文明建设的路径，如王继军（2014），周永（2015），晏磊（2016），郑阳华（2017），刘尚希（2018），谭浩俊（2019），王厚泽（2021）等。

随着经济改革的深化和城乡融合的推进，资源型地区转型发展问题变得复杂，尤其在范围广大的沉陷区，除了资源枯竭危机、生态危机，还存在人居环境恶化、耕地破坏、移民搬迁、贫富差距扩大、社会矛盾激化等一系列社会问题，这些问题引发了一些学者对资源型地区社会治理的思考，研究内容也从经济发展、产业布局、生态保护等，逐渐扩展到转型中的政府作用和社会效益等方面，集中体现在采煤沉陷区治理的研究。

2. 关于采煤沉陷区治理研究

国内学者对采煤沉陷区治理的研究也主要从土地复垦开始，逐步延伸到生态补偿、移民安置等。顺应发展战略的演变和经济社会的现实需求，在不同时期各有侧重。20世纪80年代开始，一些学者重点研究采煤沉陷区土地复垦问题及国外经验。进入21世纪，由于资源型地区经济转型紧迫，以及各类社会矛盾不断突出，一些学者对采煤沉陷区的治理技术、治理模式、治理成效等展开研究，随着治理任务和治理政策的演进，近年来，以移民安置为重点内容的采煤沉陷区综合治理受到越来越多的学者关注。

一是关于采煤沉陷区土地复垦研究。20世纪90年代，一些学者开始对采煤沉陷区土地复垦问题和国外经验展开研究，多以农业、矿业、林业的技术研究为主。在技术可行性方面，赵景逵等（1990）较早开展对煤矸石土地复垦种植的必要性和可行性研究，并根据煤矸石的特性，提出山西采煤区煤矸石土地复垦种植建议。[①] 此后多位学者对我国各地采煤沉陷区复垦的条件、复垦经验、复垦政策等方面展开研究。随着经济和科技快速发展，目前仍有很多学者致力于采煤沉陷区复垦技术的创新研究，如周树理（1994），代宏文（1995），冷国友（1995），罗爱武（2002），李凤明（2011），李树志（2014），寇晓蓉（2017），王宏（2017）等。

二是关于采煤沉陷区生态管理及生态补偿的研究。国内学者主要从资源型地区生态环境管理体制、生态环境标准体系、环境税、资源税、生态修复与补偿资金的筹集及监管等方面，重点对采煤沉陷区具体生态补偿机制的构建提出探索和思考。如毛显强（2002），宗建树（2003），汤万金（2003），李连济（2006），严良（2007），景普秋（2007），孔凡斌（2010），韩翠花（2015），陈军、李国超（2018），杨龙、王香春（2021），刘德成、顾杰（2021）等。其中，李连济（2006）根据煤炭管理体制和价格管制的变迁，测算出采空沉陷历史欠账补偿金由灾害引发责任人（中央政府、地方政府及煤矿企业）出资的比例，为治理采空沉陷和煤炭城市经济转型等提出切实可行的建议。[②] 景普秋等（2007）从可持续发展的角度，提出降低可耗竭资源开发活动存在的外部经济问题，需要政府采取相应的措施来加以管理，其中外部成本内部化是解决方法之一。[③] 杨龙、王香春等（2021）从生态修复与城乡融合的关系来探讨采煤沉陷区生态修复的评价指标体系。[④]

三是关于采煤沉陷区移民安置的研究。随着煤炭资源开采导致的生态破坏和地质灾害日益严重，大量的采空区、沉陷区等日益威胁到当地农民的生产生活安全，国家和资源型地区地方政府也逐步加速推进对采煤沉陷区群众的移民搬迁，先后经历了对国有重点煤矿沉陷区和非国有煤矿沉陷

---

① 赵景遴，吕能慧，李德中. 煤矸石的复垦种植[J]. 煤炭转化，1990（7）：1-5.

② 李连济. 煤炭城市采空塌陷及经济转型[J]. 晋阳学刊，2006（5）：56-60.

③ 景普秋，张复明. 面向可持续发展的可耗竭资源管理[J]. 管理世界，2007（7）：156-157.

④ 杨龙，王香春，秦飞，储杨阳，周媛. 采煤沉陷区生态修复与城乡融合发展耦合关系研究[J]. 煤炭经济研究，2021（3）：28-32.

区的搬迁治理问题。目前学界对采煤沉陷区移民安置问题的研究还相对较少，且主要集中在"如何搬"、补偿安置、农民再就业等方面。如宗云峰（2012），董江爱（2015）等主要介绍安徽和山西的矿区农民移民安置模式，提出了采煤沉陷区移民安置工作的核心是处理好政府、企业与农民之间的"权责利"关系。薛曜祖、黄蕾（2017）等提出，在采煤沉陷区易地搬迁治理中除了要完善政府和企业"双主体"的补偿安置外，更需要通过合理分配资源收益、完善安置区基础设施建设、设立相关就业基金等加强搬迁群众持续发展能力的培育。^①李艳芬、白林（2014），韩淑娟、颛慧玲（2017），张瞳光、高建军（2018），范和生、罗林峰（2018），卢婧（2020）等开始关注采煤沉陷区搬迁群众的土地流转、生存状态及再就业等问题。

当前，随着国有重点煤矿沉陷区治理的初步完成，各地进入非国有煤矿沉陷区的综合治理阶段，实践中因易地搬迁也形成了大量的移民社区。综合治理的目的是统筹解决沉陷区农村移民搬迁、农民后续生活和发展以及社会治理问题，但学界对沉陷区移民安置及其后续形成的社区治理问题研究的相对较少，这也是本书的重点探讨方向和研究内容。

3. 关于资源型地区乡村治理的研究

随着资源型地区农村煤矿的大量开办和煤炭资源产权改革，尤其是随着资源型地区村民自治的深入实践，资源型地区农民对村民直选表现出比其他地区更高的民主热情，相应地也出现许多社会矛盾。从21世纪初开始，关于资源型地区农村基层民主和乡村治理的研究也逐步引起学界的关注。

一是关于资源型地区农村基层民主及权力运作的研究，主要聚焦在资源型农村的煤矿利益分配与村民自治及其社会稳定的关系方面。冯耀明（2008）在调研中发现，富人当政存在贿选、利用集体资源谋取私利、上访等诸多危及农村社会稳定的问题，在某些地区甚至发展为村干部与广大

---

① 薛曜祖，黄蕾. 采煤沉陷区非自愿移民安置模式研究[J]. 农林经济管理学报，2017（1）：127-132.

村民严重对立。① 董江爱（2010、2011、2013、2015）更是从资源型农村的权力运作与资源争夺关系上全面分析了资源型农村基层民主运行的内在逻辑，认为资源型农村的农民表现出极高的选举热情，关键在于背后潜藏的资源利益，② 在村委会选举中表现出激烈的权力竞争和派系斗争，实质是不同利益集团之间争夺资源的斗争，谁在竞选中获胜，掌握了公共权力，谁就拥有了控制资源的主动权。③ 李伟峰（2021）指出，相比传统农业型乡村，资源型农村各治理主体的地位并不均衡，尤其在"富人治村"情况下，整个乡村的治理都围绕企业家等"富人"，农民的主体性地位严重削弱。④

二是关注资源型地区煤矿产权与乡村治理关系的研究。李香菊（2011）等认为由于现行的产权制度与财政管理制度不合理，造成中西部资源型地区村民难以参与资源利益分享，由此导致农民各种利益受损、基层社会矛盾等问题出现。⑤ 董江爱、李利宏、王慧斌、刘铁军、陈晓燕等（2012、2015、2016、2018、2020、2021）从山西煤矿产权改革的历程出发，详细研究了煤矿产权与乡村治理的关系，从中得出资源型农村权力运作、社会冲突、治理困境以及政治生态等背后的产权逻辑，⑥ 并提出要使资源型农村走出困境，关键在于构建优先保护农民权益的产权安排，让农民能够充分参与和享受煤炭利益的分配。⑦

---

① 冯耀明. 资源型地区"富人当政"：农村发展的双刃剑[J]. 理论探索，2008（1）：118-121.

② 董江爱，崔培兵. 村治中的政治博弈与利益整合——资源型农村选举纠纷的博弈分析[J]. 中国农村观察，2010（2）：78-86.

③ 董江爱，王铁梅. 煤矿产权与农村政治——基于煤矿资源的农村公共权力运作分析[J]. 政治学研究，2011（6）：57-64.

④ 李伟峰. 资源型农村实现乡村振兴的现实困境与突破路径[J]. 学习与探索，2021（2）：62-68.

⑤ 李香菊，祝玉坤. 西部地区矿产资源产权与利益分割机制研究[J]. 财贸经济，2011（8）：28-34.

⑥ 董江爱，霍小霞. 矿权与乡村治理[J]. 社会主义研究，2012（4）：83-88.

⑦ 董江爱，李利宏. 资源型农村的治理困境及出路分析——以山西省为例[J]. 中国行政管理，2013（1）：80-83.

4. 关于资源型地区新农村建设及城镇化的研究

在 2012 年即煤炭资源经济黄金十年之前，国内学术界对于资源型县域新农村建设关注不多，主要集中在对资源型县域农村富人当政的研究，如冯耀明（2006，2009），林洁（2010）；对资源型县域城乡一体化模式的思考，如董江爱（2010）。关于城镇化与新农村建设关系的研究，学术界主要有以下几个观点：一是农村城镇化与新农村建设是实现城乡统筹发展的两项重要举措，两者良性互动，不可偏废，并提出两者协调发展的路径。如陈少牧等（2008），王格芳（2008），李杰（2010），曾福生（2010）等。二是城镇化是最终目标，而新农村建设则是实现城镇化的手段或是城镇化的一个有益补充。如谢扬（2008），孔祥建（2008），亓庠东（2010），张冰（2010）。三是认为城镇化是为新农村建设服务的，如安平（2008），胡必亮等（2008），张钊等（2009）。四是中国城乡统筹的终极目标是区域城镇，新农村建设与农村城镇化都解决不了问题，如汪雪峰等（2010）。[①]

随着我国城镇化进程的加快，尤其是在资源型经济转型的压力下，对资源型地区城镇化的研究也逐渐增多，主要以区域经济、城市规划、地理区位等理论视角为出发点，如景普秋（2010），张维宸（2013），张静萍（2014），白中科（2017），吴静（2019，2020）。而以乡村治理为视角的研究并不多见，主要集中在资源型地区城镇化模式、路径、风险治理等方面。董江爱、陈晓燕（2011，2014，2015）认为资源型地区农村发展滞后的关键因素是城镇化滞后和新农村建设偏离城镇化方向，快速推进城镇化是资源型县域新农村建设的根本出路，[②] 同时提出，资源型农村城镇化过程中政府、企业、社会和农民都必须发挥相应的作用，共同推进新型城镇化的建设。[③] 李利宏（2016）认为，沿着新型城镇化方向，可以使资源型地区农民的居

---

① 王铁梅. 企业主导下的村庄再造——以山西ZX村为例[D]. 山西大学博士论文，2017：7.

② 董江爱，霍小霞. 资源型县域新农村建设的困境及出路[J]. 经济问题，2011（10）：89-91.

③ 董江爱. 企业主导农村城镇化的缘起、过程与结果——一个资源型地区城镇化模式的解释框架[J]. 山西大学学报（哲学社会科学版），2014（10）：151-158.

住转换、职业转换、身份转换毕其功于一役，只有新型城镇化才能综合解决资源型地区面临的治理困境。[①] 张嘉凌（2019）认为无论政府还是企业主导的城镇化，都存在明显优势和不足，政府引导、企业推动、农民主体的新型城镇化道路才是最优选择。[②]

三、关于社区治理与城乡新型社区治理的研究

（一）国外关于社区治理的研究

国外关于社区和社区治理的研究主要聚焦在城市社区以及社区公共服务方面，主要包括以下三个点。

一是关于城市社区及移民融合。20世纪初随着都市社会中各种问题开始凸显，围绕着外来移民与主流社会的融合问题，美国芝加哥社会学派开始了对都市社区、贫民窟及移民社区治理的研究。如 Robert Ezra Park（1926），William Foote Whyte（1943）等。

二是关于社区公共服务中的政府改革。20世纪60、70年代，以Mancur Lloyd Olson（1965），James Buchanan（1967）为代表的公共选择理论学派强调了政府或集团在公共服务提供上存在私益性倾向，鼓励和引入社区居民参与社区公共服务供给。之后到20世纪80、90年代，在新公共管理运动的影响下，西方学者提出要将政府部分权力和资源由中央集中控制向一线治理者、地方民主实体及社区转移，凸显出社会组织、社区居民等社会力量在社区公共事务中的积极作用。如 E.S.Savas（1987），David Osborne & Ted Gaebler（1992），B. Guy Peters（1996）等。

三是关于社区治理中的多主体合作。在西方的社区治理研究中，国外学

[①] 李利宏，董江爱. 新型城镇化和共同富裕：资源型地区的治理逻辑[J]. 马克思主义研究，2016（7）：96-102，160.

[②] 张嘉凌. 政府还是企业：资源型地区新型城镇化的路径分析——对山西两个农村城镇化典型案例的调查与思考[J]. 中国农村研究（2019年下卷）：147-165.

者大多将"多主体合作"作为核心要素。从 20 世纪末至今，随着治理理论兴起以及欧洲各国纷纷实行社区复兴运动，新公共服务理论、多中心治理、合作治理等在社区治理中得到广泛运用，其都强调社区治理是国家、社会组织、公民、市场等多主体协商合作，要通过政府与社会的互动带动社区居民参与基层治理，建设政府与社会的合作伙伴关系。如 Robert Rhodes（1996），Richard C. Box（1998），Jean-Pierre Gaudin（1999），Gerry Stoker（1999），Elinor Ostrom（2000），Janet V. Denhardt &Robert B. Denhardt（2002）等。西方学者在强调多主体合作的同时，也从国家作为"元治理"主体在一些特定领域所发挥主导作用，以及国家和社区协同作用等方面展开研究。如 Chong-Min P （2006），Elinor Ostrom（1996），Marilyn Taylor（2007）等。

国外关于资源型地区社区治理也主要沿着以上理论和研究思路进行，重点探索为避免"资源诅咒"带来的负外部性，还包括矿区生态补偿、资源开发中注重居民的社会参与，用社会参与促进社区融合。如 Auty（1993），Van Der Hoek（2000），Gavin M. Hilson（2006），Morana & McVittie（2007），Lockie Stewart（2009）等。

（二）国内关于社区治理的研究

国内关于社区治理研究，最早源于近代以梁漱溟、晏阳初、费孝通等为代表的关于中国乡村社区建设与治理的相关问题研究。中华人民共和国成立后，国内关于"社区治理"问题的研究大多是借助西方的"治理理论""新公共管理理论"以及"社会资本理论"等探讨和研究城市社区的共同体构建、管理体制、社区的去行政化以及公共服务等问题，关于社区和社区治理的研究也主要集中在城市。伴随着社会转型期城乡基层社会治理环境变化，尤其是农村社区建设以及各种各样城乡新型社区的出现，国内学者开始探索本土化的基层社区构建与治理研究。

1. 从共同体的视角研究社区构建

部分学者主张共同体意识和社区精神是社区建设和治理的核心问题。

如陆学艺（1996），王小章、王志强（2003），杨贵华（2007），李增元（2009），项继权（2009），郑长忠（2009），陈宗章（2010），陈友华、佴莉（2016），闫文秀、李善峰（2017），卢宪英（2018），李永娜、袁校卫（2020），王世强（2021）等。如王小章等认为，社会心理的维系和认同是共同体的本质属性，而社区就是通过构建这种共同体认同来区别其他地域类型。[①] 李增元等认为社会共同体是农村社区建设的最终目标，必须在农村社区建设中突出聚合性、融合性和包容性。[②] 项继权则进一步提出，农村社区作为一种社会共同体，不仅需要政治性和经济性的组织联合来实现，更需要通过强化公共服务以及由此而来紧密联系的共同生活，才能真正重建居民对农村社区或者说新型农村社区的认同感和归属感。[③]

2. 从权力主体关系上研究社区治理模式

国内学者从权力结构方面来研究社区治理模式，主要有以下几个方面。一是政府主导模式，如林尚立（2006），朱健刚（2010）等；二是社会自治模式，如刘义强（2009），吴玉敏（2011）等；三是政府、社会与市场三元协同合作的合作治理模式，如徐勇（2001），张康之、张乾友（2011），杨君、徐永祥（2014），陈家喜（2015），吴晓林（2019）等。多数学者更倾向于建立多元主体合作共治的社区治理模式。如杨君等从社区再组织化的角度，提出通过构建政府、社区自治组织、社会组织以及居民等多元主体合作共治格局来实现社区治理共同体的目标[④]；陈家喜等认为，从治理的本源意义看，社区治理更能体现多元主体合作的理念，也更符合多元主体共同参与公共事

---

① 王小章，王志强. 从"社区"到"脱域的共同体"——现代性视野下的社区和社区建设[J]. 学术论坛，2003（6）：40-43.

② 李增元. 农村社区建设：治理转型与共同体构建[J]. 东南学术，2009（3）：26-31.

③ 项继权. 中国农村社区及共同体的转型与重建[J]. 华中师范大学学报（人文社会科学版），2009（3）：2-9.

④ 杨君，徐永祥，徐选国. 社区治理共同体的建设何以可能？——迈向经验解释的城市社区治理模式[J]. 福建论坛（人文社会科学版），2014（10）：176-182.

务的协商、管理和决策的治理结构;①而吴晓林则认为我国的社区本来就是一种"复合体",就是一种多元化合作性的制度安排,即在中国共产党领导下的由政府、社会组织以及居民等多主体形成的复合治理形式。②

3. 从治理现代化视角研究社区治理能力

如关于社区治理碎片化问题,葛天任（2013）,李增元（2014）等;提倡按不同类型、区域分析社区的分类治理,郎友兴（2014）,桂华（2018）等;强调要加强村民自治重心下移提升治理效能,蒋永甫、韦潇竹（2016）,张晓山（2016）等;关于通过智慧社区、"掌上社区"提高社区服务能力,赵玉林（2016）,闵学勤、李少茜（2017）,何保东（2018）等;强调强化基层党建引领社区建设,构建"党领共治"的社区治理体系,周庆智（2018）,狄英娜（2018）,鄯爱红（2019）等。

4. 关于城乡新型社区治理的研究

在开展城乡新型社区治理研究之前,学界已经开展了部分特定类型社区治理的研究。主要以部分移民社区、易地搬迁社区为主,如水库移民社区,陈阿江（2000）,应星（2001）;城市新移民社区,谭万厚（2002）,黄杉（2009）,廉思（2009）等;生态移民社区,荣增举（2010）,李培林（2013）等;避灾型移民社区,宗云峰（2012）,董江爱（2013）,张芸（2014）,何得桂（2016）等。这些特定类型社区与本书所研究的城乡新型社区具有较高的相关性。

而关于城乡新型社区的研究则开始于对新型农村社区的研究,侧重于城镇化背景下城乡公共服务均等化的研究视角。随着我国城镇化的快速推进,尤其是目前许多地方进行了大量的合村并居以及在精准扶贫背景下出现许多易地扶贫搬迁集中安置社区。围绕实践案例,学者主要集中在两个

---

① 陈家喜. 反思中国城市社区治理结构——基于合作治理的理论视角[J]. 武汉大学学报（哲学社会科学版）, 2015（1）: 71-76.

② 吴晓林. 治权统合、服务下沉与选择性参与: 改革开放四十年城市社区治理的"复合结构"[J]. 中国行政管理, 2019（7）: 54-61.

方面开展研究。一是关于合村并居的研究，也引发了学者们的广泛争论。如目前山东等地推进的合村并居、村庄合并等实践，主要通过"农民上楼"、集中居住等形式而形成了万人村、大村庄制、小城镇等，[①] 许多地方通过这种形式旨在解决当地建设用地指标不足的问题。而通过合并形成的新村往往存在制度滞后，比如说管理机构重叠、村民难融合、"并村不合账"、集体土地使用不规范、土地难复垦等问题，甚至潜藏着许多社会冲突的风险，尤其是土地财政影响下，许多地方政府在实践中忽视农民市民化和再就业等问题，而主要通过"增减挂钩"政策、转变土地性质等进行建设与开发，因此引发了学界和社会的广泛争议。

另一个是关于新型移民新村的研究。随着我国精准扶贫战略的实施，易地扶贫搬迁成为热点问题，起初主要从安置形式、居民意愿、产业配套等方面研究"如何搬"。之后，学界开始转向搬迁后适应融合、生计持续和后续发展的研究。随着规模和数量增多，开始探讨治理有效性问题。如欧阳静（2014），郭晓鸣、张鸣鸣（2014），郑瑞强（2015），何得桂、党国英（2015），黎洁（2016）等。目前主要集中在三个方面。一是关于新型移民安置区角色定位及管理体制问题。认为集中移民安置区是一种"建设逻辑"而非"治理逻辑"，实际中只是简单的居住地集合，治理模式和角色定位上的模糊性导致其出现治理紧张，陷入困境。如邹英、向德平（2017），张世勇（2017），张建（2018），吴新叶、牛晨光（2018），刘宗华（2018），张猛（2019）等。二是关于移民安置区的治理困境及公共服务问题。认为集中安置区不仅存在社会融入、制度衔接、资金投入等问题，而且陷入只重硬件建设而忽视居民内生发展能力培育的内卷化困境，高额投入更埋下了隐患。如周恩宇、卯丹（2017），马流辉、曹锦清（2017），李晗锦、郭占锋（2018），马良灿、陈淇淇（2018），李亚冬（2019），罗晓梅（2019），刘吉昌（2020）等。三是关于移民安置区的治理共同体及机制构建问题。认为

---

① 林聚任. 村庄合并与农村社区化发展[J]. 人文杂志，2012（1）：160-164.

要通过社区营造、多元合作、内生发展能力培育等推动集中安置社区向生活共同体、利益共同体、发展共同体转变，形成参与、服务、资源等方面的良性互动。如卢宪英（2018），李琳、郭占锋（2018），郑娜娜、许佳君（2019），吕建兴（2019），翟军亮、吴春梅（2019），张敏琦（2019）等。

国内关于资源型地区社区治理的专门研究主要聚焦于采煤沉陷区治理中的移民安置、矿区的政企社关系等方面的研究。如张丙乾、李小云、叶敬忠（2007），景普秋（2007），张复明（2008），冯耀明（2009），林洁（2010），宗云峰（2012），董江爱（2013、2014、2015、2016）等。

总之，从国内外研究现状看，学界从不同层面、不同角度对城乡基层社会治理问题展开了多角度、多层面的研究，为本书研究奠定了丰厚的理论基础。但总体上对当前出现的城乡新型社区及其治理机制运行过程中的动态问题研究关注不足，尤其是针对资源型地区，在经济转型发展背景下和城乡快速融合背景下，以往的研究对出现的大量城乡新型社区关注不够。另外，对于资源型地区学界大多关注产权制度、经济转型、生态补偿、移民搬迁等方面，对于矿区农村治理关注较少，尤其是对于资源型地区出现的城乡新型社区，主要从安置形式、居民意愿、产业配套等方面研究"如何搬"，而关于其形成过程及其背后逻辑，关于其后续治理与持续发展等问题关注得相对较少。

第三节 研究方法和资料来源

一、研究方法

（一）实证研究方法

本书主要采用实证研究方法，并通过实地调研、参与观察、访谈座谈、行动合作等方式进行深入研究。一是对选取的典型案例进行驻村观察研究，重点对村庄老人、老劳模、老干部、老党员等进行口述史收集与整理，从实地观察和事件当事人口述中总结历史经验。二是借助与当地政府开展精准扶贫第三方评估、乡村振兴规划编制等合作机会，广泛获取本研究所需各类资料（当地政策文件、访谈记录、数据信息），并通过具体工作与当地县乡领导、基层干部、农民、企业老板、大学生村官、第一书记等大量不同身份的对象进行深入访谈。除了正式途径，还利用各种私人关系、人情等非正式途径，获得真实信息，还原事件原貌。得益于正式和非正式的双重渠道，我们与部分调查对象建立了良好的信任关系，正如费孝通先生所说，"资料的准确性主要建立在双方的合作关系上，有了真正的合作关系，群众不但向你讲真话，而且会同你一起研究问题，还会把他们的经验讲给你听。"[①] 驻村生活观察让笔者对当地在乡村治理和新型社区建设和治理中的政治运行、农民参与、政企关系、干群关系和民企关系有了更直观更深切的认识。

（二）文献政策分析

除实地调研外，本书还对相关理论进行了梳理和分析，尤其是对资源型地区的相关政策进行了分析。一是围绕相关理论研究，通过收集、分析国内外资源转型、乡村治理、采煤沉陷区治理、易地搬迁、精准扶贫、社区治理等方面的理论与实践研究成果，发掘资源型乡村社区治理研究中的重点和难点，这也正是本书重要的研究基础。二是围绕相关法律法规和国家政策文件，如国家出台的有关煤炭的法律法规、政策条例等，通过这类资料的收集与分析，梳理国家煤炭资源整合和山西省采煤沉陷区治理的政策过程，这个过程也是本书研究案例的形成过程。三是相关地方政策与档案分析。主要通过对案例所在县、乡、村出台或保留的相关政策、意见、法律、规划、文件等，进行政策梳理；此外通过收集和整理当地的一些档案、地方志、会议记录、传记等，进行史料分析。

---

① 费孝通. 社会学文集：论小城镇及其他[M]. 天津：天津人民出版社，1985：236.

（三）典型案例分析

典型案例分析是实证研究的具体实现形式。本书重点选取山西具有典型性和特殊性的两个新型社区进行考察和分析，出于以下两点考量：一是区位特殊，山西省煤炭资源极其丰富素以"煤海"著称，山西也是国家资源型经济转型综合改革试验区。尤其是山西采煤沉陷区所呈现出的问题类型非常具有典型性——沉陷区面积大、生态破坏严重、社会问题突出。二是政策优势，从 2004 年到 2014 年，国家启动实施国有重点煤矿采煤沉陷区治理，出台一系列政策法规推进移民安置。2014 年山西省实施新一轮针对非国有煤矿采煤沉陷区治理，移民安置工作不断推进，全省形成了较多新型社区。本书在众多案例中选择对两种具有代表性的典型类型进行分析，即因资源开发和转型所形成的整村易地搬迁社区和多村合并社区。

（四）历史过程分析

为避免案例研究的片面性和视野的局限性，本书采用历史政治学的研究方法从宏观上和过程上展开对案例的详细分析。一方面跳出案例看案例，将本研究所选的两个典型案例置于宏观的历史和战略中，通过梳理资源型地区煤炭产权改革、资源整合、采煤沉陷区治理等政策演变，从中发现典型案例产生的历史背景。另一方面分析过程回归案例，借鉴社会学"事件-过程"的分析方式，通过详细梳理和分析案例形成发展变迁中主体关系、人物刻画以及各种故事，甚至是一些偶然的因素，来描绘案例的全景，通过案例细节来立体形象地呈现宏观的时代背景。

二、资料来源

（一）文献资料

本书收集的文献资料主要分为三类。一是通过中国知网（CNKI）等一系列网络知识资源数据库，学校和图书馆等渠道收集、购买国内外相关的学术著作、学术论文等。利用线上资源库、数字图书馆和线下图书馆、书店等收集大量相关研究成果，为本书研究思路、研究框架的设计提供了重要的理论依据。二是通过网络搜索和实地调研收集相关法律法规、政策文件。本书收集整理相关法律法规如《中华人民共和国土地管理法》《中华人民共和国矿产资源法》《中华人民共和国农业法》《基本农田保护条例》等，通过前往政府相关部门、档案馆等收集建国以来与煤炭资源开采、资源整合、转型发展、精准扶贫、社区治理等相关的政策文件，为研究提供政策基础，也对资源型地区城乡新型社区形成及发展的政策过程有了更深入的了解。三是通过实地调研收集年鉴、县志、村志、安置补偿方案、搬迁方案、土地流转承包合同书、会议纪要等地方志和具体实践操作方案，这些大量的一手资料为本书研究和分析提供了非常重要的事实依据。

（二）访谈记录

访谈记录是实地研究的重要资料来源，也是个案分析中还原事件经过的重要佐证。笔者于 2018 年开始，连续三年利用寒暑假在案例地区进行驻村调研，其间多次对访谈对象（政府人员、企业人员、村民、社会组织人员等）进行无结构访谈。笔者针对土地流转、村民安置补偿、集体产业利益分配等核心问题，对乡镇领导干部、村支书、村民代表、普通村民、企业负责人、企业基层领导、企业员工等不同身份的访谈对象进行一对一访谈，获得了非常珍贵的访谈记录，提高了典型案例分析的真实性和可靠性。

（三）参与会议

广泛参与案例所在地政府、企业、社区、村委会等组织的各种会议，会议记录也是本书重要的资料来源。在实地调研的过程中，借助学校与地方政府开展的精准扶贫评估、乡村振兴战略规划编制等合作项目，笔者经常有机会参与当地政府组织召开的各种会议。通过参加会议，不仅能收集相关的会议文本资料，还可以通过亲自观察会议上不同角色对事件的看法，形成较为直接的感性认识。同时，可以充分利用会议间隙，当面采访部分当事人，收集更多的第一手资料。此外，笔者还利用各种机会，组织各种座谈会、交流会、讨论会，广泛听取各方对事件发出的不同声音，来丰富和完善对研究对象、案例全貌的整体认识。

第四节　研究思路和主要内容

一、研究思路

本研究主要沿着资源型地区城乡新型社区"如何形成—有何问题—生成逻辑—如何解决"的思路进行研究，概括为"一条主线"，"两大变量"，"三对关系"，"四个方向"。（见图0.1）

"一条主线"。即围绕资源型地区城乡新型社区形成和发展的历史过程展开。

"两大变量"。即外部资源与内生动力。新型社区的治理既需要各种外部资源（如政府、企业、社会组织资源），更需要居民内生能力培育等，两大变量的相互关系直接影响治理的持续性和有效性。

"三对关系"。即基层政府、企业、村民之间的关系。新型社区形成及治理过程中，必须推动政府有形之手、市场无形之手和群众勤劳之手同向发力，形成社会治理共同体。

"四个方向"。即探索走出资源型地区城乡新型社区困境的四个方向，从制度、经济、外部环境、主体力量等方面探索新型社区的相关制度改革、集体经济发展、政府职能转变、农民主体发挥四个内容。

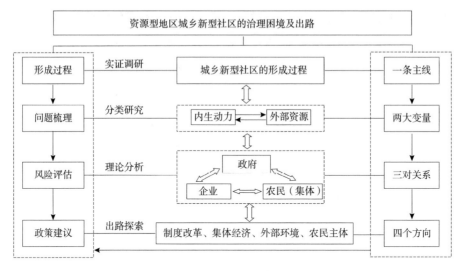

图 0.1　研究思路图

二、主要内容

本书选取山西省内因采煤沉陷区治理、资源整合和资源转型形成的两个典型的城乡新型社区为例，通过实证调研总结其在治理中出现的问题，分析其形成过程与当前治理困境之间的关联性，总结和提炼资源型地区城乡新型社区治理困境的形成逻辑。

除导论与结论部分外，本书主要分为四章内容。

第一章主要分析资源型地区城乡新型社区的形成背景及过程。首先，梳理了煤矿资源型乡村形成和涌现的历史过程，从形成之初的快速蓬勃发展的景象，到个体煤矿大量出现、无节制开发导致农业生态破坏、利益争夺与治理失序，展现了山西资源型乡村从"因煤而兴"到"因煤而乱"的过程。其次，分析了在国家推动煤炭资源整合、关停大量私有煤矿后，资源型乡村不仅失去了主要经济收入，又受采煤经济负外部性影响，难以继续以农为生而最终走向衰败。随着采煤沉陷区实施综合治理和资源经济转型的推进，为了解决矿区农村生存发展问题，形成了许多移民安置社区，并按照形成方式对这些新型社区进行分类。

第二章主要分析了煤炭主导型乡村 D 村整村搬迁的过程及后续治理困境。首先，介绍了该煤矿村整村搬迁前的发展状况，从煤矿由集体经营时期的富裕繁荣，到转包给个人后的集体收入锐减，村干部与煤企老板合谋贪腐造成的干群矛盾，以及人居环境恶化，展现了一个富甲一方的明星村的兴衰过程。其次，分析了煤炭资源整合后村企矛盾升级，企业开始参与政府主导的采煤沉陷区移民搬迁，在政府和企业的利益诱导下该村完成整村搬迁。最后，分析了该村搬迁后并没有兑现承诺的经济补偿，也没有相关产业和集体经济的情况下，造成矛盾突出，村庄治理处于瘫痪的状态。

第三章主要分析了在资源转型发展驱动下，"强村带弱村"的合并社区 T 区的形成过程及治理困境。首先，论述了具有相同资源禀赋的村庄由于集体经济经营方式差异导致贫富差距巨大，T 村成功实现产业转型后发展壮大亟需土地扩张，N 村为求以强带弱，两村合议并存发展，实现了资源互补，产业快速发展。其次，分析了合并新村继续扩张，在 N 和 T 两村合并后产业发展不断壮大，在其示范带动下，另有四村也积极寻求合并，在政府推动下形成了大规模的六村连片开发城镇式发展。最后，分析新社区成立后矛盾冲突激增并陷入治理困境的原因，并村之初成立的联村党委由于其临时性和权益性，在社区规模、人口规模扩大的情况下暴露了制度缺陷，治理难继续，T 区的产业和集体经济发展也因政府发展重心改变、没有政策扶持而停滞。

第四章论述和分析了资源型地区城乡新型社区治理困境的形成逻辑并提出对策建议。首先，总结了资源型地区城乡新型社区治理存在的主要困境，即新型社区在生产结构、居民生活方式、空间区位上都发生了转变，但依然沿用原来的乡村治理模式，这就导致角色模糊、认同缺失、发展困难、服务难继等诸多困境。其次，分析治理困境的形成逻辑，大多数新型社区的形成主要表现为一种"建设逻辑"而非"治理逻辑"。各类新型社区的形成和治理中存在政府角色混乱、政企关系异化以及乡村、农民自身较弱等背后逻辑。最后，论述破解困境的对策建议，从坚持治理先行、做强集体经济、转变政府职能、尊重农民主体等方面入手，加快治理转型，尤其在城乡融合的背景下，加快探索村民自治制度和现代社区治理制度、集体产权制度与农业农村现代化的有效衔接机制。

第五节　相关概念及案例介绍

一、相关概念

（一）资源型地区及资源型乡村

广义上的资源是一个包括一切可以利用的物质和精神的要素，既包括各种空间、土地、矿产、水源等自然资源，也包括人口、经济、文化、制度等社会资源，如果从广义上去定义资源型地区，几乎所有的地区都可称为资源型地区，也就是失去了研究的意义。因此，本书所要研究的资源型地区主要从狭义的角度出发，就某个地区具有不同于其他地区某种特殊的资源类型而聚焦研究对象。虽然目前对于资源型地区的准确定义还没有统一的标准，但在实践运用和理论研究中，基本达成了部分共识，即所谓的资源型地区主要从经济和产业结构上看，该地区是以矿产资源为主导产业的，可以说，学术研究或狭义上的资源型地区主要指矿产资源型地区。而一个地区是不是资源型地区则可以从以下几方面来判定：一，是否拥有丰富的不可再生的稀有矿产资源；二，是否对外提供矿石产品和初级矿产加工品；三，是否矿产资源型产业占主导，是本地区劳动力就业的主要渠道和财政收入的主要来源；四，是否矿产资源的开采对生态环境造成严重破坏。本书所论述的资源型地区主要指煤矿资源型地区。

从空间类型上看，一个地区主要由城市和乡村组成，因此资源型地区就主要包括资源型城市和资源型乡村。由于城市和工业是相伴生的，对于资源型城市的界定较为明确，目前社会各界对资源型城市，包括产业转型等研究较多，但是对于资源型乡村的界定还比较模糊，研究则略显不足。

从传统的乡村概念来说，乡村主要是以农业生产为主，尤其是对于具有悠久农业文明的我国来说，乡村就是以农业生产为基础而形成的具有明显乡土熟人社会文化的一个个村落。随着工业化、城市化的快速发展，乡村也逐步有了多种产业结构，对于某些蕴藏着丰富矿产资源的村庄来说，也逐步改变了单一的农业生产结构，开始以专门提供矿产资源为主导产业，不仅开始了乡村工业化的过程，也形成了多种多样的乡村形态。从这个角度来说，资源型乡村与资源型地区的概念界定较为一致，即主要以经济和产业结构占比为标准，从资源禀赋及是否开发来判定其是不是资源型乡村。比如说某村虽然埋藏着某类丰富的矿产资源，但是并没有开发，农业依然是主导产业，我们也不将其称为资源型乡村；同理，由于矿产资源的开发和利用具有极强的附着性和负外部性[①]，虽然某村本身没有丰富的矿产资源，但村民生产生活深受资源开采负外部性的影响，或者本村主导产业、劳动力就业等主要依赖矿产资源开采及其延伸产业，我们也将其纳入资源型乡村的研究范围。

基于此，本书从狭义的角度将资源型乡村中的"资源"定义为煤炭资源，所指的资源型乡村是煤炭资源型村庄，村庄的经济社会发展、集体经济的收入主要来源于煤炭开采及相关衍生产业，或者受资源型经济负外部性影响较大。本书认为，衡量一个村庄是不是资源型村庄主要有四个指标：一从主导产业上看，煤矿开采是村庄的主要产业，煤矿开采的产值远远大于农业生产；二从集体经济收入和公共服务上看，煤矿开采所得的利润是村庄集体收入的主要来源和公共基础设施建设经费的主要来源；三从农民就业与收入上看，村民基本依靠煤矿开采及其延伸产业带来的收入为生，

---

① 胡文国. 煤炭资源产权与开发外部性关系及我国资源产权改革研究[D]. 清华大学博士论文，2009：25–26.

且取得的收入远远大于从事农业生产的；四是否承受资源负外部性的影响，比如某些村庄虽然没有煤矿或不进行煤矿开采，但由于地理相邻，资源开采对该村的生态环境等带来比较大的影响，此类村庄也纳入了资源型乡村的研究范围。

（二）社区、城市社区及农村社区

在西方，"社区"即为共同体，具体指某一区域范围内人群聚居在一起结成社会生活的共同体。德国社会学家滕尼斯在其代表作《共同体与社会》（1887）中将社区认定为存在两种秩序：一是基于情感和自然意志的秩序；二是基于契约关系的理性秩序，并由此引出了地区社区、非地区社区、亲属社区三种类型。而帕克则从功能主义的视角将社区定义为占据在一块或多或少明确地限定了的地域上的人群汇集，同时，该限定地域不仅是人群的简单聚集，也是具有组织制度的汇集，并据此分为四种主要的社区类型，即具有共同公共服务需求的社区、具有共同市场交易的商业社区、具有共同生产活动的工业城镇以及一些没有明确目的或共同经济基础的居住社区。此外，从更具客观意义的人文地理学视角来看，社区是一个空间概念和具有基础性质的最小社会生活空间系统，即一群人出于居住生活、生产工作或社会交往等目的而占有一定范围内的有限地域空间。

在我国，费孝通将社区界定为："若干社会群体（家庭、民族）或社会组织（机关、团体）聚集在一地域里，形成一个在生活上互相关联的大集体。"[①] 这样，社区就主要包括三个要素：组织群体、地域、关系机制。此后，围绕群体说和地域说，形成了两种观点的争论。群体说侧重于从社会学的角度解释，认为社区主要具有作为人类生活共同体的属性，认为"社"先导于"区"；而地域说则认为地域是人群关系形成的基本要素，"区"的意义大于"社"，其空间结构优先于社会结构。后来又有学者从文化人类学和

---

① 夏国忠. 社区简论[M]. 上海：上海人民出版社，2004：3.

政治心理学的角度，将人们心理层面的认同或者具有较强归属感视为社区的关键性因素，而无所谓地域界限或者共同生活。总体上，由于研究视角和出发点不同，学界对社区的定义或其关键性因素的认识也不尽相同，但无论怎么定义，社区都基本包括一定的地域空间、社会交往活动及接近的价值认同。[①] 在具体实践中，往往主要以地域性社会生活共同体来具体划分社区类型，由此引出了因地域不同而形成的城市社区和农村社区以及本书介绍的城乡新型社区的概念。

关于城市社区，无论学界还是社会上都没有太大争议，是指居住在城市一定的地域空间内主要由具有异质性和流动性的居民组成的生活共同体。在我国具体的基层治理实践中，社区专门指的就是城市社区。目前，随着城市规模的不断扩张，城市内部社区数量、类型都不断增多。以山西省太原市为例，目前太原市的社区类型主要包括以下三种：一是单位制大院基础上形成的混合型社区。所谓混合型社区是由以工作生产聚集为主的"单位制大院"和以生活居住为主的"住宅小区"构成的空间混合型社区。太原市是传统工业型城市，依托工厂、企业形成了许多生产聚集型小区，且主要以单位管理为主。随着单位制的改革，在管理体制上这些生产聚集型小区逐步与单位脱离，成为以生活为主的居住型社区。随着城市的扩建和外来人口的增多，在这些区域内又新建或改建了一些新的住宅区，但整体上依然以之前单位大院为主，形态上属于空间混型老旧小区，体现为新旧混合型社区。这类社区往往人口较多，且社区内各种驻地单位较多。二是改造型社区。所谓的改造型社区，主要指城中村改造型社区，即"村改居"社区。随着工业化、城镇化、市场化进程的加速，太原城区的范围逐渐向四周扩展，许多农村社区被包括到城区范围内，演化成了许多独特的社区，如"村改居"社区、城中村社区、城乡接合部社区等，除了城市周边城乡接合部的"村改居"社区外，基本上城市范围内的城中村社区已不再是传

---

① 徐勇. 在社会主义新农村建设中推进农村社区建设[J]. 江汉论坛，2007（4）：12-15.

统的农村社区，基本上已经等同于城市社区。三是新建型社区。所谓的新建型社区，主要是随着城市扩建，在棚户区和城中村改造的基础上，新建的一批大型商品房住宅小区。不同于混合型社区和改造型社区的中小规模的商品房住宅区，这些新建的商品房住宅小区规模大、人口多，住户也主要以外来人口为主，这类社区往往较为年轻，社区组织还不够健全，大多刚刚成立社区组织，主要以物业服务公司管理为主。

相比较城市社区，对于农村社区或者新型农村社区的界定争论就比较多，不同学者从不同的角度出发，提出了不同的观点和界定标准。目前具有代表性的有以下几种：一是与城市相对，即除城市（包括县城和规模较大的镇）之外的地方，都可以称为农村社区，主要从生活方式或交往方式上认为农村社区不是一个具有严格意义的界限范围，认为符合农村生活方式的区域都可以称为农村社区，而不必局限为具体的村庄范围，只要在一个范围内，实践中主要以乡镇为中心，连同周围的村庄或居住在乡镇的农户连起来的广大区域都可以叫农村社区，这种观点类同于我们生活中称的农村地区。实践中一般认为乡镇政府辖区范围内的地区就是农村社区。第二种观点则是在前一种观点基础上，将范围限定在某一个具体村庄，认为以乡镇范围界定农村社区较泛化，因此将建制村或行政村作为一个个具体的农村社区，以方便研究。第三种观点则从村落的形成上讲，将具有自然形成过程的一个个自然村作为具体的农村社区。

以上三种观点主要是从城乡关系、生活方式或行政管理上来界定农村社区，是较为一般意义上的界定。第四种观点认为前三种观点只是对传统农村地区或行政村的新说法，没有真正将理论研究与实践建设结合起来，其主要从社区建设的角度，认为农村社区就是一些已经达到或基本达到城市社区公共服务水平，而空间上处于农村，农民还未远离土地或农业生产等新的人口聚居区，即所谓的新型农村社区，既可以是单个行政村，也可以由两个以上行政村合并或者不同村庄农民集中居住而实现。因此，农村新型社区既区别于传统的行政村，又和城市社区不同，主要是为了缩小城乡差距，将城市社区的基础设施建设和公共服务下沉到农村地区，推进城乡公共服务均等化，让农民享有与市民一样便捷的公共服务。

本书认为，无论是哪种界定方式，无论是农村社区还是新型农村社区，它们只是农民聚居方式的不同，其主要还是基于农业生产方式和乡土生活方式上，在一定农村空间地域内形成的农民聚居区，即成员主要以从事农业活动为主的社会生活共同体。[①] 从当前我国农村社区建设的实践来看，农村社区或新型农村社区主要指的就是以传统的"行政村"（或合并后组成新的行政村）范围内地域组织。本书认为农村社区和新型农村社区只是农民聚居方式的改变，生活方式、生产方式、交往习惯都没有发生本质上变化，因而不同于本书所论证的城乡新型社区。

（三）城乡新型社区

不同于城市社区和农村社区，城乡新型社区大多脱胎于农村社区，主要因为易地搬迁或村庄合并等原因，搬离原址，重新选址基本都选择在县城周边或一些较大乡镇，加之传统的生产方式、生活结构都发生了转变，无论是在空间属性上，还是在社会结构和现实治理上大多表现出"既不像城镇，也不像农村"的城乡过渡特征。从空间属性上看，城乡新型社区基本上都脱离了原有的传统的农村区域；从生产结构上看，农业已经不是社区居民主要的生产方式和收入来源；而从农民的生活方式、交往方式和消费结构上看，新型社区的路、水、电、网等基础设施基本接近城市社区，农民的生活方式和消费结构已明显的城市化、商品化、社会化。但不同于传统农村社区具有的较强文化共同体，大多数城乡新型社区缺少文化价值层面的共同体意识。

此外，在城市社区，社区成员之间由于没有共同经济和集体产权所维系，成员的收入、经济利益都与社区没有直接关联，城市社区治理的主要

---

① 中国大百科全书·社会学[M]. 北京：中国大百科全书出版社，1991：206，357.

内容是非经济发展的公共服务，社区并不存在经济上自我生存和发展的问题。而在农村社区，农村或村庄是一个集经济、政治、文化、社会等为一体综合体，既是地域上的生活共同体，也是生产和交往的共同体，既需要有共同的公共服务事务，也包括集体的经济发展，尤其是建立在土地等生产资料集体共有基础上，不仅成员与村庄经济利益的关联度较高，而且村庄是否有自生能力，一定意义上决定着村庄能否提供公共服务，甚至决定村庄存在与否。城乡新型社区既不同于城市社区，也不同于农村，而是兼具两者特点，既包含城市社区的公共服务，又存在农村集体产权的关联，因此社区经济自生能力就直接影响了新型社区的生存与发展。尤其是资源型地区，除了土地之外，更因为煤矿的开办及其负外部性，农民与集体、农村与新型社区的经济关联性更强。

（四）社区建设与社区治理

在西方，由于社区是一个带有较强的自发性、自然性的共同体概念，实践中或研究中更多地体现为"发现社区"；而在我国，社区主要是随着我国城市"单位制"管理体制改革从而形成的一个具有主动规划性的概念和基层治理单元，更多体现为一种"社区建设"的行动。因此，在实践中，社区建设、社区管理、社区自治、社区治理等主要体现为一种基层管理模式的改革。①

从广义上看，社区建设与社区治理密切相关，实践中也经常互用。狭义上，社区建设主要是重新规划营造一个社区或从居住条件、基础设施、公共服务、制度供给等方面建设社区，主要体现在物质设施要素的建设，类同于建设社区。而社区治理主要针对社区的组织方式、制度运行以及在处理公共事务中的管理方式、多元主体互动关系等。由于在社区发展过程

---

① 胡宗山. 社区建设：城市基层社会管理体制改革的走向[J]. 上海城市管理学院学报，2001（6）：31-32. 、

中不同时期的重点任务不同，实践中就体现为社区建设、社区治理两种不同称谓，一般而言在未成形时或早期，多用社区建设，而当社区基础设施基本完成后，多用社区治理。无论从广义还是狭义上看，社区是一个综合性的概念，是作为我国城乡基层社会的具有基础性地位的治理单元，是包括政治、经济、社会、文化在一起的综合体，无论是社区建设，还是社区治理，都应该包括社区基础设施、公共服务、制度供给、管理模式、主体关系、文化认同等基本内容，而这些内容要体现在社区发展的三个阶段：

一是建设社区，即关系到社区是否形成基本的物质设施和公共服务。主要包括道路、交通、水暖电、绿化、文化活动场所、共有生活场所、卫生处理设施等基本物质设施、要素条件以及与其相应安全保障、生活服务、设施维护、卫生清理等公共服务系统。

二是治理社区，即关系到社区是否有正常运行的管理制度和治理方式。社区的运行离不开对社区进行良好的管理，既包括承担部分政府行政管理或公共服务职能，又包括社区居民或社区各治理主体就社区各项公共事务的自我管理、自我服务体系，以及与政府、企业、社会组织、驻区单位等各种主体之间的协作方式，即政府治理同社会调节、居民自治的良性互动。

三是培育社区，即关系到社区是否有持续发展的精神价值与文化认同。社区本质上不仅是一种生活共同体，更需要具有强烈的共同体意识，需要具有精神维系的文化和价值认同。如果没有这种共存意识和集体认同的社区精神，社区即使建设的再漂亮、设施再完备、管理再科学，也会因为缺少一种公共精神而导致难以持续发展。

由于经济社会发展程度的不同，全国范围内，城乡新型社区的这三个基本任务发展和完成的阶段也不相同。在东部沿海地区的部分发达乡村，建设社区的任务可能已经基本完成，下一步重点关注的是如何推进社区治理和培育社区共同体，形成具有特色文化和精神气质的社区共同体，而在中西部农村地区，可能相当长的时间内还是要解决社区基础物质设施建设的问题。同时，三个基本任务互相联系，彼此密不可分。建设社区所需要的物质基础是社区存在的基本物质条件，既需要政府资源下沉，也需要市场和企业协作，更需要社区居民人人有责、人人参与；而建设社区也好，培育社区共同体也好，都需要以科学合理的治理模式作为组织载体和制度保障，只有真正发挥居民的主体作用，形成人人有责、人人尽责的社会治理共同体，才能真正实现利益共享，维护广大农民长远利益；而培育共同体意识，加强社区认同和精神维系是最终和最高的目标。形成共同价值认同，不仅能节省建设成本，更能提高基础设施建设和公共服务的效率，才能真正发挥"共建共治共享"的制度体系和多元共治格局的效果。本书介绍的城乡新型社区，在前期基本上实现了建设社区的内容，而治理社区或营造社区的内容才刚刚开始，同时由于基础设施和公共服务和城市社区还有一定差距，整体上社区发展的三个阶段或主要内容同时存在，但是制度建设或治理转型是当前最紧要的任务，因此，本书主要以社区治理的概念来进行表达。

二、案例介绍

案例一：某采煤村整村易地搬迁型移民新村 D 村。D 村原名 W 村，位于山西省 H 县东南部。H 县煤炭资源丰富，是山西省著名的采煤大县。该县煤田面积约为 320 平方千米，煤炭地质储量为 36.3 亿吨，是全国首批 100 个资源大县之一，地形地貌呈"南山北坡中盆地"，辖 6 镇 12 乡 315 个行政村，除位于中部盆地的几个乡镇煤炭资源较少外，其余的北坡、南山都蕴含着大量的煤炭资源。D 村位于 H 县煤炭储量丰富的东南部，全村 350 户，1256 口人，搬迁前国土总面积 5.68 平方公里（8519 亩），其中耕地 1425 亩，林地 4603 亩，荒山荒坡 2132 亩，建设用地 359 亩。该村四面环山，原本是位于恒山山脉背后两山间夹着的一个山沟。在煤矿开办前，该村由于特殊的地形地貌和土壤条件，粮食产量一直很低，不仅很难完成县乡的农业生产任务，更是全县闻名的贫困村。改革开放后，D 村依靠丰富的煤矿资源大力开办集体煤矿，村庄经济取得了飞速发展，同时也给村庄带来了严重的生态破坏和地质灾害。

从 2002 年开始，煤炭经济进入高速发展和极度繁荣的"黄金十年"，尤其是进入 2008 年后，煤炭价格持续高涨。在县里完成煤炭资源整合后，企业开始了疯狂式抢夺性的开采，对该村造成了毁灭性的破坏，因此造成了严重的村企冲突。为化解村企冲突，加快煤矿开采，也为解决该村农民的生产生活安全问题，县里和企业一起对该村进行了集中搬迁，形成了新的移民新村 D 村。新的移民安置区位于 H 县城东南部 3 公里处，距离县中心大约 15 分钟的车程，距离旧村约 50 公里，总占地面积 387 亩，安置区以 D 村原有村民为主。虽然在地理区域上，移民新村 D 村已属于县政府所在镇，但在行政隶属上仍属原乡镇管理。之后，随着煤炭市场行情的急速下滑，搬迁后并没有兑现之前承诺的经济补偿，加之新村房屋质量差、生活成本高、配套公共设施缺失以及没有相关产业和集体经济等问题，该村村民不仅对于新村的认同感缺失，对于村庄公共事务更是漠不关心。D 村成为全市著名的"职业上访村"，村庄治理更是处于瘫痪的状态。

案例二：因资源转型"以强带弱"形成的多村合并新村 T 村。T 村位于山西省 J 县。J 县是全国著名的煤炭资源型城市。T 村位于市区与 J 县的城郊接合部，面积不到两平方公里，人口 700 余人。直到 20 世纪 90 年代，该村还是一个没有产业、集体经济薄弱的穷村。在"有水快流"的政策激励下，该村从 1995 年开始，充分利用自身的煤炭资源优势，积极发展煤炭产业。之后，该村始终坚持煤矿集体经营，并依靠煤炭利润的长期积累，大力发展非煤转型产业，先后购买市区 2 万平方米的商业大楼和北京黄金地段 1200 平方米的写字楼，从此该村有了持续稳定且不再依赖煤矿资源的产业。在集体经济取得快速发展后，该村又将转型重点调整为修复生态，发展该村的生态旅游。经过十余年的持续发展，到 2014 年该村已成功实现从生态环境污染严重的"煤炭村"向美丽的生态旅游"桃花村"的转变，不仅满足了本村村民就地就业，还为周边村创造了大量的就业岗位。生态休闲旅游已成为该村重要的产业支撑，该村也于 2014 年成功申报成为国家 4A 级景区，并被评为全国文明村和全国第二批 33 个美丽乡村建设标准化试点村。同时，T 村周围的其他村庄虽然从空间位置、煤炭资源禀赋、村庄规模与人口等方面来看，都有着相似乃至相同的条件，但由于煤矿产权改革、资源转型等较为滞后，都不同程度地沦落为"贫困村"。

T 村在经济逐步强大以后，通过大力发展旅游业实现了村庄从"煤炭村"到"桃花村"的华丽转型，但同时也面临着土地和发展空间有限的困境。为了村庄能够继续发展壮大，在当地政府以强带弱的政策要求下，也开始对周围其他村庄开展资源重组、联合发展的过程。最后形成了既不同于单纯做行政兼并式的合村并组，又不同于单纯的居民集中居住，而是形成了一种产业共同发展且居民集中居住的城乡新型社区，即在不改变行政区划、不改变集体土地性质的基础上，实现农民城市小区式集中居住后的多村连片联合发展。截至 2020 年底，六村连片开发下旅游小镇已初具规模，还新增了 800 多个就业岗位，而且新的集中居住小区也陆续开工建设，除 T 和 N 村实现集中居住外，另外四个村已有将近三分之一左右的人口实现了集中居住。

第六节　创新之处与研究不足

一、创新之处

一是研究对象的创新。目前对于资源型地区来说，在资源经济转型发展的背景下，由于采煤沉陷区治理、扶贫搬迁、生态治理等多重任务叠加，出现了大量的城乡新型社区，比如很多地方将一定区域范围内所有的因各种原因需要搬迁的群众集中起来进行安置，合并重组或新建了大量的新型居住区，进而形成了各种新型社区治理单元。这本身就是我国战略转换期出现的新事物、新形势，也是基层治理中的新情况、新问题。

二是研究视角的创新。针对当前我国在战略转型期出现的城乡各类新型社区，由于在后续的治理中出现了很多问题和困境，大多数主要沿着"现状 – 困境 – 出路"路径的现实主义研究视角，主要针对"有何困境，怎么解决"的思路，往往存在碎片式的解决方案。本书则采用历史制度主义的研究范式，以历史发生学的视角，分析各种新型社区形成的背景，尤其是详细梳理其形成的过程和形成过程中的主体关系，进而建立"过程 – 主体 – 困境"的研究逻辑。

二、研究不足

一是对当前资源型地区各种各类城乡新型社区总体情况的精准把握还存在不足。由于资源型地区在资源转型和城镇化发展的过程，情况较为复杂，各种新型社区同时存在，且各种城乡新型社区并不是由单一原因或由单一主导力量推动而形成的，比如本书介绍的 D 村既有采煤沉陷区治理的因素，也融合着资源开采的因素；T 村更是综合着资源转型、产业发展、脱贫攻坚等多种因素，其中更是纠结着政府、企业、村集体、不同村庄、村民等多种推动力量。因此需要进行大范围的实地调查和典型案例分析研究，前者要求广，后者要求深。不同地区因资源禀赋和发展环境不同，城乡新型社区的形成模式也有所不同，本书虽尝试进行类型学的分析，但是由于情况多、问题复杂，对于资源型地区各种各样城乡新型社区的总体把握还存在不足之处，对于新型社区的类型分析还存在不精准的地方，这也是今后继续研究的重点和努力的方向。

二是在资料收集的全面性和完整性上还存在不足。本书主要采用实证研究方式，除一些政策文本外，主要的资料来源是实地观察和深度访谈。由于本研究需要访谈的对象类型比较多，除了主要对象农民外，还包括大量的县乡领导干部、村干部、企业负责人等。一方面，由于受乡土人情和习惯影响，农民接受访谈时总是带有较强的情感倾向，导致访谈内容具有一定程度的片面性。另一方面，由于县乡干部平时工作较忙，对其的访谈存在零星化和碎片化，尤其是对县里主要领导和一些煤企负责人的访谈，次数较少，主要采用座谈会的形式，导致对案例整体面貌把握还存在一些不全面。另外，由于村庄在搬迁过程中，不注意原始资料的保存和整理，会议记录等又较为简单，收集的村庄原始文本材料也不够丰富。总之，受访谈对象、时间次数、调查技巧等影响，收集的第一手资料还不够完整全面和丰富，进而导致本研究在分析的深度上还存在不足之处。

三是对典型案例的收集、整理和多种类型的比较分析还存在不够全面的问题。受时间、能力和条件所限，本书只选择了山西省比较具有代表性的两个案例进行整理和分析，但是对于其他资源型地区的情况了解的还不够多，对于不同背景下形成的其他类型的城乡新型社区实地调查和情况掌握的还较少，对于全国范围内尤其沿海发达地区城乡新型社区的实地调研和情况掌握的还不够，缺乏对南北城乡新型社区对比研究，缺乏对资源型欠发达地区和沿海发达地区的城乡新型社区的对比。因此，无论从研究对象、调研广度以及得出的初步结论，包括类型选择上，还存在很大局限性，需要进一步补充完善，这也为笔者下一步的继续深度研究和对比研究提供了空间。

第一章 资源型地区城乡新型社区的
形成背景及过程

经济基础决定上层建筑，不同的生产方式和经济发展状况也决定着乡村的不同类型。在我国传统的农业社会中，出于农业生产、抵抗自然灾害和共同防御的需要，形成了以血缘家族组织为基础、以从事农业生产为主的乡村。进入近代以来，随着我国工业化和城市化的推进，乡村也出现了不同的产业形态。在煤矿资源型地区，由于煤矿开采，一些传统农业型乡村逐步向工矿型乡村转型，出现了大量以煤矿开采为主导产业的资源型乡村。而长期以来高强度，粗放型的煤炭开采方式也为资源型地区带来了生态破坏、环境污染、地质灾害等严重的负外部性，[①] 为改变这一面貌，国家开始推进了煤炭资源整合和资源型经济转型的过程，通过淘汰关闭整合乡村中小煤矿，资源型乡村也随之消失。但资源型经济的负外部性却没有因为煤矿的关闭而消失，集中体现为大量的采煤沉陷区，资源型地区大多采取易地搬迁建设新村的形式进行对采煤沉陷区的治理。在这种背景下，加之城镇化建设、脱贫攻坚等发展趋势和政策要求，资源型地区形成了大量的新型社区，集中表现为各种易地搬迁新建的移民新村和强村并弱村的合并新村，这些新村无论在空间上还是在治理中，大多表现出"既不像城镇，也不像农村"的城乡过渡特征，为方便论述，本书统称为资源型地区城乡新型社区。

---

① 董江爱，王慧斌. 民生与民主：资源型地区利益均衡的路径选择[J]. 理论探讨，2014（3）：137−140.

第一节　煤矿开采下资源型乡村的形成与治理危机

从 1949 年一直到改革开放前，我国 80% 以上人口为农村人口，或者是纯粹的农民，一直到 20 世纪 90 年代，中国还是一个典型的以家庭为基本单位的农民国家，乡村类型也主要是从事农业生产的农业型村庄。改革开放后，随着我国工业化、市场化、城镇化进程的加快，尤其是乡镇企业的快速崛起，单一从事农业生产的乡村逐步改变，各种不同产业类型的村庄也逐步形成，如商贸型、工矿型、劳务型、加工型等。在资源型地区，在"有水快流"政策的引导下，许多储藏着煤炭资源的乡村也开始大力开办集体煤矿，发展经济。随着乡村集体煤矿的兴起，这些村庄的主导产业逐步从农业生产转移到煤矿开采，煤矿资源型乡村也逐步形成。

一、集体化时期社队煤矿开办与资源型乡村雏形

中国是世界上农业文明最为悠久的国家，村落的形成和存在形式也主要与农业生产方式和生产力发展水平相适应。在传统时期，我国乡村是基于血缘和共同生产生活基础上"自然形成的具有一定的规则秩序、趋同的经济利益、类似的文化习俗的群体性组织"[1]，基本上体现为一种基于农业生产的血缘自然共同体。进入近代以后，在西方工业文明侵入下，我国也逐步开启了工业化的进程，传统以农业生产为基础的乡村也出现了不同的产业形态。中华人民共和国成立初期，由于当时工业基础十分薄弱，工业化、城市化、国防现代化等建设资金只能从农业中来，国家为实现赶超目标、集中资源推进工业化，也迫切需要农业为工业发展提供原始积累。于

---

[1]　杨郁，刘彤. 国家权力的再嵌入：乡村振兴背景下村庄共同体再建的一种尝试[J]. 社会科学研究，2018，（5）：61-66.

是，20 世纪 50 年代，我国实行了以重工业为中心的"倾斜发展战略"，先后建立了统购统销制度、户籍管理制度、人民公社制度，即传统农业经营体制的"三大支柱"，并不断强化相关政策，在这个大的战略背景下，乡村依然以农业生产为主导，但在煤炭资源赋存地也出现资源型乡村的雏形。

中华人民共和国成立后一直到集体化时期，国家把煤矿等矿产资源确定为社会主义工业化建设的物质基础，实行矿产资源归全体国民共同所有的国有制度，对原来属于私人开办的煤矿通过接管、改造和整顿等方式，逐步把私有煤矿转变为国有煤矿，并通过计划调拨的方式由国家统一经营。在资源型地区，为了满足国家工业化需求，在集体化时期部分具有煤炭资源的乡村也开办了各种社队煤矿。社队煤矿也叫集体所有制煤矿，这种类型的煤矿是人民公社制度建立后，以人民公社、生产大队或几个生产大队联合的方式由集体出资开办，主要是为了解决社队内村民的生活用煤需求或为村办企业提供部分能源燃料。

虽然在整个集体化时期，有社队煤矿的乡村依然以农业生产为主，但是社队煤矿也成为乡村发展农业和集体经济的重要补充产业。在没有开办社队煤矿之前，资源型地区由于长期资源开采，对当地的农业生产条件造成了不利影响，只靠农业收入远远不能满足农民的基本生活开支，当地农村的集体收入主要依靠国有煤矿的副业生产，每年的副业收入除了按劳动工分对参加煤矿生产的社员分配以外，村集体剩余很少。而社队集体煤矿的开办，不仅满足了村民的生活用煤，而且煤矿所得利润除给国家上缴利税外，剩余的全部归集体所有和支配。

当时在煤炭资源储量比较丰富的农村也开办有各种国有煤矿，而国有煤矿对当地农村的影响，主要是通过在矿区建设的征地、煤矿面向农村招收工人等方面给与一定的支持，但由于国有煤矿招收工人非常有限，多数农民难以进入国有煤矿，因此，在这些农村兴办的国有煤矿对村庄的主导产业并没有带来实质性的改变，除了依靠进入国有煤矿从事部分副业生产外，乡村依然以农业生产为主。而有集体开办的社队煤矿不仅改变了单一的农业生产结构，而且也大大提高了集体经济和农民的收入。

伴随着社队煤矿在乡村经济中作用日益凸显，虽然当时乡村还主要以农业生产为主，但是一部分社队煤矿比较强的乡村，已经出现了煤矿收入大于农业收入的情况。基本上当时普通农业型乡村一个劳动日只能分红0.1—0.2元时，有社队煤矿的乡村一个劳动日分红大约在1—2元，相当于其他村农民收入的10倍。农民收入增加后，生活水平也大大提高，在主要依靠农业收入的山区农村家庭大都吃不饱饭、穿不暖衣的时代，社队煤矿经营较好的农村却是家家户户盖新房。

虽然当时煤矿开采的技术还非常落后，社队煤矿（当时主要是一些小煤矿）也主要是作为乡村农业生产的重要补充，乡村依然以农业生产为主，但是社队煤矿却成为乡村产业、集体经济和农民收入的重要来源，甚至某些乡村的集体经济和主要产业都以煤矿开采为主。尽管数量不算特别多，还不能称作完备意义上的煤矿资源型村庄，但从产业结构类型、从改变了单一以农为主的生产方式和收入结构来看，已经形成了资源型乡村的雏形，为后来资源型乡村的形成和壮大奠定了基础。另外，由于当时开采技术还比较落后，也没有进行大规模的开发，煤矿开采对生态环境和农业生产的影响较少，负外部性还不明显。

二、"有水快流"政策下煤矿资源型乡村的涌现

改革开放前，中国主要是农业社会，乡村主要还是以农业生产为主，虽然在资源型地区出现了部分资源型乡村的雏形，但还是少量的，乡村煤矿也主要是作为农业发展的补充。改革开放后，随着经济体制改革和城乡二元结构的松动，大量农民开始向非农领域流动，[1]在这个大的背景下，乡

---

[1] 徐勇. 农民理性的扩张："中国奇迹"的创造主体分析[J]. 中国社会科学，2010（1）：103-118.

镇企业不断涌现，出现了不同产业类型的农村。

改革开放后，国家为了让煤炭资源丰富的地区依靠煤矿富裕起来，出台了"有水快流"政策，鼓励资源型地区的农村和农民开办煤矿。在这个背景下，国有煤矿把国有煤田的边沿、外围、小矿脉等无法使用大机器开发的煤矿资源都让给当地农民开采。该政策的出台，大力支持了群众办矿，乡村集体煤矿和个体小煤矿迅速发展起来，以此形成了大量以煤矿开采为主导产业的资源型乡村。

随着乡村煤矿的增多，村庄的主导产业、集体经济的主要收入、农民的主要增收渠道都由农业生产逐步转移到煤矿收益，煤矿资源型乡村开始逐渐形成，并不断涌现。以山西为例，当时几乎所有具有煤炭资源县市都出现了"村村点火、处处冒烟"的奇怪现象。从乡村主要产业类型上看，在这个时期，煤矿开采已成为乡村的主要产业，村庄的集体经济来源也主要依靠煤矿开采贩卖、运输以及煤矿的承包费等，农业生产不仅处于次要地位，甚至部分村庄随着小煤矿的增多，村庄集体不再从事农业生产，村中几乎没有人再从事农业生产。

从村民的收入渠道上看，开办煤矿乡村，几乎全村农民都从事煤炭开采及相关产业。在我们的调查中，有老人回忆，国家允许个人开办煤矿的最初，在一些浅层煤丰富的地方，开办小煤矿非常容易，用矿区农民的话说，父亲带着儿子或者夫妻双方，扛着镢头进山挖煤，挖个坑就是一个小煤矿。除了部分村民是煤矿正式职工在煤矿上班外，很多村民从事和煤炭相关的工作，如填埋煤矸石、运输煤炭、打扫卫生等。这些乡村的村民收入主要依靠在煤矿务工和在村务农，部分村民也根据煤矿矿工集聚状况提供小饭馆、小旅社和洗澡堂等生活服务，还有部分有一定经济实力的村民通过购买运煤车，给煤矿拉煤获得收入。此外，在这些煤矿资源型乡村，无论是集体煤矿还是个体经营的煤矿，村庄的公共服务与村民福利也主要来自煤矿收益。比如因采煤破坏村庄土地，村集体会解决村民的基本生活问题、提供部分公共服务，如免费为村民供水、供电、发放燃煤等。

总体上，这一时期，随着乡村煤矿的增多，传统以农业为主导产业的乡村在产业结构类型、乡村集体经济、村民主要收入来源等方面，已经与煤炭开采和集体经营息息相关，乡村集体煤矿的发展为农民带来了更多的实惠，煤矿资源型乡村逐渐形成并呈现出不断增多的趋势。同时，随着煤炭资源的大量开采，尤其是长时间内的无序开采和粗放式经营，煤矿资源开采的负外部性也开始在这些乡村显现，环境污染、生态破坏、水土流失、房屋裂缝、耕地下沉以及频繁发生的矿难等，不仅影响了煤矿村的整体面貌，并已经开始向周围非煤村蔓延。

三、集体煤矿私下承包转让与资源型乡村的分化

自国家提出"有水快流"到 20 世纪 80 年代末，这一时期尽管已经有个体小煤矿的出现，但与社队集体煤矿相比，数量还相对较少。到 20 世纪 90 年代中后期，由于市场主导的资源价格机制还未形成，煤炭市场持续不景气，煤炭价格持续走低，再加上开采成本逐步加大，除了部分煤矿还继续由集体或国家经营之外，很多社队集体小煤矿为了避免亏损，都急于把集体煤矿承包给个体。随着个体小煤矿的涌现，资源型乡村的发展发生了明显的分化，个别资源型村庄坚持集体产权制度，村庄的各项事业都得到了快速发展，而大量无序转让、私下转让、集体挂名个人经营的村庄，不仅集体利益蒙受损失，也使村庄发展呈现出全面衰败的局面。

（一）集休煤矿私下转让与个体煤矿的涌现

当时，一个小煤矿只需要几万元就可以买到，而且手续非常简单，不需要采矿证、探矿证，也不需要交纳资源税。在这种背景下，乡村集体煤矿有的承包给主要村干部，有的承包给普通村民，有的承包给当地人，也有的承包给外地人，甚至一些国有煤矿也通过公开招标、拍卖或股份制改革等方式转变为个体煤矿。这一时期，在资源型农村，个体越来越成为煤

矿经营的主体。

2002 年后，煤价持续上涨，煤矿利润丰厚，在高额利润回报的基础上，个体小煤矿更是井喷式涌现出来，不仅原来就有村办煤矿的资源型农村继续兴办新的小煤矿，而且随着煤炭勘探技术的提升，原来没有开办煤矿的村庄，由于发现了地下煤炭资源，也开始兴办各种小煤矿。总的来说，这一时期的农村集体煤矿承包很不规范，大多数农村集体煤矿的承包或转包没有走民主程序，也没有采取公开招标的方式，而是由个体商人私下与村干部达成煤矿转让或转包协议，通过与村干部合谋获利的方式，给村集体很少的煤矿使用费，给农户很少的占地补偿费，致使大量的集体所有煤矿实际上成了个人投资的个体煤矿。

此外，资源型地区地方财政的增加，主要来自个体小煤矿缴纳的税费，而税费的多少又取决于个体小煤矿数量的多少。所以，地方政府总会采取各种手段增加个体小煤矿数量，常常利用管理资源的职务之便或利用办理煤矿开采证等机会，把一些早已废弃不用的国有煤矿或社队集体煤矿变成正规开办的个体小煤矿。同时，地方政府还有意钻国家政策的空子，采取降低煤矿开办条件等手段，为一些达不到国家标准和要求的个体煤矿发放煤矿开采证，从而导致不合格不合法的小煤矿大量存在。在国家下令整顿或关闭不合法小煤矿的活动中，地方政府官员又采取与上级检查机关捉迷藏的手段，对国家政策的实施进行暗中抵制。

（二）个体煤矿的疯狂开采与负外部性凸显

随着集体煤矿私下承包转让与个体煤矿的涌现，在高额经济利益的驱动下，他们对煤矿资源进行疯狂的开采。另外，很多个体小煤矿本来就是早已废弃的老旧煤矿，这些煤矿要办理煤矿开采证和进行煤矿开采需要花费更多的贿赂资金，煤矿主都有急于收回成本并从中获利的迫切心理，必然要采取在最短时间内获取最大收益的短期开采行为。这是个体小煤矿采取掠夺式开采行为的又一重要原因。

此外，政府资源管理部门为了解决资源浪费、煤矿安全事故等问题，对小煤矿采取接二连三的一压再压的措施，使个体小煤矿长期处于可能被关闭的压力之下，很多煤矿投资者都认为自己煤矿的生存发展空间越来越小，但煤矿的投资却越来越大，小煤矿所处的这种生存和发展环境，必然导致个体小煤矿急于收回成本，采取掠夺式开采的方式。而且，地方政府管理资源的方式简单粗暴，往往一个煤矿发生事故，就采取本地区所有煤矿全部停产整顿的方式解决问题，这就使得煤矿不能通过个体行为规范来保障煤矿的正常经营，也只能采取疯狂开采的方式，在最短的时间里获取最大的利益。正是在管理不规范和随时可能遭遇关闭的压力下，小煤矿的生存逻辑是能生产就生产、产多少算多少、卖多少算多少，他们没有精力和耐心考虑煤矿的安全隐患和回采率。这是个体小煤矿采取掠夺式开采行为的又一重要原因。

正是由于地方政府干预太多，导致煤炭市场一直没有建立起一个健全的市场价格机制，最终使煤矿企业面临巨大的市场风险。在应对市场风险方面，国有煤矿由于有公共财政投资，应对市场风险的成本也自然由公共财政负担，而个体煤矿由于由个人投资，市场风险也完全由个人承担。所以，个体煤矿必然有急于收回成本的心理，为了追求企业利益最大化就选择采取掠夺式开采的方式。

总之，煤炭资源的高额利润诱使煤矿经营者疯狂采煤，忽视了煤矿资源保护和安全生产，导致煤矿安全事故频繁发生和煤矿资源严重浪费，他们更不会顾及资源开采造成的地质灾害和生态破坏。在这一时期，煤炭开采相伴随的负外部性明显增强，直接为后来资源型乡村的分化和衰败带来了沉重的代价。

（三）资源型乡村的分化与不同的发展样态

乡村集体煤矿在产权变革的过程中，煤矿的经营方式不同，村民参与村集体煤矿管理和经营的程度不同，村庄的发展方向也就大不相同。比如说，某些村庄一直坚持集体产权，实行煤矿的集体经营，并且在实践中充分尊重村民意愿，集体煤矿的生产、经营以及利润分配都充分保障村民参与，这样的村庄就较好的得到了发展。尤其是一小部分在发挥资源优势发展资源产业的同时，依靠丰厚的资源利润累积起来强大的集体经济，进行资源经济转型而获得了长远的发展。相类似的另外一些资源型乡村，虽然村庄坚持煤矿集体经营，但由于村庄过分依靠煤矿，甚至很多地方不惜牺牲生态环境发展经济，在缺乏民主机制和集体智慧的前提下，大多都没有实现产业转型，最终走向了衰败。

在资源型地区，更多的资源型乡村集体煤矿在产权变革的过程中失去了集体性质，有的承包给个人经营或转变成私营煤矿，也有的是集体挂名、个人经营（集体承担负外部性而个人从中获利），还有的被国有煤矿或其他煤矿整合成为股份制煤矿，但无论发生哪种形式的变化，都对乡村的发展造成了严重冲击。不仅带来生态环境破坏，还引发了贫富分化、干群冲突等社会性矛盾。

四、多重利益博弈下资源型乡村整体性治理危机

在煤矿经营过程中，由于约束资源管理者和使用者行为的制度供给严重不足，导致资源管理中缺乏对矿区农民利益的关注，造成小煤矿的掠夺式开采和粗放式经营，加大了煤矿开采的负外部效应，主要包括由资源开采造成的资源浪费巨大、安全事故频发、地质灾害严重和由利益分配失衡造成的贫富分化加剧、社会矛盾激化，以及地方上政治、经济、文化的衰败等社会危机，不仅使资源型乡村陷入难以自拔的治理困局，还严重恶化了资源型地区的政治生态。

（一）自然环境恶化：生态破坏与地质灾害

煤矿作为一种矿产资源，开采本身就是一种对自然环境的破坏性产业，

再加上长时期采取掠夺式开采和粗放式经营方式，尤其是技术落后的小煤矿太多，不仅使资源过度消耗与浪费，更加大了环境污染、生态破坏与地质灾害的程度，破坏了当代矿区人民的生存生活环境，更剥夺了子孙后代的发展空间、资源和机会。

以山西省为例，由于大规模粗放式的煤炭开采，不仅造成了当前严重的水土流失、森林锐减和生态破坏，更直接产生了巨大的采煤沉陷区。山西省全省采空区面积达 5000 平方公里，地质灾害发生范围更波及上千个村庄，对农业生产带来严重的威胁。山西全省采空区上面 90% 以上都是耕地，因煤矿开采导致耕地减少、肥力减少、农业减产等高达 69%。[①] 虽然，当地政府不断进行地质灾害治理，但长期对资源经济依赖，导致对生态、灾害等治理的投入严重不足。甚至在治理地质灾害的过程中，在 GDP 的影响下和权力寻租下，仍然有企业借口治理灾害开采煤矿资源。以山西某村为例：该村共 450 人 1000 亩耕地，政府按照每人 5000 元和每亩地 5000 元的标准进行搬迁补偿，治理任务是整村搬迁后造地复垦 117.4 亩地。但在县里组织的公开招标中，中标的却是某煤企合作伙伴，当其进驻该村后，不是填沟造田，而是开沟挖煤，造成了新的地质灾害。随后该企业出资 1 个亿（村民每人分了 15 万元）的补偿后继续进行煤矿开采，而且是超范围开采，使国家利益和矿区农民利益遭受巨大损失。

（二）社会矛盾加剧：贫富分化与社会冲突

在缺乏有效监督下，资源型地区贫富分化与社会冲突严重。社会转型是一个包括政治、经济、社会等整体的改革，其中经济社会转型是最本质的内容。[②] 在煤矿开采的过程，不仅造成地质灾害多、环境污染严重等自然矛盾，导致矿区居民陷入"生存悲剧"，更由于在资源开采和收益分配中农

[①]　宋德晋，冯佳根，周平川，王久瑾，吉海瑞，李菲. 改革和完善煤炭资源税的研究——关于山西省改革煤炭资源税的调研报告[J]. 税务研究，2004（12）：48-53.

[②]　李培林. 另一只看不见的手：社会结构转型[M]. 北京：社会科学文献出版社，2005：4.

民完全被排斥在外，引发区域内贫富悬殊大、社会矛盾多等一系列严重的社会问题。

资源经营者在资源价格的飞涨中获取暴利，由于不用承担相应的环境成本和代际成本，外部成本无法内部化为企业的生产成本，煤企更是疯狂式掠夺化采煤。这种简单粗糙的财富增长，形成了煤炭开采经营者及一些掌握煤矿审批、管理权力的官员等的少数人的暴富群体，而农民却承受煤矿开采的负外部性，不仅无法从煤矿生产中获利，还因煤矿开采造成的物价飞涨等因素加剧了贫困，他们上不起学、看不起病、盖不起房，甚至在寒冷的冬天用不起自己脚下的煤。更有甚者，在煤炭政策宽松的情况下，私挖乱采造成严重税费流失，开采资源带来的利益不能转化为地区的公共财政，为矿区人民谋福利，反而加剧了当地的贫富分化程度。因此，在这种巨大的贫富分化下，激化了社会矛盾，资源型地区村矿村企矛盾、干群矛盾、官民矛盾等异常激烈。从 2008 年 1—5 月份山西省受理的涉农信访案件中分析，80.7% 以上涉及的都是矿产资源型农村。[1] 这种贫富分化和社会冲突严重影响着资源型地区的社会稳定和经济有序发展。

（三）社会风气不佳：价值扭曲与道德滑坡

通常在社会快速转型期伴随着价值观的多样化。改革开放以来，在市场经济的快速发展和西方资本主义价值观的影响下，各种拜物主义、利己主义、金钱主义等严重影响了我国的社会风气。而在资源型地区，由于贫富差距拉大，不仅带来了社会冲突，更导致社会价值观的扭曲。

一些因资源开采暴富的人不关注公共利益、发挥先富带后富的作用，而是注重个人奢侈消费，有的甚至进行赌博、吸毒、嫖娼等违法犯罪活动。金钱至上取代社会道义，勤劳致富的优良传统不被认可，知识、能力和技术等作为获取财富的主要生产要素不被认同。这些行为严重污染了社会风

---

[1]　综合整治环境 解决村矿矛盾[N]. 山西日报，2008-12-17（A01）.

气，扭曲了社会的财富观。特别是那些依靠煤矿拥有巨额财富的人，有些是靠占有公共资源、钻政策空子致富的，比如通过偷逃国家税收、贿赂勾结、损人利己、以权谋私等大肆敛财聚集财富，不承担社会责任等等，导致农民的相对剥夺感不断增强，进而形成了对煤矿经营者的仇恨和对社会的不满情绪。各种关于煤老板"黑心手辣""为富不仁""恃富欺世"的新闻抢占了各类媒体的头版位置。可以说，煤矿开采不仅带来经济与生态上的负外部性和"资源诅咒"，更带来了社会环境方面的"诅咒"。社会风气的恶化，严重阻碍了社会文明进步与和谐发展。

（四）政治生态糟糕：利益一体和腐败丛生

从客观的生产力看，资源开采带来生态破坏是一个客观的自然现象，而其引至的其他社会矛盾则主要源于资源的管理方式和利益分配模式。在资源型地区，由于长期以来权责利关系模糊、煤矿产权安排和市场机制缺失等，围绕资源利益产生了激烈的博弈和权力寻租，这是导致资源型乡村陷入整体性治理危机和政治生态恶化的根源。资源型地区的政治生态主要是围绕资源的开发利用而形成的各种关系，本质上是一种资源生态，尤其是"围绕资源开采和利用而形成的官商关系"[①]。

原本，煤炭资源作为一种矿产资源，其所有权属于国家所有，但是在实际的经营管理过程中，却由地方政府代理行使。地方政府通过煤矿审批、安全监管等方式行使对煤炭资源的管理，由于缺乏有效监管机制和市场机制，就为少数地方官员采取多种方式进行权力寻租和权钱交易提供了机会和空间。

比如，一是为了获得煤矿的采矿许可证，一些小煤矿通过向管理审批者行贿或私下送干股的形式，将其俘获成为一个合谋获利的利益共同体；

---

① 董江爱，徐朝卫. 基于煤矿资源的利益博弈和策略选择：山西煤矿开采与经营中的政企关系研究[J]. 中国行政管理，2015（2）：78-83.

二是在唯 GDP 的政绩观下，地方政府为了提高地方经济总量或赢得政绩，默许许多存在安全生产隐患或不具备开采条件的小煤矿长期开采煤矿，要么降低开办条件，要么放松监管，甚至采用政企合作形式帮助其扩大生产或越界开采标准；三是部分地方官员为了个人利益，充当小煤矿的保护伞，不仅滥用职权为一些非法小煤矿的私挖乱采、违法经营中广开绿灯，而且还帮助其逃避上级部门检查，这就导致许多非法小煤矿在国家历次整顿治理中都处于明停暗开状态；四是部分地方官员采取多种方式在煤炭资源领域获取暴利，或以亲戚朋友的名义开办煤矿，或以暗地入股的方式参与小煤矿经营，或利用职权编造虚假材料把废旧煤矿变成合法煤矿，或以治理灾害的名义开采煤矿，或挪用私吞煤炭基金，或伪造票据偷税漏税等。总之，地方对资源的高度控制造成了煤企对官员的高度依附，二者的共同作用形成了煤炭资源领域的权力寻租和权钱交易。

在资源型乡村，由于村民自治制度不完善，村民自治一定程度上异化为村干部自治。[①] 在这种情况下，村干部通过将集体煤矿私下承包或自己经营，将集体资源转化为自己利益，村干部腐败，导致资源型农村干群矛盾加剧，形成对立关系。[②] 资源型农村政治生态恶化最突出表现就是建立在干群矛盾上的村民直选乱象、自治异化和腐败问题。

由此可见，煤矿资源的不断开采和 GDP 的不断提高，带来的不是经济社会全面协调可持续发展，而是矿区农村秩序的破坏和无增长的发展悖论，主要表现为：经济增长与生态破坏的并存，城市繁荣与村落衰落的并存，少数人暴富与多数人贫困的并存，经济收入增加与社会诚信和道德水平下降的并存，文化多元与价值观扭曲的并存。这一系列的发展悖论充分显示，煤矿资源带给矿区农村和农民的不是福音而是诅咒。

---

① 张毅，董江爱. 集体产权、资源禀赋与农村政治生态优化研究[J]. 云南财经大学学报，2020（1）：14-20.

② 朱力，汪小红. 干群矛盾的理性分析：类型、特征、趋势和对策[J]. 中共中央党校学报，2017（3）：113-121.

第二节 资源整合及转型背景下资源型乡村的终结

由于煤矿产权关系、煤矿管理制度的混乱和矿业权市场的不健全，就导致资源型地区形成了大量的中小煤矿。在 20 世纪 90 年代，资源型地区中小煤矿盛行，各种形式的中小煤矿多达上万个，而且高达 70% 都属于无证状态下的非法采矿。[①] 这些煤矿大小不一、技术不一，"多小散乱"和私挖乱采、资源浪费现象严重，且矿难频频发生，不仅破坏了当地的自然生态环境，还严重影响了当地的社会风气和政治生态。这些中小煤矿生产 1 吨煤大概要浪费 6 吨左右的资源，资源回收率也仅仅有 15%，大约每年要破坏 20 亿吨煤炭资源，不仅如此，过度开采资源造成包括环境、生态、地质灾害等各项损失更甚。[②] 因此，从 20 世纪初，国家也开始加大了煤矿市场管理，加大了煤炭整合力度，通过健全矿业权市场和有偿使用等制度规范，逐步整合淘汰关闭大量的中小煤矿。在这个背景下，大量的乡村集体煤矿、个人承包经营的小煤矿或被整合、或关闭停产。之后，进入到 2012 年后，煤炭经济"黄金十年"结束，随着煤炭市场的整体下滑，资源型乡村不仅失去了往日的辉煌，而且村民的生产生活条件逐步变差，地质灾害、人口过疏化、老龄化特别严重，呈现出整体性衰落的特征，村落终结成为了资源型乡村的宿命。

一、煤炭资源整合及转型过程

由于中小煤矿的大量存在，导致资源型地区整体上出现了许多问题。围绕中小煤矿的安全整顿，资源型地区也逐步开启了煤炭资源整合和资源

---

① 王立杰，魏晓萍. 矿产资源损失浪费的根源与解决对策[J]. 中国矿业，1996（4）：19-21.

② 胡乾坤. 山西煤炭资源整合的法律经济学分析[J]. 新西部（下半月），2010（3）：63-64.

型经济的转型发展过程。以典型的煤炭资源型地区山西省为例，从 20 世纪 90 年代开始，伴随着煤矿的开办，一直进行资源整合。整体上先后以安全整治、有偿使用、兼并重组到化解产能过剩为重点，历经了四个阶段，到目前为止，经过煤炭资源整合后，山西已基本形成以特大型煤矿企业为主导的生产格局。

（一）安全整治与治小治乱

在"有水快流"政策的激励和引导下，全国各资源型地区中小煤矿都快速涌现，虽然一定程度上促进了当地经济的发展，但是也引发了诸如安全事故、私挖乱采等严重问题。尤其是各种村办的集体小煤矿和个体煤矿，不仅因为生产技术落后导致矿难频发，而且也经常私下偷挖国有煤矿，导致国有资源的大量流失。[①] 针对此，从 20 世纪 90 年代初，国家针对小煤矿安全生产和私挖乱采开展了专项整治。从 1991 年国务院发布《关于清理整顿个体采煤的通知》开始，一直到 1996 年 12 月《中华人民共和国煤炭法》的施行，国家先后通过各种政策法律整顿小煤矿。总体上，这个阶段主要是针对一些技术落后、安全不达标等小煤矿进行整顿关闭。虽然取得了一定的效果，比如到 1999 年底全国共整顿关闭了三万家小煤矿，但由于这些中小煤矿是地方财政收入的主要来源，加之存在利益输送和利益合谋，实践中许多小煤矿并没有真正关闭停产，而是在地方政府的默许下以明停暗开的形式继续开采煤炭资源。[②]

（二）有偿使用与关小上大

到了 20 世纪 90 年代中后期，由于煤炭市场价格低迷，加之开采成本加大，许多规模较小的国营煤矿和大多数村办集体煤矿都陷入了经营困难

---

① 国务院关于清理整顿个体采煤的通知（国发〔1991〕37 号），1991-7-11.

② 董江爱. 煤矿产权制度改革与资源型乡村治理研究[M]. 北京：中国社会科学出版社，2016：186.

的状态。在地方政府的支持和默许下，许多中小煤矿通过托管、承包、改制、转让等非市场形式，以行政审批的方式转变为个体经营的煤矿。由于当时矿业权法律还不完善，同时主要通过行政方式进行，个体经营煤矿除需要承担生产经营成本和缴纳一定税费外，几乎上都是无偿获得了采矿权资格。在这个背景下，个体性质或"集体挂名、个人经营"的中小煤矿大量涌现，以山西为例，当时 90% 以上的煤矿都是年采煤量在 9 万吨以下的个体小煤矿。到了 2002 年后，煤炭经济开始进入"黄金十年"，面对巨额的资源利润，个体煤矿更是开足马力甚至不惜违法犯罪开采煤炭资源，不仅加剧了生态环境负担，也严重扰乱了煤炭市场，导致国有资源的大量流失。

基于此，山西从 2003 年开始开启了新一轮以"资源探矿权和采矿权有偿出让"为重点的煤炭资源整合，通过出台《探矿权采矿权转让管理办法》，严格规范煤矿出让行为，明确要求和严格规范采矿权有偿取得和转让的条件、行为和流程，明确新增的煤矿必须履行严格有偿使用规定，对之前采矿权主体变更过程存在各种不合规、不合理情况进行审查、价值评估和价款缴纳。之后在国家建立"现代产权制度"的政策要求和深化煤矿安全整治"关小上大"的行动中，山西以煤矿有偿使用为重点开始探索和推动煤矿资源整合的路径。2004 年，山西在全省范围内开展新一轮深化煤矿安全生产整治的行动，并以资源型城市临汾市为试点，开始探索煤矿资源整合和有偿使用的具体办法。到 2005 年，在全面总结临汾市经验的基础上，山西省以《关于推进煤炭企业资源整合和有偿使用的意见》的方式，在全省范围内全面开展"治乱、治散、治本"煤矿整治专项行动，重点通过煤矿有偿使用来深入治理各中小煤矿的私挖乱采和安全隐患，并希望以此来推动煤矿整合，形成大型的煤矿企业。2006 年，山西省正式出台了《煤炭资源整合和有偿使用办法》，明确要求到 2006 年底全面整顿淘汰关闭年产量在 9 万吨以下的中小煤矿。当年底山西省全省共整合压减和关闭淘汰 1363

座矿井[①]，截至2008年底山西省全省矿井由4389座减少到2598座[②]，基本上全省年产量不达9万吨的中小煤矿全部得到了整治，要么淘汰关闭，要么被整合到其他大型煤炭企业。

（三）资源整合与以强并弱

在山西开始推进煤矿有偿使用和资源整合的同时，国家也加大了对煤炭资源领域的整顿。2006年4月，国务院向山西、内蒙古、陕西等7个主要采煤大省（自治区）下发了《关于加强煤矿安全生产工作规范煤炭整合的若干意见》，要求加强煤矿的安全生产，同时加大了对小煤矿的整合标准，要求这七个省份在2007年底前完成对年产量在30万吨小煤矿的整合。之后又下发了《关于深化煤炭资源有偿使用制度改革试点的实施方案》等文件，要求所有的资源型省份在煤矿探矿权和采矿权获得转让中，一律按照公开的招标、拍卖、挂牌等市场方式进行。

在国家的政策指导下，山西严格执行国家政策要求，加快了资源整合的力度，并严格按照国家要求年产量30万吨的标准重新对小煤矿进行整合。到2007年，山西被国家纳入煤炭工业可持续发展试点省份，并以试点为突破口，在对小煤矿进行整合的同时，通过政策激励国有大型煤矿主动进行兼并重组，主动整合各种中小煤矿。到了2008年、2009年，山西为加快煤炭资源整合力度，先后两次出台了相关推进煤矿企业兼并重组的政策，并在全省范围内掀起了推进煤炭企业兼并重组的大规模资源整合，这也被社会各界称为山西煤矿史上最强的资源整合、真正的整合，甚至有媒体直接将其称为"消灭煤老板"的行动。

通过超常规的资源整合和煤企兼并重组，截至2010年底，山西矿井数

---

① 山西省人民政府. 山西省人民政府关于整顿和规范矿产资源开发秩序第一阶段工作情况的报告. 晋政〔2007〕2号，2007-1-24.

② 煤炭安全网. 山西5年关闭2200多座矿井[EB/OL].（2009-3-31）. http://www.mkaq.org/html/2009/03/31/31026.shtml.

由 2600 多座减少到 1000 多座，办矿主体更是由 2000 家直接减少到 130 多家，30 万吨以下的中小煤矿全部被整合淘汰。经过资源整合和兼并重组后，煤企的煤炭生产规模基本上都达到了年产量 300 万吨以上，70% 的矿井年采煤量达到了 90 万吨以上。[①] 至此，山西整体上实现了对年产量在 30 万吨以下中小煤矿的全部整合，大量的村办集体煤矿、个体经营煤矿等中小煤矿被整合淘汰。到 2015 年，经过 5 年的整合发展，基本上形成以特大型和大型煤矿为主的办矿体制和煤炭生产格局。[②]

（四）化解过剩产能与资源转型

经过大规模资源整合，山西虽然完成了煤矿产业格局从小到大、从乱到强的改变，但单一的产业结构和资源经济依赖性依然没有得到缓解。在完成资源整合后，山西也开始加快了资源型经济转型的步伐。尤其是在 2010 年成为全国唯一一个省域范围改革试验区，即"国家资源型经济转型综合配套改革试验区"后，山西更是加快了资源型经济转型升级和能源革命的力度。

进入 2012 年后，随着煤炭供需关系的变化，尤其是国外煤炭资源的大量涌现，国内煤炭价格急剧下滑，煤炭经济"黄金十年"结束。以煤炭资源经济为主导产业的山西，面临着产能过剩、煤炭滞销等问题，加之长期资源开采带来的生态破坏和地质灾害，山西不仅经济发展进入了寒冬，更面临着生态治理和经济转型的双重压力。面对煤炭市场急剧下滑，山西一方面继续加大煤炭资源整合力度，进一步提高煤矿生产的现代化和集约化；

---

① 秦永雄. 山西煤矿兼并重组后构建和谐矿地关系长效机制研究[J]. 山西高等学校社会科学学报，2013（10）：39-42.

② 分别为同煤集团、焦煤集团、晋能集团、中煤集团四大亿吨级和阳煤集团、潞安集团、晋煤集团三个五千万吨级以上的大型国有煤矿。参见耿雁冰. 山西煤炭产量终结增长酝酿组建亿吨级煤炭集团[EB/OL]. （2016-2-20）. https://finance.sina.cn/china/gncj/2016-02-20/detail-ifxprucs6271766.d.html.

另一方面加快煤炭资源转型步伐，开启能源革命，号召全省各煤矿企业都进行经济转型，发展各种非煤产业。

2020 年 9 月，山西将 2015 年整合后的 7 大煤炭企业联合重组为超大型的晋能控股集团有限公司，以产业集群推动能源革命。同时，从 2012 年开始，山西出台各种政策，要求和激励所有的煤炭企业大力发展多元非煤转型产业，各煤炭企业也逐步将资金投入煤化工、煤电、制造业、新能源以及现代农业、旅游业等转型产业中。与此同时，在生态治理、民生改善、脱贫攻坚、乡村振兴等战略的指导下，山西也逐步加大资源型地区的生态修复、采煤沉陷区治理、精准扶贫、农业农村现代化建设的力度。

总之，经过煤炭资源整合、中小煤矿的淘汰关闭，加之煤炭市场的疲软，以煤炭为主导产业的资源型乡村也随之消失。之后随着资源型经济转型和生态修复、采煤沉陷区治理以及精准扶贫战略的实施，资源型乡村在逐步衰败后也开始了向城乡新型社区的过渡。

二、资源型乡村的衰败与终结

资源型乡村大多地处交通不便的偏远山区，地势不平，人口少，规模小，生产生活条件差，许多村庄属于山庄窝铺，从地理地形上看这些地区进行基础设施建设非常困难。同时，长时期掠夺式开采和粗放式经营，更造成了资源型乡村严重的生态破坏和环境污染，多发性地质灾害频发，不仅加剧了土地复垦难度，更加大乡村建设的成本。从资源型地区煤炭资源整合和转型的过程中看，对于村办集体煤炭和个人承包集体煤矿，主要是通过现金补偿的方式一次性解决，由于之前存在大量的产权纠纷，整体上对资源型乡村和农民的利益补偿不够，既没有解决整合前企业与村民煤炭利润分配的问题，也没有解决整合后村庄生态、土地复耕与农民就业的问题，甚至还因为资源整合产生了大量新的矛盾纠纷。因此，随着中小煤矿的整合，资源型乡村因煤矿以及利润的消失，加之本身乡村建设难度的加大，都不可避免地走向了衰败和终结的过程。

（一）资源型乡村的衰败及表现

1. 农村土地迅速萎缩或完全丧失

资源开采不仅会对土地和地上附着物造成破坏和损毁，而且随着企业规模的扩大和产业链条的延伸需要增加土地需求量，农村土地必然会被资源企业所侵占。尤其是资源整合形成的现代资源企业，利用现代技术进行规模化资源开采，很多大型企业对农村土地的侵占不只是一小块土地，更多的是对多个村庄一次性整村的土地侵占。在煤炭资源型县域内，很多村庄的土地除宅基地外已所剩无几，成了没有土地的村庄，甚至有些村庄连同宅基地一起整个都被企业所侵吞了。土地作为村庄存在的物质载体，其范围和面积一旦开始急剧萎缩，村庄的衰亡就出现了。

2. 农业生产因环境条件的恶化而逐步停滞

资源型县域多山地，耕地面积小，土地资源稀缺，且灌溉条件差，多干旱，农业生产条件差。在资源未被发掘和开采之前，这些地区的农业多是靠天吃饭，属于典型的国家级贫困县。随着资源的开采，土地资源更加稀缺，有的甚至完全丧失，且资源开采造成了生态环境破坏和地质灾害，如水土流失、水资源枯竭等，原有的蓄水灌溉设施也遭到不同程度的破坏，农业生产条件更差。

3. 农村因人口被迫迁移或外出打工而过疏化

资源型县域农村人口的减少主要表现在四个方面：首先，当生存环境恶化到无法适合人类居住时，或是已经完全丧失生存空间时，农民被迫迁出了世代居住、生存繁衍的聚落。其次，当农业生产已经不能解决基本生活问题时，农民只能背井离乡，外出打工维持生计。再次，资源开采在促进地方经济发展的同时，也扩大了贫富差距，农业生产效益与非农业生产效益之间的差距拉大，农村生活和城市生活之间的差距更加凸显，为追求更好更高的生活质量，更多农民选择离开农村。最后，农村教育、医疗等公共服务条件差，多数农村家庭都会选择让孩子到城镇或城市上学，老人也选择离开农村到城镇或城市陪读。以上四个方面的原因导致资源型地区留守农村的只是一些老、弱、病、残的人口，有的甚至已经成为无人居住的空壳村了。农民是农村的主人，主人都离开了，生气也就消失了，村庄走向了衰亡。

4. 农村自治组织逐步陷入瘫痪或半瘫痪状态

当农村人口大多被迫迁移或外出打工后，村级自治组织及其治理便陷入了名存实亡的瘫痪境地。尽管资源型县域的村委会选举中，村民的参与率很高，选举程序规范。但作为村民自治权力机构的村民会议，却常常因参会人员不足而难以开展活动，民主决策制度难以落实，且村干部大多居住在城镇，遥控农村。在村务公开民主管理中，因为资源开采带来的巨额利润，村委会的一切工作都围绕着资源利益，其他工作却很少关注，资源整合后，村干部和村民也失去了关注的热情。在民主监督方面，由于资源型农村集体煤矿多由企业或个人承包，村民很难监督，即使部分村庄成立类似的村委监督委员会、理财小组等，大多由于监督不到煤矿账务往来而失去了其核心价值，也正是由于之前村民自治中民主管理、民主决策和民主监督机制的不健全或空转，导致集体煤矿被村干部掌握，集体资源资产异化为村干部的个人财富，由此导致村民自治异化为村干部自治。资源型乡村普遍存在腐败严重、干群对立冲突的境遇，导致乡村治理陷入瘫痪。

5. 维系农村文化的纽带逐渐断裂

伴随人口的外流和组织治理的瘫痪，村庄原有的文化纽带开始出现裂痕。很多人举家搬迁到外地，很少与村里人往来，一般只是在红白喜事时，人们才会在村里集会，而平时没有事情一般不回村庄，即使回来村里也没什么人，村民之间的感情开始淡化。这种淡化在老人和中年人群体中表现尚不明显，因为曾经在村庄的经历为他们奠定了深厚的乡土情结。但在年轻人，特别是青少年和儿童那里，乡土的概念是模糊的。他们常年在外，很少或是根本未在村里居住生活过，只识得自己的亲戚，但对村里其他人则不相识。以前，村里谁家有事，全村人一起帮忙，现在村里有老人去世，土葬需要移灵抬棺木，但根本找不到人，还得从外面雇人；过去，经常会在村里组织一些庙会和唱戏的文化活动，现在村里人少，根本组织不起来，即使有些村每年也会组织一两次的文化活动，但没有人参加，往往是看戏的人还没有唱戏的多，且基本都是老人；过去村里的孩子常会漫山遍野的疯跑疯玩，也会围着长者聆听村庄里流传的故事传说，但现在的年轻一代则没有这样的经历。"农村"对于他们来说只是自己的老家，只是一个概念。文化是维系农村社会的重要纽带，而身为农村后代的年轻一代却对农村并无感情，而且也注定不会再回农村，衰败的农村则必将走向终结。

（二）资源型乡村的终结及特点

日本学者大野晃在 20 世纪 90 年代针对村落终结问题提出了"界限村落"的概念，其具体标准有三：（1）当 65 岁以上老年人占据村落人口总数一半以上时，进入"界限村落"；（2）村落的生产生活活动难以正常进行；（3）村落文化、祭祀活动的停顿。[①]"界限村落"意味着村落进入了衰败阶段，并将不可避免地走向终结。我国学者李培林、贺雪峰等从村庄共同体的角度分析，认为村庄主要由自然、行政、经济、社会、文化等构成识别边界，当识别边界开始分化就表示村落开始逐步走向衰败和终结。[②]

从当前我国城镇化的过程来看，传统农业型村落的终结，主要是由村民自愿主动外流所引起的。在对农业收益和非农业收益进行对比后，在对农村生活和城镇生活进行比较后，选择放弃农业，从事非农产业，选择离开农村，进入城镇，是一种必然的选择。在空间形态上，则表现为有地无人，土地虽然还在，但人口却已大量流失，实际居住者极少。这种村落的终结不是从自然边界开始的，而是从经济边界开始的，符合李培林教授所

---

① 田毅鹏，韩丹. 城市化与"村落终结"[J]. 吉林大学社会科学学报，2011（2）：11-17.
② 李培林. 村落终结的社会逻辑——羊城村的故事[J]. 江苏社会科学，2004（1）：1-10.

提出的边界分化的基本次序，也体现出了"过密–过疏"的城乡互动机制。它不是突变，而是一种渐变，是农民主动城市化的过程，也是一种自然终结的过程。与政策或外力导致的整村移民搬迁不同的是，农民的"原子化"更为突出，虽然村落的自然边界还在，但村落的社会边界和文化边界则在不断地分化和消逝着。传统农业村庄的终结要么随着人口逐渐减少而自然消亡，要么在政府规划主导下，通过村落合并等方式形成新的村落。

资源型乡村的衰败是"村落过疏化"的一个过程，其结果是人口和资源逐步集中到城镇，出现了"城市过密化"，这样过程和表现形式尽管有着"过密–过疏"的互动性，但由于资源开采这一外来因素的影响，其单向性特征更为明显，即资源开采导致农民被迫背井离乡进入城镇，城镇化是结果，而不是原因，可以说是资源开采带来了"城市过密化"和"农村过疏化"这样的社会变迁。村落的过疏化则意味着村落衰败的开始，村落进入了"界限村落"阶段。此时村落的边界开始分化和逐步消失，村落最终走向终结。

资源开采所带来的直接影响是村落自然边界的收缩和消失，自然边界的收缩和消失则意味着经济活动边界和行政边界的缩小。当原有经济活动无法正常展开时，人口流动和经济活动转变成了必然。伴随着人口的不断外流，行政管理组织进一步萎缩，农民的"原子化"更加明显，基于血缘、亲缘和地缘关系的乡村社会关系开始解体，其共同的价值体系和心理认同也在逐步消散。这种从自然边界到社会边界的终结次序是不同于李培林教授的研究观点的。但正如他所指出，中国村落的情况千变万化，特殊的例子总是有的，由外在力量决定的行政边界和地域边界的变动，不在考虑范围之内。[①] 资源型农村的终结便是资源开采这样的外在力量所造成的。

从资源型乡村的形成过程和产业类型来看，资源型乡村的形成是以资源开采导致传统农业型村庄终结为标志的，即资源型乡村由于长期资源开

---

① 李培林. 村落终结的社会逻辑——羊城村的故事[J]. 江苏社会科学，2004（1）：1-10.

采带来了生态恶化、地质灾害等，导致原有村庄以农业为主的生产生活条件遭到破坏。而资源型乡村的终结不仅表现为传统农业村落的终结，更表现为现有资源主导型村庄的终结，主要体现为被动丧失原有资源主导的生产生活条件和主动改变原有资源主导的生产生活条件。

一种是丧失了原有资源经济的类型，表现为地理概念或村庄在自然边界上的终结。即因为生态破坏、地质灾害、资源枯竭、资源整合等因素，村庄既失去了原有的农业生产条件，又不能再依靠煤矿资源维系。体现为既不能依靠资源，又必须承受资源经济带来的极强的负外部性影响，这类资源型村庄目前没有集体经济，发展面临着极大的困境，体现为被动的消亡。

另外一种是改变了原有的资源型经济生产生活条件的类型，体现为在产业性质或经济类型上的终结。这里主要指一部分资源型乡村在发挥资源优势、发展资源产业的同时，依靠丰厚的资源利润和累积起来的强大集体经济，抓住战略机遇，发展非资源产业作为资源产业的替代，以便在资源枯竭之前顺利实现乡村经济转型，同时为资源型地区的生态恢复提供一些积极条件。这类村庄体现为主动性消亡。目前这些村庄基本上都实现了资源转型，集体经济较为强大，发展是既不依靠资源，也不受资源负外部性带来的影响。从实地调研的情况看，这类村庄在资源型地区非常少见，属于极个别的现象。目前资源型地区资源型乡村的终结大多数都体现为第一种类型。

三、资源型乡村终结后的走向

由于资源型乡村是因为资源开采导致原有的生产生活条件丧失或改变而走向终结的，在终结后又因为丧失或改变的原因不同，其后续走向也表现为不同的形式。

主要表现为以下三种类型：

一是因资源开采的征地补偿拥有丰厚的补偿资金，这为村落中的农民在城镇创业、就业、定居等提供了坚实的资金基础。由于进城条件更加优越，人口外流数量更大，出现几乎无人居住的空壳村概率更高，这类村庄在表现形式上类似于传统农业型村落的城镇化过程，要么随着人口逐渐减少自然消亡，要么在政府规划主导下，通过村落合并等形成新的村落。

二是村庄的土地大部分或全部被资源开采型企业所侵占，且由于资源开采所带来的生态环境的恶化，生产生活条件皆遭到破坏，原始人口不得已而外迁。其空间形态表现为无地无人，村庄范围急剧萎缩或是消失。

三是有些村落由于资源开采而面临整村搬迁问题，新村由企业为其统一建设。这些村庄或是搬迁到原村庄附近的无煤区，或是搬迁至城镇边缘，虽然原来的村落已经终结，不复存在，但村庄共同体则以一种新的姿态而存在，自然边界虽在变动，但社会和文化边界仍较为清晰地保留着。本书所探索的资源型乡村终结后形成的新型社区重点研究后两种类型。

综上，可以看出，资源型乡村的形成和村落的终结都与资源的开采有直接的联系，是资源开采影响着这些村落的变迁。这些村落的终结是从自然边界的分化开始的，这样的变迁较为剧烈，村落诸多边界的分化因自然边界的分化而产生连锁反应，对于村落中的人和地方政府来说，是快速而彻底的，反应和适应的时间是极为短暂的。终结，对于资源型乡村来说，是一次巨变，也是一种突变。面对这种突变，如何应对和解决这些突变留下的问题就成为资源型地区最紧迫的任务。即：资源型乡村村落的终结已经成为一种必然，村落虽然终结了，但村落中的人仍需生存繁衍，其生产生活活动仍在继续。而当村落终结之后，村落中人的未来在哪里？面对一个个衰落和终结的村落，又该拿什么来拯救她们，使这些村落获得新生？

第三节　资源型地区城乡新型社区形成过程及特点

从资源型乡村的形成过程和产业类型来看，资源型乡村的形成是以资源开采导致传统农村型村庄终结为标志的，同时长期粗放式资源开采带来生态恶化、地质灾害、资源枯竭等，在资源整合、资源型经济转型的背景下又导致资源型乡村的终结，因而资源型乡村的终结不仅表现为传统农业村落的终结，而且也表现为现有资源主导型村落的终结，尤其是形成了大量的采煤沉陷区。在这种形势下，国家及地方政府都意识到了整治采煤沉陷区的重要性，先后出台了一系列重要政策文件，推进采煤沉陷区治理。伴随着资源整合、市场疲软、生态治理、采煤沉陷区治理、脱贫攻坚等发展趋势和政策要求，在资源型地区形成大量的城乡新型社区，集中表现为两类新型社区，即：第一类是采煤沉陷区治理中易地搬迁新建的移民新村；第二类是以某个转型成功的资源型村庄或部分实力较强的中心村为主体，形成了强村并弱村的合并新村。而这些新形成的新型社区，由于定位不清、成员复杂、机制滞后、服务不足等问题，社区矛盾众多，甚至潜藏着各种风险，在现实治理中大多表现出"既不像城镇，也不像农村"的城乡过渡特征。

一、以煤补农：资源型地区农村社区建设的开始

中国的发展，决不能建立在农业农村的衰败之上，更"不能建立在农村人口贫困的基础之上"[1]。改革开放以来，由于长期城乡二元结构和农业支持工业的发展战略，加之工业产品对农业产品的挤出效应和城市对农村的虹吸效应，广大农村地区逐步呈现出破败的状态，导致我国城乡差距日益加大。"消灭这种对立日益成为工业生产和农业生产的实际要求"[2]，改善农村面貌和农民生产生活条件，缩小城乡差距，也成为了我国最重要的历史责任和战略任务。从党的十六大开始，到农业税的取消、"社会主义新农村

---

① 邓小平文选（第3卷）[M]. 北京：人民出版社，1993：117.

② 马克思恩格斯全集（第3卷）[M]. 北京：人民出版社，1995：215.

建设"再到美丽乡村建设、精准扶贫、乡村振兴战略,随着我国社会经济的快速发展,进入新世纪以来,我国整体上也逐步进入了对农村从"资源汲取"到"资源反哺"[①]发展阶段,开始逐步进行"以工补农、以城带乡"[②]的战略转移。马克思主义认为:新事物的产生总有其形成的特定历史背景和客观条件,同时新事物的产生也是社会发展的客观需求。加强对农业农村的投入,缩小城乡差距,既是党中央为了全面建设小康社会、促进农村跨越式发展重大战略决策,同时也是农民和农村寻求自身发展、改变落后面貌的现实需求。从新农村建设开始,全国各地从村庄道路硬化、路灯亮化到村容村貌提升等方面,加大对农村资源资金投入,尤其在部分地方还开始探索新农村建设与城镇化协调发展的路径。

资源型地区农村由于本身的自然条件和人文环境较差,加之煤矿开采和利用过程又加剧了生态环境、自然条件、地质灾害等脆弱程度,特别是由于资源利益分配失衡下农民依然贫穷、农村依然落后,村企对抗、干群矛盾等问题突出,不仅加大了当地新农村建设成本,更带来严重的社会风险,农村依靠自身力量或者仅靠政府财政拨款,难以达到新农村建设目标要求,甚至连表面的村容整洁工程都难以进行。在这种情况下,依靠当地的资源型企业开展新农村建设也成为必然选择之一。因此,从新农村建设开始以后,资源型地区地方政府针对当地农村因煤矿开采带来的种种衰败现状,大多通过建立"以煤补农"的资源反哺机制,鼓励激励甚至强制要求当地煤炭企业加大对农村的投入与建设力度。

以山西为例,早在2005年末,为解决新农村建设中资金不足的问题,山西就开始探索"以煤补农"办法和机制,要求各煤炭企业积极承担相应的社会责任。尤其针对因煤矿采煤对农民生产生活条件的破坏,以及产生的大量村企、村矿冲突,要求各煤炭企业积极行动起来参与新农村建设。

---

① 尤琳,陈世伟. 后税费时期乡镇政府治理能力研究[J]. 社会主义研究,2013(6):59-64.
② 中共十六届四中全会通过的《中共中央关于加强党的执政能力建设的决定》,2004年9月19日.

一方面要求其承担相应的社会责任，一定程度上解决政府资金不足、力量不足的问题；另一方面，也希望通过引导煤企参与新农村建设，重塑煤企形象，缓和日益紧张的村企冲突。到 2006 年后，在"一矿帮一村、建设新农村""一矿一事一业"[①] 等政策号召下，政府以红头文件的形式引导和鼓励（实际中成为了硬性要求）各煤炭企业广泛参与新农村建设。[②] 在山西省政府的号召和各市县政府的要求下，各煤炭企业也积极投资，或帮助村庄修路，或出资办学，或开办各种农业产业等等。在以煤补农的政策倡导下，资源型地区地方政府和煤炭企业投入大量资金在农村进行基础设施和公共服务设施建设，并逐步开启了农村社区建设，如道路硬化、街道亮化、村庄绿化、环境美化、环境净化，建设休闲广场、村级活动场所、公共服务中心、便民店、标准化医疗所、标准化学校，开通自来水、通讯网络、广播电视等，整体上，资源型乡村的基础设施和公共服务得到了显著提升。

但是由于资源型乡村大多地处交通不便的偏远山区，地势不平，人口少，规模小，生产生活条件差，许多村庄属于山庄窝铺，原本开展基础设施建设的成本就比较大。而且由于长期煤矿破坏性开采，在生态环境发生巨大破坏以及形成多发性地质灾害的条件下，进行基础设施建设不仅难度大、成本高，而且极易出现资源浪费的现象。比如由于严重破败，许多村庄都空心化严重，原本在村的人就比较少，但是在政府号召下，煤企通常选择较为简单、成本较少的建设思维，如在村庄修活动中心、广场、学校等，由于实际使用和享受的人特别少而导致资源闲置浪费；还有部分村庄由于地质灾害严重，已经没有再投入基础设施建设的必要，但地方政府和企业往往采取一刀切的形式投入，带来资源极大浪费；还有将公共财政撒胡椒面式平均分配到各个村庄，导致各个村庄分到钱只够做些表面"涂墙"

---

① 每一个煤矿按照一定的煤炭利润比例，投入一个农村公益事业或其他社会公益事业，即一事；创办一个有利于带动农民增收或农业发展的非煤产业，即一业。

② 蓝讯. 山西拟建立"以煤补农"政策机制[N]. 中国改革报，2006-3-5（1）.

式形象工程，造成公共财政的浪费。

当然，在这个时期，也开始出现一些新型社区，即：有部分企业和地方政府不再对原村进行投资，而是重新选址将村民进行整体移民搬迁，比如在县城或乡镇买地盖楼集中居住，或选择灾害较小的其他地方重建新村集中居住等。但由于此时并没有真正将其作为该地区长远规划和整体城镇化的一部分，只是零星的出现；或者仅仅解决了村民的住房，没有解决搬迁后生活保障就业问题，甚至连用水用电、垃圾处理以及学校、医院、超市等生活配套设施都没有整体跟进配套，导致村民又返回原村居住。

总之，随着以煤补农的开展，资源型地区逐步加大了农村基础设施的建设和农民生活生产条件的改善，也逐步开启了农村社区建设的过程，但由于在整体规划、资金使用、基础设施建设、项目选择等方面都存在大量资源浪费现象，甚至部分地方新农村建设和农村社区建设只是开展一些表面的现象工程，不仅没有真正改善农村的整体面貌，更没有真正解决资源型乡村不断衰败的发展困境。①

二、沉陷治理：资源型乡村易地搬迁及新区形成

煤矿开采形成了大面积的采煤沉陷区，严重危害了资源型地区的自然环境、社会环境、人文环境和政治环境，导致采煤沉陷区成为贫困集中区和矛盾集中区，严重影响区域社会的稳定与发展，采煤沉陷区治理迫在眉睫。在这种形势下，结合资源型地区新农村建设，资源型地区大多同步开展采煤沉陷区治理。总体上，采煤沉陷区治理经历了从"土地复垦"（解决沉陷区土地问题）、"集中式搬迁"（解决沉陷区居民住房问题）到"发展式安置、开发式治理""（解决沉陷区居民就业问题以及解决沉陷区后续发展问题）的过程，在这个过程中，许多资源型乡村大多搬离了原来的村庄，

① 董江爱，霍小霞. 资源型县域新农村建设的困境及出路[J]. 经济问题，2011（10）：89-91.

形成了资源型乡村的新型社区。

（一）资源型地区采煤沉陷区的治理过程

总体来说，我国采煤沉陷区治理经历了三个阶段，即第一治理阶段为土地复垦、第二治理阶段为住房安置和第三治理阶段为综合治理。

采煤沉陷区治理的第一阶段主要是指 20 世纪 80 年代末到 90 年代初。在改革开放初期，尽管中央、地方、集体、个人同时办矿，除部分国有重点煤矿外，占煤矿总量 90% 以上的地方、集体和个人煤矿年产能大都在 20 万吨以下，且大都为技术水平相对落后的"浅洞式"开采，煤炭采空区"星罗棋布"，细碎化程度很高，但采空区和沉陷区面积总体不大，表面土地破坏程度也相对较小，既没有造成大面积的采空区，也没有在基层引发较为严峻的社会矛盾。因此，从中央到地方主要是针对"因开采矿产资源破坏的土地"进行相应的土地复耕。由于没有出台系统化、科学化的采煤沉陷区治理相关政策，只是将因"煤炭生产建设过程中造成的土地破坏"作为当时所有土地复垦的中的一类进行整治，加之技术水平限制，以及缺乏统筹规划和制度保障，第一治理阶段的土地复垦政策在全国范围内难以有效落实。与此同时，在"以经济建设为中心"的宏观背景下，作为全国能源和煤炭化工大省的山西省，一直担负着为全国输送能源和支援东部地区发展的历史重任，各种历史原因和现实情况最终导致 1995 年就出台的《山西省土地复垦实施办法》（晋政发〔1995〕第 66 号）只能停留在纸面。

第二阶段主要是指 2002 年到 2012 年期间，针对国有重点煤矿因采煤带来大量的集中连片采空区和沉陷区，开展的以解决居民住房安全为重点的治理。虽然从数量上看，国有重点煤矿仅占煤矿总数不足 10%，但由于煤层面积大、技术水平相对先进、年产量高，造成了大量集中连片的采空区和沉陷区，波及了当地群众的生产生活区域，尤其是人民群众的住房安全得不到保障，引发了较为突出的社会矛盾，实施采煤沉陷区治理刻不容缓。以山西省为例，当时全省不仅有西山、大同、阳泉、晋城、潞安、汾西、轩岗等国家重点矿务局，还有十几个省级国营重点煤矿，这些规模较大、产量较多的国有煤矿，造成了大面积的集中连片采空区。数以百万计的村民、工人及家属生活在这些生产生活区域不分、房屋随时可能塌陷的采空区里，亟待搬迁。因此，中央从2002年开始，以解决国有重点煤矿采煤沉陷区居民住房问题为核心，以集中搬迁的方式，开始了第二阶段的采煤沉陷区治理。对于这些属于国有重点煤矿治理范畴采空区的集中搬迁，中央给与40%资金支持，剩余的主要由地方和企业共同负担。由于有中央财政的支持，这些地方在开采区的集中搬迁治理中都比较顺利。

第三阶段主要是从2014年开始至今，重点解决非国有煤矿采煤沉陷区的综合治理难题。由于第二阶段在解决国有重点煤矿集中搬迁问题中，一方面有较为充足的资金支持，不仅国家有40%的资金支持，而且国有煤矿实力也比较雄厚；另一方面，由于国有重点煤矿工人、家属及其周围的村民有比较多的非农收入，其家庭收入主要也不靠农业种植，仅需要重点解决住房问题和周围部分村民的生活保障问题。与第二阶段大不相同，对于非国有煤矿采煤沉陷区的治理非常复杂。

首先，从2002年开始，煤炭经济进入"黄金十年"，煤炭开采量也进入了历史的最高峰。虽然随着煤矿的兼并重组和开采技术的革新，煤矿数量大幅减少，但产能却急剧扩大，短期内造成了大量的沉陷区和采空区，尤其是对周围自然环境、耕地带来了严重的破坏。首先以山西为例，到2014年开始进行第三阶段采煤沉陷区治理时，就有高达5000多平方公里的采空区，这些采空区内还存在大量的贫困村。其次，由于解决的是非国有煤矿采煤沉陷区，涉及大量矿区农民，长期以来中小煤矿的开采引发了诸多村矿矛盾、干群矛盾，涉煤信访案件急剧增多，无论是资源补偿还是移民搬迁，都涉及众多矛盾和冲突。第三，经过资源整合后，大量中小非国有煤矿被整合，许多采煤沉陷区的采矿权主体消失，导致搬迁负担主要转移到当地政府，而2012年由于煤炭经济低迷，各资源型县市财政吃紧。因此，这一阶段的采煤沉陷区问题复杂、任务艰巨，不仅要解决搬迁群众的住房问题，更要处理"失地农民如何生存发展"这一关键问题。

从 2014 年开始，中央和山西省高度重视非国有煤矿采煤沉陷区治理问题，山西省也出台了一系列政策文件①，开启了第三阶段的采煤沉陷区治理。根据政策要求，本阶段的采煤沉陷区治理不仅要解决住房安置问题，更强调统筹解决沉陷区搬迁后产业发展、就业安置、土地复垦、生态修复以及社会治理、公共服务等问题，即通过综合治理确保搬迁群众不仅能够做到搬得出，更能够实现住得下、能发展。尤其强调对于易地搬迁和集中安置的村庄要做到基础设施、产业开发、公共服务、社会治理等与新型城镇化建设协同推进。

（二）易地搬迁：采煤沉陷区村庄治理的主要模式

由于采煤沉陷造成的灾害非常严重，情况特殊，不仅面积大，而且涉及人口多，历史欠账也多，山西决定整体规划采煤沉陷区的治理，并详细部署了时间表和战略图。整体规划从 2014 年起，用七年时间分为三个阶段，统筹完成所有采煤沉陷区的综合治理。第一阶段，确定试点，先期实施。在全省范围内，将受损较为严重的太原市古交市嘉乐泉乡、万柏林王封乡、大同南郊区口泉乡、忻州原平市轩岗镇、晋中灵石县两渡镇、临汾市乡宁县西坡镇、阳泉盂县路家村镇、吕梁市柱濮镇等八个乡镇确定为试点乡镇，先期开展采煤沉陷区治理。第二阶段，2015 年至 2017 年，将试点经验在全省范围内进行推广。第三阶段，从 2017 年底到 2020 年底，完成后续矿山治理、土地复垦、产业扶持、就业培训等工作。采煤沉陷区综合治理核心目的是全面改善和提高受灾群众的居住条件和生活质量，主要任务是将受灾村庄进行搬迁安置，集中建设一批功能齐全的宜居小区。在目前实践中，

---

① 如2014年发布的《山西省采煤沉陷区治理工作指导意见》（晋农居发〔2014〕3号），2015年出台的《山西省深化采煤沉陷区治理规划（2014—2017年）》（晋政办发〔2015〕21号）以及2016年进一步细化的《山西省采煤沉陷区综合治理工作方案（2016-2018年）的通知》（晋政发〔2016〕31号）等。

易地搬迁是采煤沉陷区村庄治理的主要模式，包括整村易地搬迁型和多村易地重组型或多村合并型两种。

1. 整村易地搬迁型

整村易地搬迁型，主要是指将村庄整体搬迁到自然环境优、区位条件好、发展空间大的地区，易地选址建设新村，改善农民的居住条件和生活质量。整村搬迁也涉及三类村庄。

一是村庄压覆资源换地搬迁模式。该模式是指村庄地下压覆有煤炭资源，煤炭开采会对村庄居民的生产生活安全带来严重隐患，需对此类村庄进行搬迁。村庄搬迁一般由煤矿企业出资，尽量不增加农民负担；新村选址原则上应不再压覆资源、不受沉陷影响、不进行二次搬迁，农民生活水平不应因搬迁而降低。

二是政策性沉陷区治理搬迁模式。该模式是指按照国家或省级政策，对采煤沉陷区范围内的村庄进行统一整治，改善农民生产条件和生活质量，消除农民生产生活安全隐患。村庄搬迁中的不同主体出资比例、新房取得标准、旧宅处置要求等在政策中均有明确规定。

三是经济较好的村庄自主搬迁模式。该模式是指村集体经济较强、村民较富裕的受灾村庄，由政府提供土地和办理相关手续，通过易地重建或购买商品住宅楼的方式进行自主搬迁。村庄搬迁成本主要由村集体和村民承担，此类村庄一般特征是集体经济较为强大，往往提前完成了资源转型，依靠煤矿资源高额利润成功实现了村庄的整体发展。从实践中看，此类村庄较少，采煤沉陷区搬迁治理大多针对前两种村庄进行。

整体上，整村易地搬迁后居民（或村民）之间仍是熟人社会，比较完整地保留了原村集体组织和熟人关系网络，有利于组织村民开展集体活动。

2. 多村易地重组型

由于受煤炭开采范围的影响，在同一村庄内不是所有的地方都属于采煤沉陷区，因此就涉及一个村庄内有的村民需要搬迁，有的不需要搬迁。另外，在采煤沉陷区农户安置方面，受行政区划、土地审批、农民意愿等多方面因素的影响，大部分采煤沉陷区治理都采取了集中搬迁安置与分散搬迁安置相结合的方法。集中安置就是将沉陷区搬迁村庄的居民进行统一安置、集中居住，具体可安置在新建社区或新建中心村。分散安置是充分考虑搬迁村庄的农户分化情况，将部分农户通过货币补偿由其自愿选择搬迁到城镇化社区中，这部分农户大多有相对稳定的非农就业、能够较好地适应城市生活方式、以年轻人居多，该模式是根据待搬迁农户的房屋总体情况，制定合理的拆迁补偿标准，由政府和煤矿企业出资对农户进行货币补偿，农户取得补偿后自主进行搬迁，既可以通过市场化手段购买城镇商品房，也可以选择在非沉陷区范围内其他村庄购买房屋。而以中老年人居多为主的村庄，由于大多没有稳定的非农就业、较难承受城市化的生活消费，不愿意选择货币补偿安置方式，大多愿意仍在农村生活。在这种情况下，采煤沉陷区也出现了多村易地重组型的搬迁模式。

在实践中，多村易地重组型的搬迁模式也主要分为两类，一类是中心村集中合并型，该类型主要是引导部分人口规模小的搬迁村庄或多个搬迁村的部分村民向基础设施条件较好、集体经济较强的中心村合并或集中，通过完善中心村的基础设施和公共服务设施配套，规划新村产业发展，建成土地集约利用、产业集聚发展、设施配套完善、人居环境优美的合并新村。另外一类是多村重组易地重建型。该类型是指通过易地选址新建一个安置点，将涉及多个采煤沉陷村或多个搬迁村的村民进行集中安置，形成一个易地重组型的新村。该类型的村庄一般选择县（市、区）城市的周边或重点镇内。不同于中心村集中合并型，该类型一般是选择将移民搬迁群众进入县城周边或搬入重点镇安置。

不同于整村易地搬迁型的新村，多村易地重组型的新村，无论是合并村还是新建村，由于涉及多个村庄，不仅要对现有村庄格局进行重构，也涉及迁入地村庄的融合，尤其是割裂了原有村集体，同时增加了政府、村集体、农民等不同主体之间的协调难度。无论合并还是新村建设都需要占用迁入地村庄土地，如何协调搬迁村民和原村村民之间的利益关系，以及搬迁后与原村庄的关系是该模式在治理中亟需解决的问题。

以山西为例，山西省第一批试点古交市嘉乐泉乡，下辖2个社区12个行政村，古交市通过在县城中心城区周边建设搬迁安置小区，安置嘉乐泉乡涉及采煤沉陷治理的1个社区4个行政村、1959户、5270人。万柏林区王封乡，下辖15个行政村，涉及采煤沉陷治理的有15个行政村、1930户、6176人，万柏林区将王封乡和4个街道29个行政村整体搬迁入西铭街道管辖的移民安置九院小区，安置6541户、22000余人。原平市轩岗镇，下辖39个行政村，涉及采煤沉陷区治理的有13个村、6409户、14235人，选址在原平市城区附近和轩岗镇等3个地点建设安置小区。阳泉市盂县路家村镇，下辖37个行政村，涉及采煤沉陷区治理的有6个行政村、1269户、3217人，就近乡镇建设新村安置村民和将部分村民迁入县城。孝义市柱濮镇，下辖29个行政村，涉及采煤沉陷区治理的有11个村、2639户、7417人，孝义市结合城市总体规划，在城区附近建设三个集中安置大片区和两个集中安置小片区，柱濮镇整体搬迁至城区西南大片区。保德县等5个非试点县（市），涉及采煤沉陷区治理的乡镇，也都采取了进入大县城、搬入重点镇的易地搬迁集中安置的方式。比如，保德县，涉及采煤沉陷区治理的有3镇1乡29个行政村，其中13个村、2139户、6535人分别通过就近安置和搬迁至县城新区的方式解决；灵丘县，涉及采煤沉陷区治理的有3个乡镇14个行政村、28883户、7260人，采取了与城镇化推进、新农村建设和产业布局调整紧密结合的方式，搬迁安置向县城周边和基础设施较好的乡镇及其它地域集中。

三、城乡过渡：资源型地区城乡新型社区的特征

从采煤沉陷区治理的主要方式和过程来看，许多地方都采取了易地搬迁集中安置的方式，无论是整村易地搬迁型，还是多村易地重组型，不仅是一个空间的再造，而且打破了原有乡村的生产生活和社会交往结构。从

实地调研的情况来看，搬迁农村大都远离了原来村庄的土地，无论是易地搬迁型还是中心村集中型，搬迁地主要是解决了住房问题，但由于协调耕地特别困难，搬迁群众基本上脱离了传统的农业生产方式。在此基础上，农民的生活方式和消费结构快速转变，但就业方式和家庭收入结构却没能随之转变。因此，伴随着采煤沉陷区治理的推进，从严格意义上来讲，新建成的集中安置区，不再是传统意义上的乡村，而逐渐转变成了一种新型聚居社区，即本书所论述的城乡过渡性新型社区。

（一）资源型地区城乡新型社区的主要类型

伴随着资源整合、市场疲软、生态治理、采煤沉陷区治理、脱贫攻坚、乡村振兴等发展趋势和政策要求，原有的资源型乡村在村庄不断衰败和终结的过程中，不断向城乡过渡性新型社区转变，在实践中集中表现为两类新型社区，即采煤沉陷区整村易地搬迁型移民新区、多村集中型"以强带弱"型合并新区。

1. 采煤沉陷区整村易地搬迁移民社区

对于采煤沉陷区治理来说，各资源型县市主要采取"集中搬迁和货币补偿"的方式解决问题，除了分散安置外，许多地方都选择了易地建新村，部分或整村甚至几个村都全部搬离沉陷区。相对而言，这些村庄因为资源整合和生态破坏，虽然地下依然存有丰富的煤炭资源，但继续开采将会对村庄居民的生产生活安全带来严重隐患，需对此类村庄进行整体搬迁。因此形成了采煤沉陷区治理中易地搬迁新建的移民新村。结合搬迁过程和村庄结构，这类易地搬迁移民新村主要有两种情况，一种是整村易地搬迁形成的移民新村，这种移民新村虽然没有改变原来村庄的社会结构和熟人关系，比较完整保留了原村集体组织和熟人关系网络，但随着村庄空间转移和生产方式转变，村庄治理已经完全不同于原有传统农业型村庄和资源型乡村。另一种情况是多村易地搬迁重组形成的移民新村。由于该类型中第二种情况与下面所述的第二种类型比较相似，治理中的问题也比较相近，故对该类型本书着重介绍第一种情况，即整村易地搬迁移民社区。

2. 资源转型驱动下以强带弱合并社区

不同于上面整村易地搬迁新建的移民新区，在资源型地区，除了因城镇化、采煤沉陷区治理、扶贫搬迁等因素的村庄合并外，还因资源经济转型出现了部分"以强带弱、联合发展"的合并新区，即某一依靠煤炭资源逐渐富裕起来的强村，因产业转型和发展空间受限，在不改变村庄行政关系的基础上，将周围村庄的农民集中居住，并通过与周围村庄并村联合发展实现以强带弱、资源互补和抱团发展的目标。从形态上看是一种类似于小城镇式多村产业共同发展且居民集中居住的城乡新型社区。这种合并新区，虽然在体制上几个村还是独立的行政村，但在实际治理中采取统一治理，甚至几个村联合起来共同选举村干部，这样通过强村带弱村，富村帮穷村，实现资源互补，抱团发展。甚至部分集体经济特别强大的村庄，随着合并新村越来越多，范围越来越大，形成了一种新型的小城镇。

（二）资源型地区城乡新型社区的主要特征

在资源型地区，随着生态破坏、资源枯竭、资源整合和经济转型，资源型乡村普遍走向了衰败、转型和终结之路，由于缺乏长远规划和整体布局，资源型地区新农村建设没有真正扭转这种衰败和终结的趋势，也没有推动资源型乡村走向城镇化发展、农民向市民转变之路。随着采煤沉陷区治理推进，原有资源型乡村大量消失，在易地搬迁的政策主导下，资源型乡村变为移民新村和合并新村这两种新型社区。这些新形成的社区，大多搬离了原址，重新选址在县城周边或一些较大乡镇之中，加之传统生产方式、生活结构都发生了转变，无论在空间属性上，还是在社会结构上，现实治理中大多表现出"既不像城镇，也不像农村"的城乡过渡特征。

从空间属性上看，由于在之前新农村建设中，资源型地区出现了背离城镇化发展方向的建设，导致资源浪费。在采煤沉陷区治理的过程中，汲取了新农村建设的经验，通过城镇化引领易地搬迁，无论是各种移民新村还是合并新村,基本上采用将采煤沉陷区治理搬迁与城镇化相结合,引导沉陷区搬迁居民向县城周边或较大的乡镇集中。因此,从空间上看,这些新型社区基本上都脱离了原有传统的乡村区域,从生产方式上看,沉陷区农民快速变为城镇型居民,同时远离原有的承包地。

小 结

对于煤矿资源型地区来说,煤矿资源型乡村的形成、发展、分化与终结都与煤矿资源的开采密切相关,煤矿开采不仅会引发乡村产业结构和农村生产生活方式的改变,更使其承受着严重的负外部性。这些乡村在煤炭资源未开采利用之前,由于地理环境因素限制,都是传统的农业型乡村,且农业生产发展困难,很多是贫困村。当煤炭资源开始开采之后,乡村经济获得了极大的发展,涌现出许多富裕村庄。但在煤炭产权改革过程中,乡村集体煤矿逐步被个人承包,贫富差距加大,特别是由于长期粗放式掠夺性的资源开采所造成的生态环境恶化和地质灾害,使得农业生产的基础条件遭到破坏,大量的资源型乡村也因此走向衰落和终结。

随着采煤沉陷区治理推进,原来的资源型乡村大量消失,针对这些走向衰落和终结的资源型乡村,在易地搬迁、精准扶贫等政策主导下,资源型农村转变为大量城乡过渡性新型社区。这些新形成的社区大多搬离原址,重新选址在县城周边或一些较大乡镇中,加之传统的生产方式、生活结构都发生了变化,无论是在空间属性上,还是在社会结构上都与以往不同,在现实治理中大多表现出"既不像城镇,也不像农村"的城乡过渡特征。比如对于各种易地搬迁移民新建社区来说,虽然搬离了旧村,新区的基础设施也基本接近城市社区,但旧村土地仍然属于村民或村集体,成为"飞地",资源整合后又没有其他转型项目的支撑,导致集体经济缺失,单纯依靠现有的城镇社区或农村治理模式根本无法支撑其治理体系。对于合并社区或因合并形成的小城镇来说，虽然当前有较强的集体经济，但也面临着多个村庄的治理融合和治理能力提升难题，面临着能人缺失和后续人才断档的危机，更面临着产业转型升级与如何应对市场风险的问题。

第二章　进退两难：资源整合下煤矿村整村易地搬迁移民社区

在资源型地区，由于煤矿长期粗放式开采带来了严重的地质灾害和生态破坏，因此对于采煤沉陷区的农民来说，通过移民搬迁解决生产生活甚至生存问题就成为首要期盼。以山西采煤沉陷区综合治理的实践情况来看，各资源型县市主要采取"集中移民搬迁和货币分散补偿"的方式解决问题。除货币分散安置外，许多地方都选择易地建新村，即以政府划拨土地、煤企筹资建设、村民折旧换新的移民搬迁成本分担机制为依托，部分或整村甚至几个村全部搬离沉陷区。虽然部分村庄地下依然存有丰富的煤炭资源，但继续开采会对村民的生产生活安全带来严重隐患，因此需对此类村庄进行整体搬迁。对于部分采矿权主体依然存在的村庄来说，易地搬迁涉及多种利益关系，不仅需要政府在土地规划、基础设施建设等方面主导实施，还需要采矿权主体的煤矿企业在资金支持、产业发展等方面承担责任，这就需要在搬迁和后续的治理中形成政府、企业、村庄良性互动合作的关系。实践过程中，无论是政府还是企业大多都关注"搬"的问题，目前该问题基本得到解决，但建成后的移民新村面临着许多治理难题，比如建成后的搬迁社区缺乏良性的管理运行机制，导致公共服务缺乏和秩序混乱。居民通过向政府施压要求煤企承担更多后续责任，以此转嫁生活成本，而在煤炭经济形势急剧下滑的背景下，煤企不能或不愿继续承担搬迁社区的公共服务支出，由此煤企、政府和村民又展开了新一轮博弈。在这种情况下，这类新型社区往往陷入无效治理甚至治理瘫痪的状况。本章以山西省北部某市某煤矿村整村易地搬迁型移民新村 D 村为例，通过分析其形成过程和当前的治理状态，来具体呈现资源型地区一种城乡新型社区的形成逻辑和治理困境。

第一节　繁荣与衰败：煤矿村整村搬迁前的发展状况

煤矿经营形式的改变，深刻影响着一个乡村的发展。改革开放后，随着我国煤炭经营方式的变化，各级政府逐渐将煤炭的开采权和经营权下放到乡村，乡村也通过开办集体煤矿，并将利润为全体村民共享，逐步取得长足发展。整体上，这个时期资源型乡村都呈现出经济上的繁荣。此后，随着集体煤矿的个人承包，在经济利益驱动和民主机制不完善的情况下，资源型乡村大多陷入资源争夺的困境，出现少数人暴富与多数群众贫困的两极分化，尤其是在高额经济利益诱导下，煤矿企业进行大规模掠夺式的开采，不仅导致村庄生态环境遭受严重破坏，环境污染、空气污浊、水源破坏、森林锐减、地质灾害等问题凸显，农民的生存生活生产空间更是遭到巨大挤压和破坏，资源型乡村在政治、经济、文化、社会和生态等方面逐步走向衰败，陷入资源丰富反而加速村庄衰败的怪圈。

一、集体办矿：煤矿开采与 D 村经济的繁荣

D 村原名 W 村，位于山西省北部某市 H 县东南部，全村共 350 户、1256 口人，国土总面积 5.68 平方公里（8519 亩），其中耕地 1425 亩，林地 4603 亩，荒山荒坡 2132 亩，建设用地 359 亩。该村四面环山，原本是位于恒山山脉背后两山之间夹着的一个山沟。在传统农业社会时期，该山沟是一个生态环境十分优美的地方，山沟两旁有着丰富的原始森林和完整的水系，由于耕地面积较少，交通不便，只有一条路可以通行，原本该山沟并

没有人居住。明末清初，为逃避战乱，逐渐有许多逃荒避难的人在这里安家，随着逃难的人越来越多，该沟也逐渐成为一个多姓氏聚集的村落。根据实地调研，全村 350 多户中大约有 20 多个姓氏，没有一个主姓，稍微大的姓氏有靳、郝、李、张、王、刘、史等，据村中老人回忆，1949 年之前，该村一直有"逃难村"之名。虽然山沟的耕地面积较少，大多属于"广种薄收"的坡地，但由于有完整的水系，原始森林里还有许多动植物，加之交通闭塞没有经过战乱和破坏，在整个传统时期，该村相对安定，虽不富裕，但基本上能够解决温饱。

（一）以煤抵粮与"公粮煤矿"的产生

虽然该村耕地贫瘠，但却蕴藏着丰富的煤炭资源，全村含煤面积约 4.2 平方公里（6303 亩），且埋藏较浅，极易开采。据村中老人回忆和县志记载，在传统农业社会时期，该村已有开采煤矿的历史。但由于交通不便，加之传统社会里煤炭价值并不高，该村只是依靠人工开采的方式解决自己过冬取暖的问题，偶尔也有部分村民背上部分煤炭去周围村或县城换取一些粮食，补贴家用。

1949 年后，为支援工业化建设，我国实行"农业支持工业"的倾斜发展战略，通过政社一体的集体化形式，开展农业生产，为工业化发展提供资源。D 村在完成集体化改造后，在当时的大背景下，村庄主要任务还是进行土地开垦、进行农业生产，为国家缴纳更多的公粮。一方面，虽然该村有丰富的煤炭资源，但由于交通区位不便，距离县城、乡镇都较远，不利于运输，该村在这个时期并没有成为该县主要的煤炭开采村。另一方面，因为 H 县的煤炭资源丰富，该县煤田面积约为 320 平方千米，煤炭地质储量为 36.3 亿吨，是全国首批 100 个资源大县之一，地形地貌呈"南山北坡中盆地"，辖 6 镇 12 乡 315 个行政村，[①] 除位于中部盆地的几个乡镇煤炭资

---

① 《H县乡村振兴战略总体规划（2018—2022）》。

源较少外，其余南山北坡都蕴含着大量的煤炭资源。在这个背景下，该县既有发展农业生产、向国家缴纳公粮的任务，也有向国家生产输送煤炭资源的任务，相比较，由于客观环境所限，资源型地区的土地一般较为贫瘠，农业生产的任务相对较重。因此，D村在这种情况没有成为采煤村，农业生产一直是该村的主要任务。但由于D村特殊的地形地貌和土壤条件，粮食产量一直很低，不仅很难完成县乡的农业生产任务，更是全县闻名的贫困村。

随着全国上下掀起"大炼钢铁"运动，对煤炭资源的需要日益激增。H县周边多个农业生产大县纷纷向该县寻求帮助，在这种情况下，H县在积极争取上级政府的支持下，出台了"以煤抵粮"政策，即该县通过生产煤炭向周围农业县置换粮食。[①]H县出台该政策后，县里煤炭资源丰富但耕地面积小的乡村纷纷要求开办煤矿，通过生产煤炭用来满足本村上缴的"公粮"。D村借着这个政策，以本村有丰富且容易开采的煤炭资源为由，加之本村耕地面积小、粮食产量低，并承诺煤炭运输由本村负责，在这种情况下，县里同意了该村可以开采煤矿。这样D村以原来用以解决本村村民取暖问题的"烧炭坑"为基础，开办了第一个社队煤矿，当地人称之为"公粮矿"，主要用来通过采煤解决本村的公粮问题。当时本村每年大概向县里供煤七千吨左右，以置换应向县里缴纳的28万斤粮食。虽然该煤矿主要是用来解决公粮问题，但由于当时煤炭监管并不是十分严格，该村私下也以取暖问题为由多开采煤炭，并偷偷交易到附近的村庄，换取粮食及其他生活资料。

随着政策的宽松和煤炭需求的日益高涨，D村煤炭产量也越来越多，交易也从私下偷摸变为半公开。从此以后，D村无论是村集体经济收入还是村民的生活水平都有了很大的提高，虽然还没有改变原来贫困村的面貌，但远比周围纯农业乡村的农民生活水平要高。从集体化时期一直到改革开放

---

① 当前H县的政策是通过煤炭代替公粮，规定每五十斤煤炭折算一斤粮食。

前，该村公粮煤矿一直由村集体统一经营，全体村民除农忙时参加农业生产外，其他时间共同参与煤矿生产，除上缴公粮煤炭量外，其他多开采出来的煤炭收益由全体村民按工分统一分配。当时，周围农业型村庄一个工分大概只有 1–2 毛钱左右，该村却高达 1 元左右。

（二）"有水快流"与集体煤矿的兴办

改革开放后，我国工业化、城镇化、市场化进程加快，尤其是各种工业的兴办和大规模城市基础设施建设对煤炭资源的需求也急剧增加。在农村，随着家庭联产承包责任制施行和人民公社体制的解体，乡村有了更加自主的经济发展选择。在煤炭资源型地区，20 世纪 80 年代初，国家出台了"有水快流"政策，提出了"两条腿"走路的煤炭工业发展方针，要求各级政府采取"在一切可能的地方、利用一切可能的形式"从事煤矿开采，鼓励各地采取多种形式发动群众开办小煤矿，并要求各级政府、各国营煤矿企业积极扶持群众办矿，在贷款、物资供应、技术服务、技术人才供给等方面给予支持。[①] 这个背景下，在资源型地区，无论村庄之前是否有社队煤矿，凡是有煤炭资源的乡村都积极开办各种形式的煤矿，无论是在之前社队煤矿基础上扩张，还是新办煤矿，基本上都以村办集体煤矿为主，个人经营的煤矿很少。[②]

D 村也乘着"有水快流"政策东风，积极扩大本村的煤炭生产。上文介绍到早在"有水快流"政策出台之前，该村就已经私下扩大了"公粮矿"的生产规模，并由私下偷采变为半公开甚至公开的经营。"有水快流"政策出台后，该村更是紧抓政策机遇，以村集体名义申请银行贷款，不仅扩大了原来"公粮矿"生产规模（后成为一矿），还陆续在村庄的另外两个山坡开了二矿、三矿[③]，同时充分利用银行贷款，改进生产技术，将原来落后

---

① 1983年4月22日，国务院批转煤炭部发布《关于加快发展小煤矿八项措施的报告》.
② 董江爱. 煤矿产权制度改革与资源型乡村治理[M]. 北京：中国社会科学出版社，2016：106.
③ 一矿、二矿、三矿只是本村的俗称，对外都属于D村集体煤矿，共用一个采矿证经营。

低效率人工镐采肩扛的开采方式，改造为爆破和半机械化开采方式，大大提升了煤矿的采矿量。据该村老书记张某介绍，改进开采方式后，该村煤矿开采量从原来年采不足1万吨快速上升到年产5万吨。由于该村煤矿埋藏较浅，开采条件较好，采矿成本也相对较小，在这个时期，D村煤矿不仅成为H县产能最高的煤矿之一，而且村庄的集体经济和村民收入也获得了大幅度的提升。

（三）集体经营下村庄的富裕

改革开放初期一直到20世纪80年代末，在国家"有水快流"政策的激励下，国家为促进乡村工业和乡镇企业的繁荣，对于乡村中小煤矿并未征收相应的资源税、生态修复基金、资源价款等相关费用，在资源型地区地方政府的大力支持下，加之煤矿开采成本较小，煤矿资源型村庄的集体经济都得以迅速壮大。到20世纪90年代初，由于村办小煤矿"多小散乱"现象严重，加之矿难频发，尤其是有些中小煤矿私挖乱采国有煤田，国家加大了对中小煤矿的管理，淘汰关闭了大量的小煤窑。这一时期也出现了大量村办煤矿转让给个人经营的情况，由于D村的集体煤矿生产经营较为完备和效益较好，到20世纪90年代中期，一直由集体经营，且在集体统一经营下煤炭资源收益基本上都是村民共享。

D村在这个时期，积极利用煤矿收益改善村庄的面貌。首先为方便煤炭的运输，该村自己出资修建了通往乡镇的公路，并对村庄主要街道进行了整治，还花了20多万巨资盖起了全县最好的二层村委会大楼，新建了村庄"大舞台"和村庙。不仅为村里家家户户购买了当时属于稀缺资源的电视，还出资架起了电视接收信号塔。另外，村庄逢年过节为村民发放各种米、面、油等生活物资，还以村集体的名义给村庄老人、学生发放各种生活补助。村民们除了年底分红，有劳动能力的村民基本上都在矿上劳动挣钱，甚至有些年份还雇佣外来的人。在20世纪80年代末至90年代初，D村村民人均年收入基本上都在2000元左右。

据该村老支书回忆，当时我们县的人都叫我们村是"小香港"。村里每年账上都有20万—30万的收入，除去还银行贷款、村庄日常开支和留下煤矿生产资金外，村里集体挣的钱基本上都花到村里了，修路、通电、修整部分农田，剩下的基本上都给村民发放各种福利了。村里除了老人孩子，几乎所有能动弹的人都在煤矿上工挣工资，就是年底分红每家每户也拿不少钱。①

二、煤矿转让：私人承包下D村结构的变化

20世纪90年代中期，由于煤炭市场供大于求，价格持续走低，加之中小煤矿的开采难度和成本逐步加大，许多乡村集体煤矿都面临着停产关闭甚至倒闭的境况。面对这种情况，除部分乡村集体煤矿还继续由村集体继续经营之外，资源型地区绝大多数的乡村集体煤矿在地方政府鼓励、支持和默许下，都通过改制、托管、承包等方式转为个人经营。煤矿经营形式的改变，也深刻影响着一个乡村的发展。从资源型地区整体发展情况看，改革开放后一直到2008年煤炭资源整合前，乡村集体煤矿的经营一般存在两种情况，一种是一直坚持集体经营，且村庄的公共事务和煤矿收益都由村民参与分享；另一种是集体煤矿不再由村集体经营，通过转让转包等形式由个人或其他企业经营，② 前一种村庄现在发展都比较好，基本上都依靠煤炭资源的巨大收益实现了村庄转型，现在仍然是集体经济强大的明星村，但是数量很少③；后一种村大多陷入了资源争夺的情况，村干部暴富与村民

---

① "D村村民访谈记录"，2019年，资料号（20190721HYD05CM）。本书调查主要采用个案访谈和参与式观察的研究方法，对所有访谈材料和收集的文本资料进行了必要的技术性编码处理，即访谈日期——地名代码——村庄代码——个案访谈编号/类型编号——对象代码。下同。
② 董江爱. 煤矿产权制度改革与资源型乡村治理[M]. 北京：中国社会科学出版社，2016：106.
③ 在参与山西资源转型发展、采煤沉陷区治理的相关课题和调研中发现，山西全省这样的村庄不超过10个。其中具有代表性的有大同杨家窑村、朔州西易村、阳泉桃林沟村、长治常平村、霍家沟村、晋城皇城村等。

贫困的两极分化严重，不仅村庄生态环境遭受严重破坏，村庄治理陷入瘫痪，村庄的政治、经济、文化、社会和生态等各个方面都逐步走向衰败。实践中，大多数资源型乡村都陷入了后一种情况。

（一）市场遇冷下集体煤矿村干部承包

在煤炭市场遇冷的情况下，资源型地区出现了煤炭承包转让的高潮。虽然国家为防止国有资源流失，出台各种政策规范煤矿转让行为，也明确要求"在矿业权交易中不得存在倒卖牟利行为"。但是在资源型地区，煤炭市场疲软使政府财政吃紧，1994 年开始设立的"资源补偿费"也成为地方政府财政收入的重要来源。资源型地方政府默许甚至鼓励中小煤矿改制、承包、转让，大量掌握资本的个体商人利用乡村小煤矿无力经营的机会，纷纷投资煤炭行业，而且价格极低。

D 村煤矿虽然在 20 世纪 90 年中期之前经营效益较好，但随着浅层煤逐渐开采完，煤矿开采成本也逐年增大。进入市场疲软期，煤矿效益逐年下滑，1996 年底已经到了入不敷出的境地，不仅采煤成本增大，采出来的煤也很难卖出去。而且从 1994 年开始还要给县里缴纳资源税费，到 1997 年初煤矿已经处于半停产的状况。县里也要求 D 村要么补缴资源税费，要么进行转让，要么关闭。但 D 村村民不同意将集体煤矿进行转让，更不允许外村人承包本村煤矿。在这种情况下，为了保留该村煤矿，村干部就以很低的价格个人承包了该村煤矿。

当时规定不能用采矿权进行抵押，煤矿很难从银行贷款，村干部一方面自己掏钱承包煤矿，另一方面也积极动员全村村民凑钱办煤矿。由于村干部（主要是村党支部书记张某）出资比较多，占总出资的 60%，这样集体煤矿在工商局注册的时候，就变成了股份制煤矿，即煤矿的股份分为三股，张某占 60%，其他村民（以村委会主任郝某名义）占 30%，剩下的村集体占 10%。由于当时村民自治还不完善，具体的股份分割主要由村干部说了算，在这种情况下，D 村集体煤矿就变成了"村干部领办、村民入股"

的股份制煤矿。由于煤炭市场萧条，加之资金有限，不能进行煤矿的改造升级，虽然村里的煤矿保留下来了，但依然处于停产半停产的状况，一直到 1999 年末，煤矿难以经营，停产整顿。

（二）资源有偿使用下集体煤矿的转让

2001 年之后，随着全球能源危机以及国内经济发展速度加快和煤炭价格实行市场化调控，市场对煤炭的需求量与日俱增，煤炭价格也随之持续上涨，从 2002 年开始煤炭经济进入了黄金十年。D 村村民强烈要求重新开采煤矿，但煤矿重新开采需要大量的启动资金，村民既无力承担煤矿投产成本，也无力承担各项煤炭资源税费。D 村煤矿大多数股份由村干部张某掌握，虽然此时村民并不愿意将煤矿进行转让，但也无力改变。在这个背景下，经过县、乡政府和村干部的积极引进，从 2002 年初当地某私人老板史某出资入股该煤矿。协议约定，史某出资 300 万元、占股 50%，村支书张某占股 30%，村主任郝某占股 10% 和村集体占股 10%。[1] 由于史某并不参与煤矿具体经营管理，只享受股份分红，加之史某主要是村党支部书记张某引进来的，其股份委托张某直接管理，这样 D 村煤矿的实际管理者仍然是张某。[2]

这一阶段，为强化资源开采规范化管理、防止国有资源流失，中央和山西省政府出台了煤炭资源"有偿使用"制度。山西省委、省政府于 2004 年 1 月出台了《关于继续深化煤矿安全整治的决定》，提出全省煤矿按照"资源整合、能力置换、关小上大、有偿使用"的原则进行整合，整合标准为 9 万吨 / 年，缴费标准为主焦煤 2.5 元 / 吨、配焦煤 1.8 元 / 吨、动力煤

---

① 根据当时约定，村集体的10%是固定的，史某股份分别由村支书张某和村主任郝某分别让出20%股份。

② 根据实际调研，虽然名义上村支书张某直接管理煤矿，但由于史某资金雄厚，加之人脉较广，煤矿生产所需要办理的各种证件，如安全生产许可证等，都是由史某办理的，煤矿的实际操控人是史某。

1 元 / 吨。① 根据当时动力煤 1 元 / 吨的标准，D 村煤矿需要缴纳约 2000 万元，且要求一次性缴齐，拿不出来就只能挂牌拍卖。当时 D 村煤矿年产量在 9 万吨以下，不仅需缴纳高额的资源价款，还需要对煤矿产能进行升级改造。史某通过再次出资改造煤矿又赢得了 20% 的股份，经过这次整合，D 村煤矿的股权变为史某 70%，张某 15%，郝某 5% 和村集体 10% 的结构。2006 年，中央下发的《关于加强煤矿安全生产工作规范煤炭整合的若干意见》规定"到 2007 年底，山西、内蒙古、陕西的煤矿整合为 30 万吨 / 年"②。史某又再次通过出资改造升级煤矿，赢得煤矿 10% 的股份，到 2006 年底，D 村煤矿的股份已变成史某占比 80%，张某 10% 和村集体占比 10% 的股权结构。原本，张某 10% 的股份也被史某购买，但由于史某不直接从事生产经营，留给张某 10% 的股份，让他代表其生产经营。至此，该村的煤矿基本上成为了个人经营的煤矿，主要收益也由个人获得。

（三）煤矿个人承包下村庄结构的转变

财产制度和政治制度都是社会制度变迁的内在因素，它们在制度变迁的过程中具有相关性，均处于共同的演进过程之中。③ 产权与治权密切关联，直接决定着农村发展的命运。④ 在资源型乡村，煤矿经营形式的改变，也深刻影响着一个乡村的发展。

从煤矿经营与村庄治理上看，"集体经济资源状况与村庄治理运行有着

---

① 山西省人民政府关于继续深化煤矿安全整治的决定. 晋政发[2004]14 号.

② 国家安全生产监督管理总局、国家煤矿安全监察局等. 关于加强煤矿安全生产工作规范煤炭资源整合的若干意见. 安监总煤矿[2006]48 号.

③ J.罗马赛特，S.J.拉克罗克斯. 19世纪夏威夷财产权和政治制度共同演进的一个例证[M]// V.奥斯特罗姆等. 制度分析与发展的反思——问题与抉择. 北京：商务出版社，1992：236.

④ 王慧斌，董江爱. 产权与治权关系视角的村民自治演变逻辑——一个资源型村庄的典型案例分析[J]. 中国行政管理，2018（2）：40-45.

密切关系，村庄治理活动主要围绕村集体经济资源的分配而展开"①。集体经营下，煤矿经营与村庄治理是高度合一的，煤矿属于村集体，从生产经营到利益分配都与村庄的发展具有一致性，同时乡村治理的主要内容也是关于煤矿生产经营的，乡村治理的诸多正式与非正式的治理规则同样适用于集体煤矿。煤矿转让后，虽然煤矿还由村干部管理，村民也主要在煤矿赚取劳务报酬，但本质上煤矿已经与村庄的发展分离，类似于所有权与占有权的分离，煤矿的生产经营、利益分配及发展方向与村庄的整体发展已经出现了分离。实践中，煤矿集体经营下会拿出一部分收益或资金用于改善村庄的生态和投资村庄的建设，但转让后，煤矿主要以煤炭开采量计算利润，很少考虑煤矿开采对村庄生态的破坏，乡村治理规则并不能约束煤矿的生产行为。

从村民身份上说，D村煤矿没有个人承包和转让之前，煤矿属于集体经营性质，其生产经营分配处置都按照集体产权的制度安排，即村民对集体资源拥有平等的权利，集体成员对集体资源拥有控制权和话语权，②煤矿的收益也由集体成员共同享受。因此，在煤矿集体产权的制度安排下，村民是煤矿股份占有者、生产经营者和收益享有者。从实践中也可以看出，D村在集体经营下，村民不仅可以在从事煤矿生产中赚取劳务性收入，以及分享煤矿的效益分红取得产权性收入，还能参与煤矿生产管理，并通过村民直选决定煤矿负责人。D村煤矿转变为个人承包，尤其是绝大多数股份转让给私人后，村民不仅失去了煤矿控制权、管理权、决策权，更失去了煤矿的产权性收入，尤其是煤炭价格溢出性增值收入。由于煤矿转让前，协议要求煤矿各项务工收入优先考虑本村人，加之煤矿主要由村书记张某直接经营管理，D村煤矿除专业性较强的工作外，从采矿、运输到各种服务性

① 卢福营. 集体经济资源丰富背景下的村庄治理——以浙江A村为例[J]. 中共宁波市委党校学报，2008（5）：55-59.
② 董江爱，王铁梅. 煤矿产权与农村政治——基于煤矿资源的农村公共权力运作分析[J]. 政治学研究，2011（6）：57-64.

劳务基本上由本村村民承担，这也是村民同意转让的前提条件。这样，村民就从原来煤矿集体经营的所有者，变成了煤矿从业者和煤矿企业的员工，只享受煤矿劳务性收入，即村民口中所说的"从老板变成了打工的"。出于自身工作和经济利益的考量，村民一般主要服从于煤矿实际经营者的管理。

从村干部与村民关系上来看，D村煤矿转让前，在煤矿经营制度安排下，村干部既为村庄管理者，也作为煤矿的经营者，两个身份是合一的，即获得村庄的公共权力，也就自然获得了煤矿经营权，村干部在煤矿经营中具有极强的话语权，村民在服从于煤矿经营者领导之前，首先承认或服从村干部作为村庄公共权力的代表者。虽然出于理性经纪人的考虑，村干部也有自身利益诉求，但由于自己利益与集体利益具有一致性，总体上还是一种"保护型经纪人"[1]，以村庄集体的利益为重。煤矿转让给个人后，村干部身份上变成了双重性，既由村民选举出来，代表全体村民行使村庄公共权力，代表着村庄和村民的利益；同时又是个体煤矿的代表者，维护煤矿经营者个人的利益。当村庄利益与煤矿利益发生冲突时，出于实际利益的考虑，村干部往往会选择站在煤矿利益的一边，在此背景下村民又通过选举新的村干部来代表自身利益，由此引发了资源型乡村激烈的权力争夺、派系斗争、干群冲突与腐败问题。[2]

D村在一段时间内也出现了激烈的权力争夺，但村党支部书记张某不仅是集体煤矿的创办者，转让后又一直代表出资人管理煤矿，无论谁当选，基本上煤矿的事情都由张某决定。"财富孕育着统治权"[3]，"管理者管理村庄社会的能力，取决于他们对经济资源的控制能力"[4]，由于张某拥有强大的经

---

① [美]杜赞奇. 文化、权力与国家：1900—1942年的华北农村[M]. 王福明，译. 南京：江苏人民出版社，2010：55-64.

② 王慧斌，董江爱. 产权与治权关系视角的村民自治演变逻辑——一个资源型村庄的典型案例分析[J]. 中国行政管理，2018（2）：40-45.

③ [美]理查德·派普斯. 财产论[M]. 蒋琳琦，译. 北京：经济科学出版社，2003：40.

④ Jean C.Oi and Scott Rozelle. *Elections and Power: The Locus of Decision Making in Chinese Villages*. The china Quarterly，2000：513-514.

济实力，加之村民主要都在煤矿上班，因此，从 20 世纪 70 年代开始，一直到 2008 年[①]，张某一直担任 D 村党支部书记（后一肩挑村主任）长达 30 多年。

三、负外部性：集体经济减少与村庄的衰败

在煤矿集体经营下，D 村依靠煤炭资源取得的收益归全体村民所有，虽然当时采矿技术落后和开采量较少，但无论是村庄集体经济还是村民收入都有了显著提升。与此同时，该村生态环境却开始遭到破坏，原本山清水秀、环境优美的村庄不见了。原本在集体化时期，镐开肩扛马驮式的人工开采方式，对生态环境和耕地状况破坏力度并不是很大，村庄耕地基本上都能满足正常的农业生产。但随着机械化大规模采煤后，村庄面貌发生巨大的改变，环境污染、空气污浊、水源破坏、森林锐减、地质灾害等问题逐渐凸显出来，尤其是在集体化时期大量辛辛苦苦垦荒的耕地已经不能耕种，甚至村民房屋已经出现裂缝下沉的现象。虽然村庄集体经济和村民收入提高后，许多村民又加固甚至重新修盖了房屋，村民大多也选择在原址或本村另外的地方修建，但村庄煤矿资源经济的负外部性开始凸显，由于当时农民的生态观念和转型意识较差，还远远没有意识到问题严重性，这也为后来村庄的衰败和消失埋下了隐患。

虽然当时煤矿开采也对生活环境带来影响，但是村庄依靠强大的集体经济对村庄进行改造，整体上，这一时期村庄处于较为良性的发展状况。煤矿转让给个人经营后，虽然仍有 10% 的股份归村集体，但由于村民缺少对煤矿的监督管理，加之在利益驱动下村干部往往缩小煤矿的实际利润，这就导致集体经济的下滑，甚至集体经济仅够满足村庄的日常开支，远远

---

① 2008 年后，D 村煤矿被县里统一整合，张某以年龄大、身体有病为由辞去了村党支部书记和村主任，其外甥接任党支部书记，村民又选举靳某担任村委会主任。

承担不起生态修复、产业转型任务。2002年后煤炭价格上涨，煤矿的开采量和效益也越来越好，但村民却失去了煤炭资源市场增值的收入，仅仅取得了部分劳务性收入。这一时期，整体上D村村民收入相对较好，但随着煤矿开采技术和运输水平的升级改造，村民也日益失去了在煤矿就业的机会，除部分青壮年外，大多数村民生活仅停留在温饱线上，不仅再也享受不到集体煤矿的增值收益和劳务收益，更享受不到各种各项公共福利待遇。更为严重的是，村庄的生态环境逐步被破坏，昔日富甲一方的"小香港"逐渐陷入了贫穷落后且日趋衰败的境地。

与村民贫穷和村庄衰败形成鲜明对比的是，煤企老板和部分村干部的暴富，村庄的贫富差距巨大。以D村党支部书记张某为代表，在煤矿集体经营时期，张某虽然是全村最富有的人，但与普通村民之间的差距也不太大[1]，而煤矿转包后，到2005年张某已有500万的"身价"，到2008年煤矿被县里整合前，张某最少有1000万。[2]巨大的贫富差距引起了村民的不满，村民们曾以村务不公开、办事不民主、村干部贪污村集体财务、煤矿开采损害耕地和房屋为由，上访状告张某和煤矿，县里也曾组织清查人员来处理，但最后清查的结果是村干部非但没有贪污腐败，村集体还欠煤矿和村干部的钱。[3]

更为严重的是，随着煤矿的大量开采，D村的生态环境遭到了巨大的破坏。煤矿转让后，由于煤炭市场较好，加之煤矿安全生产和整改标准的不断变化，煤矿经营者出于抢占市场和追求高额利润回报的心理，大肆进行掠夺式开采，根本不顾对村庄带来的环境污染和生态破坏，加之煤矿和村庄的分离，村庄无论从煤矿生产还是经营分配上都难以约束煤矿。对于煤矿带来的生态环境破坏，政府出于GDP的政绩考虑、地方财政收入和自

---

[1]　根据村庄老人回忆，当时张某作为村庄最有钱的人，存款最高的时候的也不过10万，而他们家也有2、3万。

[2]　根据村庄的实地调研，结合当时煤矿市场行情和张某所占的煤矿比例。

[3]　根据"D村村民访谈记录"整理，2019年，资料号（20190725HYD）。

利性考虑[①]，也仅仅是通过协调煤矿给受采矿影响的村民部分补偿款和部分劳务岗位来缓解矛盾。在政府默认和村集体无力约束下，煤矿抓紧时间掠夺式开采，村民承受着日益严重的地质灾害、水源污染、环境污染、耕地破坏、生态破坏的负外部性成本，严重影响村民的生产生活安全。

"凡是属于最多数人的公共事务常常是最少受人照顾的事务。"[②] 随着集体煤矿转让个人经营，地方政府、煤企老板、村干部、村民都出于自身利益的考虑，加剧了煤炭开采带来的负外部性，最终造成了"公地悲剧"的产生，导致资源型乡村陷入整体衰败境地。集体经济作为公有制经济的重要组成部分，对实现共同富裕具有重要作用，特别是在农村地区起到了决定性作用。[③] 集体产权是集体经济得以存在和发展的基础性保障，尤其是集体产权作为一个共有产权，其共有产权的完备性是社区集体产出最大化和社区集体福利存在的必要条件。[④] 如果村庄没有集体经济，就失去了发展公共事务的经济基础，村庄治理也就失去了基础保障和发展绩效，[⑤] 进而会影响整个村庄的发展状况。

---

① 根据实地调研，D村煤矿实际出资人史某本身和当地政府官员关系密切，无论是煤矿生产的各种证件还是安全生产的整个过程，都得到了当地政府的关照。另外，根据对村支书张某儿子的采访，史某资金的构成也有部分地方部分领导的"暗股""干股"。虽然没有证据，但从2014年后山西查处的官员腐败案件来看，大多都出自煤炭领域。

② [古希腊]亚里士多德. 政治学[M]. 吴寿彭，译. 北京：商务印书馆，1983：48.

③ 程恩富. 坚持公有制经济为主体与促进共同富裕[J]. 求是学刊，2013（1）：62-67.

④ 韩文龙，刘灿. 共有产权的起源、分布与效率问题——一个基于经济学文献的分析[J]. 云南财经大学学报，2013（1）：15-23.

⑤ 王慧斌，董江爱. 产权与治权关系视角的村民自治演变逻辑——一个资源型村庄的典型案例分析[J]. 中国行政管理，2018（2）：40-45.

第二节　政企合推：资源整合下煤矿村易地搬迁过程

进入 2008 年以来，山西开展了大规模的煤炭资源整合。根据相关文件要求，此次整合旨在合并重组形成大型、特大型煤炭集团，要求到 2009 年整合淘汰年产 30 万吨以下的中小煤矿，学术界也将此次资源整合称为真正意义的整合，媒体甚至将其称为"国进民退""消灭煤老板"行动。此次煤炭资源整合在省委省政府的强力推进下，大多数煤矿以收归国有大型煤炭企业为结局。在这个背景下，H 县也开始了加大煤炭资源整合的力度，D 村煤矿也被县属国企整合。在 D 村煤矿被整合后，随着采煤沉陷区治理的实施，加之煤矿开采形式的改变，D 村在政府和煤企双重的利益引导下，开始了易地搬迁的过程。

一、利益驱动：政企合谋下 D 村煤矿的整合

长期以煤炭为主导的单一的经济结构及其带来的严重社会问题，不仅严重制约了山西经济的可持续发展，也严重影响了当地的政治生态。[①] 原本山西省期望通过资源整合和煤炭企业兼并重组，加速煤炭资源经济的转型发展，但在 GDP 政绩考核和长期依靠煤炭经济惯性思维驱使下，地方政府依然难以摆脱资源经济的利益驱动，尤其是出于地方政府财政收入的自利考虑，各煤炭资源型大县大多不愿意被大型的省属国有企业整合，对于 H 县来说也是这样。2008 年 H 县为落实省委、省政府的决策部署，也开始了资源整合，除一些较大的煤田被国企整合后，对于一些中小煤矿，县里决

---

① 董江爱，王慧斌. 民生与民主：资源型地区利益均衡的路径选择[J]. 理论探讨，2014（3）：137-140.

定自己组建县属国企整合，希望更多的煤炭资源收益留在当地，增加财政收入。

（一）政企合谋下县属国企的组建

2008 年初，H 县通过整合县内资源，并引进南方某民营企业 C 公司，组建 H 县股份制煤炭企业 B 公司作为该县中小煤矿资源整合的主体，其中 B 公司以政府采矿权、探矿权为基础持 51% 的股份，C 公司以出资和经营占股 49%，这样既达到了政策要求的国有控股，体现煤炭资源的所有权主体，又能充分利用 C 公司的资金优势，满足整合煤矿所需的包括煤矿出让、缴纳价款、征收土地、新建矿井等一系列经营成本。[①] 在市场化的改革进程中，出于上级政绩要求和本身自利性的考虑，地方政府就会与各种企业联合，形成一种"以资本与权力的互惠为前提的'共存依赖'关系。"[②] 正是在这种政府与企业资源交换和相互依赖的情况下，B 公司组建后，就开始了对全县的中小煤矿的整合过程，目标要在 2008 年底满足政策要求组建年产能超过 300 万吨的实体煤炭企业。为了快速实现目标，在 H 县政府支持下，B 公司也加快了整合中小煤矿的力度。在这个背景下，D 村煤矿也被整合到了 B 公司，并由 C 公司具体负责煤矿的生产经营。根据当年的协议内容，C 公司除了出资购买原 D 村煤矿的所有股份（即转让费）、缴纳煤矿采矿所需的各项税费和经营成本外，每开采一吨煤还需给 B 公司（B 公司其实就是代表县政府，并由该县一名副县长兼任公司领导）缴纳 55 元的管理费，其余

---

① H 县这种做法不是偶尔现象，实际调研发现，资源型县域这一做法具有普遍性。首先，资源型县域存在大量的中小煤矿，这是政府财政收入的主要来源，但是这些中小煤矿大多不符合产量和技术要求，如果不整合，就得停产关闭；其次，此次资源整合的政策要求和导向就是要突出煤矿所有权性质，而形成大型特大型的煤矿也是资源整合的战略目标；最后，如果这些中小煤矿被省属以上的大煤企整合，地方不仅失去对煤矿的控制权，也将失去最大的经济收入。因此，出于符合政策要求下，谋求地方政府利益最大化的考虑，资源型县域大多通过组建县属国企作为本县资源整合的主体。

② 谢岳. 市场转型、精英政治化与地方政治秩序[J]. 天津社会科学，2005（1）：55-60.

煤矿经营的收益归 C 公司所有，并由 C 公司来具体负责资源整合。

（二）地方政府干预下的煤矿整合

在市场机制不完善的前提下，掌握公共权力的地方政府对本区域的各项资源具有绝对的控制权。"市场缺陷强化了政府权力，而政府缺陷又强化了市场权力"[①]。原本山西省煤炭资源整合的政策要求是坚持市场主体，优胜劣汰，整合过程中政府承担政策指导和市场监督的作用，但现实中，各资源型地方政府往往主导甚至直接操控资源整合的过程。

在 H 县煤炭资源整合政策和方式出台之初，遭到了 D 村煤矿出资者史某以及村书记张某和 D 村群众的激烈反对，张某甚至还带领村民向县政府告状，反对 D 村煤矿被整合。原因主要有：一是 D 村煤矿由于前期生产经营和技术改造较好，年采煤量早已超过了 30 万吨，且相比其他村的小煤矿，D 村煤矿办矿手续也较为齐全，按政策要求可以不被整合；二是当前的煤矿市场好，价格高，煤矿出资人也不愿意出让高额的利润；三是一旦被整合后，D 村煤矿就主要就由外地人经营，根据以往经验，一般外地企业经营煤矿很少用本村甚至本地的煤矿工人，D 村村民的就业和收入就会大幅度下降。出于这几方面的考虑，D 村煤矿出资人和村民形成一个利益共同体，一致抵制和阻碍 C 公司对煤矿的整合，甚至根本不予其进行对话。

为尽快对 D 村进行整合[②]，在出现阻碍的时候，县政府开始出面干预煤矿整合。首先以突击安全检查为由，多次对 D 村煤矿进行生产、消防、运输等方面的检查，并以存在安全隐患的理由责令煤矿停产整顿，在煤炭效

[①]　[美]唐纳德·凯特尔. 权力共享：公共治理与私人市场[M]. 孙迎春译，北京：北京大学出版社，2009：30-32.

[②]　据村书记史某介绍，C公司急于在短时期内对D村煤矿进行整合，主要是因为相比较D村周围的其他小煤矿来说，D村煤矿生产条件较好，尤其是有较为完备的办矿手续，而其他小煤矿大多手续不全且生产条件差，也只有兼并D村煤矿后，才能利用其完备的手续，对周围村庄小煤矿进行生产，也才能尽快达到年产量300万吨的要求。"D村村干部访谈记录"，2019年，资料号（20190725HYD01CG）。

益最好的 2008 年，D 村煤矿却停产关闭了半年。其次，对 D 村煤矿及 D 村集体的账务进行审查，根据之前煤矿承包转让的相关信访案件对张某、郝某等主要村干部进行立案调查，并针对之前煤矿生产对村庄造成的生态破坏、环境污染以及村民房屋倒塌、土地征用等相关问题进行调查。由于之前 D 村煤矿在生产经营尤其是承包转让过程中，本身确实存在各种问题，尤其是煤矿股权转让，大多是出资人和村干部的口头协议，也没有履行严格的村民自治程序，出资人、村集体之间的股份划分并不科学，存在侵吞集体资产等现象，以此为由，县政府多次私下出面协调，最后煤矿出资人史某勉强同意将煤矿转让。最后，县政府又向村民承诺，不仅会协调煤矿解决之前所欠村民各项煤矿利益收益，且煤矿整合的转让资金优先给村民补偿，并承诺"各采区在招聘工人时应当优先考虑所在地附近村民"。

（三）集体煤矿整合后的利益分配

在经过各种正式和非正式的协调后，2008 年 7 月末，D 村煤矿以 3500 万元[①]价格被 B 公司收购，由 C 公司具体经营。原本按煤矿股份分配，出资人史某占 80% 的股份分 2800 万，村支书张某占 10% 分 350 万，村集体占 10% 分 350 万。但是遭到村民的集体抵制，认为县政府既然已经通过调查认为之前的股权比例存在问题，现在就应该得到调整。最后，县政府以张某在转让煤矿过程存在程序不民主为由，但鉴于缺少市场定价的基础上，对张某造成集体资产流失不予立案，将其名下 10% 的股份划归村集体所有。同时又协调史某让渡给张某 5% 的股份作为长期经营煤矿的劳务所得。最终，史某获得 2625 万元，张某获得 135 万元，村集体获得 700 万元，并以新农村建设为由，协调县财政和企业（主要是 C 公司）补贴村集体 500 万

---

① 原本企业对该煤矿的收购价格只有1500万，但遭到出资人和村民的集体抗议，最后由县政府聘请相关评估机构对煤矿进行第三方评估，经过几轮讨价还价，最终约定为3500万，但村庄大部分村民都认为远远不止这个价，最少也在6000万以上。由于县政府与企业（B公司由县政府组建）已形成利益共同体，最后在县政府出面协调下达成该协议。

元。这样 D 村煤矿整合后，村集体共分得 1200 万收益。[①]

原本县政府希望 D 村利用这 1200 万集体经济收益发展非煤产业，但村民们却普遍不愿意，一是因为长期以来煤矿的开采导致村庄的整体面貌已发生了很大改变，很难在原村发展产业，去县里或周围村买地租地发展产业也很难见效，更重要的原因是，自集体煤矿承包转让后，集体资源的流失与村干部村民间贫富差距的加大，使村民对村干部极不信任，普遍认为村干部会贪污腐败。在这种情况下，村民大多愿意将这 1200 万按照人口平均分配。最后，在村集体留下 10% 即 120 万元作为村庄日常开支外，剩余90% 全部平分到村民手里，大约人均 1 万元，最多的一户分得 12 万元。

二、村企冲突：疯狂式开采下的矛盾激化

无论从成本收益理论还是从企业本质目标来说，追求利润最大化是其终极目标，马克思曾言"一旦有适当的利润，资本就胆大起来。如果有10% 的利润，它就保证到处被使用；有 20% 的利润，它就活跃起来；有50% 的利润，它就铤而走险；为了 100% 的利润，它就敢践踏一切人间法律；有 300% 的利润，它就敢犯任何罪行，甚至冒绞首的危险"。[②]煤炭资源的整合兼并涉及政企关系、企业之间关系、企业与村民关系、村庄与企业关系、村民之间关系等多元复杂关系，利益冲突也最为突出，处理难度最大。[③]尤其是企业的暴富与农民利益受损严重，村企关系矛盾更加突出。由于在煤炭整合过程中，C 企业作为主要出资方，为尽快收回成本和紧抓煤炭市场行情好赚取高额利益，在掌握 D 村煤矿后，就加足马力生产煤矿。甚至为加快煤矿的生产量，在地方政府默许下由原来洞采方式转变为"刨山皮"式疯狂开采，不仅加剧了村庄的生态破坏，更导致村民土地、房屋

---

① 实地调研发现，村民只知道村集体以1200万元买了煤矿，并不知道具体的利益分配。

② 马克思. 资本论（第1卷）[M]. 北京：人民出版社，2004：870.

③ 董江爱，霍小霞. 矿权与乡村治理[J]. 社会主义研究，2012（4）：83-88.

遭到前所未有的破坏，加之村民无法从煤矿中获得劳务性收益，村企矛盾激化，甚至引发了激烈的群体性事件和暴力对抗。

（一）劈山式的疯狂开采与村民利益严重受损

从 2002 年开始，煤炭经济进入高速发展和极度繁荣的"黄金十年"，尤其是进入 2008 年后，煤炭价格持续高涨。在 2008 年 9 月 C 企业整合 D 村及周边的煤矿后，就开始了疯狂式抢夺性的开采。据村民回忆，到 2008 年底，C 企业仅仅用三个月的时间就把 D 村煤矿三个矿井采挖一空，开采量达到了上百万吨，如果用之前 D 村的开采速度，估计得 3 至 4 年。

H 县尤其是 D 村煤炭资源的储藏形式大多属于山窝式的煤，不仅地下煤炭丰富，整个山体、山窝、山脊等都蕴含着丰厚的煤田。如果采用洞采并及时回填治理，可以最低限度降低对山坡上耕地的破坏，但是煤炭洞采方式成本较高，且开采速度慢且开采量有限。为了在最短时间内开采更多的煤矿，C 企业向政府申请变更煤矿开采方式，即由洞采回填式变更为露天式开采。由于露天开采必然造成损坏农田和破坏生态环境等严重后果，早在 2005 年国家就严令禁止新建各种露天煤矿。虽然 C 企业变更开采方式没有得到省里的批准，但在 H 县政府的帮助下，2009 年初却以县政府备案、县领导签字批准的形式原则上同意了 C 企业对该区域煤炭资源进行开发式开采、采剥作业[1]，而所谓的开发式开采、采剥作业就是露天开采。[2]

开采方式的变化导致经营方式的变化。煤矿露天开采后，为加快开采

---

[1] 通过实地查阅当年相关文件，H县确实向山西省国土资源厅申请变更开采方式，但省国土资源厅并没有批准。

[2] 正是由于煤矿露天开采引发的山体塌方，该县曾于2011年和2018年先后两次发生20余人死亡的特大安全事故。先后有两任县委书记、三任县长、数十名领导干部被问责，并牵扯出该县严重的腐败案件。尤其是2018年事故的发生地正是D村所在的煤矿。

速度，降低企业的经营风险和政治风险[①]，弥补企业开采能力上不足，在县政府和 B 企业的默许下，C 企业也开始大肆将煤矿采剥作业转包给其他中小企业，先后将自己名下四个采矿区的开采作业都承包给多个中小规模的工程公司和运输公司，而这些中小企业也采用类似的办法，将煤炭开采、煤炭运输、土方填埋运输等又转包给更小的企业和个人。随着层层的承包转包，采煤主体较多，很难进行有效监管，加之各中小企业纷纷向煤矿监管人员、政府管理人员行贿，在这种失控状态下，D 村煤炭资源遭到了前所未有的疯狂开采。各承包企业和个人都尽最大力度在自己承包期内提高产量，生产大量计划指标之外的"黑"煤进行私下贩卖，不仅造成国有资源大量流失，更对当地自然生态环境和群众生产生活空间造成巨大"毁灭性"破坏，村集体和村民也遭到了前所未有的利益损失。

首先是村民收入锐减。煤炭资源整合后，即村民口中煤矿被企业买断后，本村村民在获得了一定补偿资金后，煤矿的生产经营利润尤其是煤炭资源市场增值利润就与村民脱钩，开采多少、价格多少基本上都与村民没有关系。而煤矿层层转包，村民更是失去了直接劳务性收入。原本在煤矿整合前，政府承诺煤矿企业用工优先考虑本村的村民，而村民之所以同意煤矿整合，甚至同意之前集体煤矿时期的承包转让，主要因素就是通过在煤矿劳动获得较高的劳动收入报酬。但 C 企业将煤矿采剥作业和煤炭运输层层转包给中小企业后，中小企业一般都有自己固定的工人和社会关系，原本较为封闭的煤矿务工群体就呈现出全面开放的状态，由于雇 D 村村民存在潜在的成本风险[②]，且当地劳动力价格较高，这些中小企业更愿意雇用

[①] 所谓经营风险是指露天开采需要大量的挖掘机、运输车等机械设备以及大量的流动资金；所谓的政治风险是指该企业也清楚露天开展不仅违反政策，还有破坏农田违反法律，甚至会增加煤矿安全事故等。因此，为降低和分散企业的经营成本和风险，C 企业开始将煤矿开采作业承包更多的中小企业。

[②] 由于煤炭生产存在较高的安全风险，出现安全事故后，本地人在当地的社会关系较为复杂，企业赔偿金额要远远高于外地人，且麻烦较多。因此，煤炭企业一般更倾向于雇佣关系较简单的外地陌生人。

自己原来的工人和招募河南、四川、贵州、江西等偏远山区的农民。[①] D 村除了部分村干部和经济实力较强的村民外，村中大部分村民都失去了在煤矿务工的机会。相比较洞采，露天采剥需要大量的挖掘机、铲车和运输车，D 村除了部分村民口中"有本事的人"外，大部分村民都无力购买这些采挖运输设备，不仅失去了采煤、装煤的劳动收入，也失去了运煤、运土的收入渠道，导致家庭收入锐减甚至陷入贫困。

其次，比收入锐减更严重的是村民生产生活空间遭到严重挤压，日常生活安全与生存条件更遭到了严重威胁。除劈山式采煤带来的严重的生态破坏、环境污染外，对村民的住房、用水、出行等日常生活都带来了严重影响。以村庄道路来说，为了方便运输，村庄的道路早已改造升级并进行了拓宽，但是随着挖掘机、运煤车的暴增，不仅挤占了村民日常出行的空间，更由于大货车没日没夜的穿村而过，村民日常安全得不到保障。短短半年内，该村就发生了十数起交通事故。

此外，农民更是完全失去了土地的耕种。原本没有进行大规模露天开采前，虽然该村土地产量也遭到了一定程度的破坏，不少村民由于在煤矿上班也主动放弃农业生产，但村庄的耕地还是可以使用的，且大多数村民平时也耕种少量土地补贴家用。而露天开采的方式，不仅需要通过对山体进行层层清理，层层采剥，层层挖煤，而且采剥出来的岩石、渣土也需要填埋到一定的地方，即村民所说的"开山劈地，挖山填沟"，这样势必加大村庄土地的破坏程度。刚开始，企业首先征用了村庄集体的荒山荒地和集体建设用地，随着开采面积的扩大，企业又试图通过土地流转征用农民的耕地。D 村本身就是两山夹两沟的地形，除了山沟有少量平地外，村庄大部分耕地都位于山坡上，这样，煤矿开采与农民土地耕种之间形成了强烈的对抗，要采煤就没有耕地，要耕地就不能采煤。但由于煤矿开采，空气、

---

① 实地调研发现，D村煤矿整合后，该采区一线煤炭生产工人几乎全部是外地人，只有不到10个左右本县其他乡镇的人。当地人主要从事采区与煤场之间的短途运输工作。

水、土壤肥力遭到严重破坏，实际上处于山坡的土地早已失去了耕种条件，除部分已经失去了耕种价值的土地外，甚至由于采煤导致地形、山间道路的破坏，尚存耕种价值的土地也没有人去种。"眼看着自己的土地就在对面，但是山坡已经成了绝壁，要耕地只能飞过去。"①

（二）村企激烈对抗与煤矿开采受阻

在资源型地区，如果煤炭企业只顾无节制开采煤矿而不顾当地农民的利益，必然引起矿区农民的集体抵抗，当矿区农民生存遭受煤矿开采严重威胁时，就会采取各种维权行动甚至暴力阻止企业正常生产，导致煤矿停产甚至是破产。②D村煤矿整合后，随着劈山式的疯狂开采，生态环境遭到毁灭性破坏，村民利益更是严重受损，沦落到"运煤无车、出门无路、务农无地"的悲惨境地，无论是日常生活，还是家庭收入都陷入了严重的生存危机。为维护自身利益，村民与煤企爆发了激烈的冲突和对抗。

D村村民首先与进行煤炭采剥作业和煤炭运输的各中小企业进行理论，强烈要求要么停止挖山毁地，要么就给他们相当的经济补偿，但各承包采矿作业中小企业和个人都已经交足了相应的承包费，甚至不惜行贿，为短时间内收回其投入的资金，赚取更多的利润，根本不与村民对话，认为自己没有义务承担更多的责任，让其去找C企业要补偿。村民们又纠集人马去找C企业理论，但是C企业是外地企业，将采矿区转包出去后，企业只在H县临时租赁一个办事处，只有几名会计和临时工人，企业负责人更是常年不在该地。当村民去县里找C企业时，C企业则说自己是H县B企业下属企业，且早已与B企业签订了经营合同，自己承担的义务早已完成。村民们只好又来找B企业理论，但B企业代表的是县政府，村民们再去找B企业时，企业负责人同时也是该县副县长一直敷衍，说是协调企业解决。

---

① "D村村民访谈记录"，2019年，资料号（20190725HYD07CM）。

② 董江爱，徐朝卫. 基于煤矿资源的利益博弈和策略选择——山西煤矿开采与经营中的政企关系研究，中国行政管理[J]. 2015（2）：78-83.

从 2009 年 4 月开始到 5 月份，D 村村民多次找企业讨要说法，但政府、B 企业、C 企业及大大小小承包公司都相互推诿责任，不仅没有解决问题，企业更是加足马力开采煤矿。

随后，忍无可忍的村民们只好采取各种手段阻挠采煤。首先，在他们在村中各主要路口设卡，堵住主要的运煤路线，并组织村中老年人沿路拦截各种车辆通行。同时，集结村中青壮年去煤矿采区围堵大门和工人生活区，煤矿因此没法生产。但承包煤矿各个工程队、挖掘队、运输队本身人数也比较多，加之好多都是贷款购买车辆，他们根本不允许煤矿停产。为此，村民堵路，他们就暴力开路。不仅如此，由于村民在人数上并不占优，受伤的往往是村民。在反复较量当中，因为堵路开路、抢夺挖掘机等，仅当年 7 月份就发生了十余次规模较大的冲突。8 月初，在抢夺挖掘机方向盘时，十余名村民打伤了三名司机，受伤的司机联合煤场其他司机与村民发生械斗，最后引发了村企之间大规模械斗和流血冲突。为防止事情进一步扩大，县政府在 8 月中旬责令煤矿停产。停产期间，为能够尽早开采煤矿，煤企一方面通过各种渠道寻求政府支持，另一方面将 D 村一些较为有影响力的村民纳入承包队伍当中，同时又通过雇佣各种小混混、坏人威胁恐吓甚至殴打其他村民。停产整顿一个月后，9 月中旬 D 村煤矿又悄无声息地开始采煤了。无奈之下，D 村民又开始新一轮的堵路冲突，由于缺少主要带头人，部分村民被打怕了，规模和激烈程度远不如之前，其间虽然断断续续减缓了煤矿的运煤速度，却再也阻挡不了煤矿的挖山速度。被逼无奈的村民，只好选择最后一条路，上访告状。

经过反复较量，D 村村民发现围堵采区的工程队、运输队根本解决不了问题，还会使自己受到伤害，关键问题就在 B 企业，就在县政府。进入 10 月份，村民们尤其中老年群体开始去围堵乡政府、县政府，并组织人马去太原和北京上访告状。从 9 月末到 10 月，D 村村民联合周围其他采煤村庄的村民先后到县政府告状十余次。在此期间，村民又与煤矿发生大大小小数十次冲突。迫于上级政府问责，H 县政府在 10 月中旬再次责令煤矿停产整顿，并协调企业解决煤矿生产与村民利益受损问题。

（三）经济补贴：维稳压力下地方政府的"温水煮青蛙"

资源型地区所有问题的关键就是在于煤矿资源利益分配问题。只有妥善处理好政府、煤企和群众因资源利益分配不公的问题，才能解决各种问题。由于政府、企业处于强势的一方，群众则是被动弱势的群体，群众不仅很难与企业平等谈判对话，更难以有效约束政府行为，因此只能采取上访、围堵等非正式的方式倒逼政府干预，希望通过政府干预来减弱甚至消除这些差距和不公平。[①] 由于煤矿与村民激烈的矛盾冲突，不仅影响了煤矿开采以及所带来的财政收入，更严重影响了地方的安全稳定。迫于维稳和经济发展的双重压力，H 县政府开始寻求解决问题的办法，既不能使煤矿停产，又不能发生安全事故和群体性上访。相比较之下，只能协调企业出让部分利润，给村民适当补贴。

由于村民上访告状最主要的因素就是煤矿采煤破坏生态、破坏土地，导致自己有地不能种、失地又失业，无法生存，本质还是因为没有收入。出于经济理性考虑，县政府认为弥补农民土地收入，就能缓解甚至减少群众的上访压力。为此，县政府不从解决煤矿开采导致土地破坏的根本问题出发，而转向如何能以最小的经济补偿换得更大的效益。为缓解村企矛盾，H 县开始协调企业给村民适当补贴。先后协调企业给采煤涉及村民耕地的每亩 300 到 500 元不等的耕地受损补贴[②]和每人每月补贴 150 元环境污染费，并且承诺村民生活用煤、水电费、医疗保险费，村里的五保户、孤寡老人、道路建设及部分公共开支都由煤矿承担。[③] 根据以往的经验，相对于给村民这些补贴而言，因村企冲突造成煤矿停产带来的损失更大。以 2009 年为例，

---

① 邓欣，潘祥改. 论政府干预目标：效率与公平[J]. 武汉大学学报（哲学社会科学版），1994（2）：41-45.

② 当地主要农作物是玉米，亩年产量平均约800斤，核算价格大约是500到800元。

③ 大约一年的花费在300万元。

该年因村企冲突造成停产整顿断断续续大约有 5 个月之久，对企业来说，这些补贴跟停产相比几乎可以忽略不计。在这种情况下，以该村某 4 口之家为例，大约有五六亩的土地，每年耕地受损补贴和环境污染补贴大概有 10000 元左右，基本上够维持当地村民基本生活开支。

在政府和企业"温水煮青蛙"式的经济补偿下，村企关系暂时得到了部分缓解。村民也知道，政府只是通过经济补偿换相对的稳定，企业只是通过部分利益割让换取煤矿的快速开采。随着煤矿开采力度增强和范围扩大，村民生产生活依然得不到持续保障，但在当时条件下，处于弱势地位的村民也只能无奈接受。

（四）精英俘获与失能的村民自治

改革开放后，随着人民公社的解体和村民自治的实行，农民的民主意识和参与能力逐步提升，并通过村民直选选出自己的村庄领导人，维护自身的利益。[①] 随着市场化的快速发展，传统乡土建立在血缘关系基础上的礼俗治理及家族组织，也逐渐被市场经济带来的趋利性和社会大分工所整合，[②] 大量的经济精英逐渐参与乡村权力竞争中，出现"能人政治"现象。[③] 尤其是在资源型地区，围绕矿产资源的争夺形成了村庄公共权力激烈的争夺，而由于村民自治中后三个民主机制的滞后，导致村民自治异化为村干部自治，[④] 以村干部为主体的各种乡村精英在乡村治理中发挥着重要的作用。

精英一般指那些具备社会推崇的某些才能和品质的人物，[⑤] 或者在一个

---

① 陆学艺. 改革中的农村与农民[M]. 北京：中共中央党校出版社，1992：378.

② 王沪宁. 当代中国村落家族文化——对中国社会现代化的一项探索[M]. 上海：上海人民出版社，1991：22-28.

③ 徐勇. 由能人到法治：中国农村阶层治理模式转换——以若干个案为例兼析能人政治现象[J]. 华中师范大学学报（哲学社会科学版），1996（4）：1-8.

④ 张毅，董江爱. 集体产权、资源禀赋与农村政治生态优化研究[J]. 云南财经大学学报，2020（1）：14-20.

⑤ 杨光斌. 政治学导论[M]. 北京：中国人民大学出版社，2007：248.

方面或多个方面具有特殊优势的社会成员。① 当前在我国乡村治理中，精英主要指那些在村庄中具有一定影响力的人，包括村干部、富裕的农民、企业家以及具有声望、社会资源等各种资源优势的人，即农民话语中"有本事的人"，既包括体制内也包括非体制精英，② 他们在村庄治理过程中总是居于支配或优势地位，发挥"领导、管理、决策、整合"的功能。③ 而这些精英能否站在村民利益的一方，就关系到乡村能否实现有效发展。一旦发生精英俘获的现象，④ 甚至出现村庄精英的互利结盟⑤，在自身利益的驱使下，尤其是在缺乏有效民主监督下，就会不断出现"能人沦为罪人"⑥ 的悲剧。

在 D 村，当村庄和村民利益遭到严重损害的情况下，原本这些乡村精英应该与村民一起维护村庄整体利益，但在各种利益诱导下，他们出于自身既得利益考虑，不仅在村企冲突中沉默，甚至甘愿为企业服务。比如村庄一些具体经济实力的青壮年被纳入煤炭运输当中，部分村干部被吸纳成企业员工，⑦ 甚至村庄一些"混混"都安排进企业做保安，等等。社会冲突增加的相关结果就是社会资本贬值，信任关系没有了。⑧ 随着村庄精英与村民的分离，村民对精英以及村干部失去信任，在村企对立的基础上，干群

① [意]帕累托. 普通社会学纲要[M]. 田时纲，译. 北京：三联书店，2001：25.

② 全志辉，贺雪峰.村庄权力结构的三层分析——兼论选举后村级权力的合法性[J]. 中国社会科学，2002（1）：158-167，208-209.

③ 杨善华. 家族政治与农村基层政治精英的选拔、角色定位和精英更替—— 一个分析框架社会学研究[J]. 2000（3）：101-108.

④ Sitakanta Panda. Political Connections and Elite Capture in a Poverty Alleviation Programme in India[J]. *The Journal of Development Studies*，2015，51（1）：50-65.

⑤ 李祖佩，曹晋. 精英俘获与基层治理：基于我国中部某村的实证考察[J]. 探索，2012（5）：187-192.

⑥ 项继权. 集体经济背景下的乡村治理[M]. 武汉：华中师范大学出版社，2002：7.

⑦ D村原来的老支书张某在煤炭整合后以身体有病辞职，且全家搬离H县到市区安家。后接任的村支书和村主任等主要干部都有自己的运输车辆，C企业还雇佣他们作为煤矿的生产安全员和煤场管理员。发生大规模械斗后，两人相继被免职。后在政府支持下，又重新选举一名承包煤矿土方运输的村民作为村庄负责人。

⑧ [英]奥蒂. 资源富足与经济发展[M]. 张效廉，译. 北京：首都经贸大学出版社，2006：302.

矛盾、官民冲突也不断加深加强，随着村干部权威的下降和干群信任危机出现，村民对村集体的认同感也逐步消解。

三、"以土换煤"：权力压力与利益诱导下的易地搬迁

对于资源型地区来说，长期以来高强度粗放式大规模开采煤炭资源，不仅严重破坏了自然生态环境，更使当地农民面临着严重的生存危机。由于煤炭资源不合理的利益分配机制，更导致村企冲突、干群矛盾激化，影响着当地经济持续发展和社会和谐稳定。以山西为例，为解决资源型地区村企冲突和农民利益受损问题，山西省政府积极协调煤炭企业，大力开展"以煤补农"行动，促进资源型地区新农村建设。尤其是部分县市因采煤陆续出现塌方、溃坝等重特大安全事故，严重影响着矿区群众的生命安全，[①]山西省政府也加大煤矿生产安全监管和问责。为解决煤矿生产可能带来的安全隐患，山西一方面加快开展资源整合进程，另一方面重点开展采煤沉陷区地质灾害治理，部分县市开始进行探索采煤沉陷区农村的易地搬迁。在这个背景下，H县也开始逐步开展采煤村的易地搬迁。

（一）利益结盟下易地移民搬迁方案的出台与政府的强力推动

煤炭资源整合后，H县政府协调煤炭企业对采区农民进行适当的补偿，虽然一定程度上缓和了村企冲突，但并未从根本上解决煤炭开挖与农民利益受损的突出问题，村企冲突时有发生。在D村，由于煤矿依然实行大规模掠夺式开采，时刻威胁着当地农民生产生活安全，时常发生村企冲突，也影响着煤矿的生产和地方的财政收入。为此，在上级政府的政策要求和当地政府出于经济和安全的双重考量下，H县也开始了采煤村的易地搬迁，

---

① 如2008年9月8日，山西临汾市襄汾县新塔矿业有限公司尾矿库发生特重大溃坝事故，导致277人死亡、4人失踪、33人受伤，58名领导干部受到处分，并直接导致山西省主要领导的辞职。

D村成为该县首批试点和重点搬迁村庄之一。

首先，从煤炭企业的角度考虑，D村村民只要在村里居住生活，必然就要因采煤、运输等发生冲突，不仅带来相应的停产整顿，影响煤矿生产效率，也时常面对村民堵路堵矿要钱等行为；而且村民们因种地收粮等农事经常进入采煤区，存在极大的安全隐患，一旦发生安全事故，不仅煤矿会停产，更面临高额的赔偿。因此，企业出于顺利采煤并赚取更多利润目的，也希望D村全村村民整体搬迁。

其次，在上级严厉安全问责的政治压力下，当地政府既希望通过易地搬迁消除安全隐患，帮助煤企顺利采煤，也希望通过易地搬迁解决因采煤造成的群众房屋倒塌、改善民生等问题。经多重因素综合考虑后，于2009年初H县政府开始酝酿采煤区的易地搬迁。2009年5月，H县政府开始制定和出台相关采煤区易地移民搬迁方案，主要采用住房安置和货币安置两种形式。具体来说，货币安置的标准大约平均为每户15万元（包括承包地流转费）[①]，由村民自主搬迁；住房安置则为集中建房统一安置。同月开始动工修建集中安置区，于2009年10月修建完成。所有的搬迁费用由县政府和采煤区的煤企共同承担。

在实践中，由于移民易地搬迁需要支付大量的现金，政府和企业出于成本和现金支付压力的考虑，对于不同规模的村庄采取了不同的安置方式。对于一些规模较小、人口较少的村庄来说主要采取货币分散安置的形式，即农民口中的"一次性"买断，实践中除部分老年人不愿意外，基本上都较为愿意，不同意的村民也可以选择就近搬迁到政府集中安置区。对于面

---

① H县采煤沉陷区易地搬迁方案中规定，货币安置根据按每户每间房子2.5万元左右补贴，由于农村自建房很难按面积计算，该县就根据当地人的建房习惯，以间为单位，每户人口不等大约都有3间房，补贴大概在7.5万元左右，另外附带的院子、厨房、厕所、牲口房等，则统一按一间房核算。并补贴2万元左右的搬迁费。因此，大约有12万元。另外，搬迁后农民的承包地可以继续经营，也可以由企业统一流转。但多数农民都选择由企业主要是煤矿一次性流转，根据土地情况，每亩每年300-800元不等。这样，计算下来，货币安置每户大概平均为15万元。

积较大、人口较多的村则采用建立集中安置区的住房安置形式。[①] 同年 9 月，H 县政府开始煤矿采区移民搬迁，D 村连同所在乡镇其他五个村庄采取建立移民新村的形式集中安置，并且明确要求 2009 年 12 月之前完成搬迁。[②]

（二）村民的反对与"土地抗争"

搬迁方案出台后，D 村村民就普遍反对。虽然村民们也知道，搬迁离开 D 村可以明显改善自己的生活居住状态，尤其是不用再生活在污浊的环境中，但是村民们更清楚，搬迁后除了住房得到改善后，本身的家庭收入也不会增加，新村的集中安置区也不可能配套足够的耕地，加之生活成本增加，生活依然得不到保障。而且村民们清楚，一旦搬迁离开后，煤矿更是会无所忌惮加大开采力度，远离了矿区，就更失去了与企业谈判的资本。所以，搬迁方案出台后，D 村居民出于未来生活保障的不确定性，普遍反对搬迁。

当时正处于村企矛盾的激烈冲突当中，搬迁方案不仅没有得到村民的支持，更引发村民更大的怨恨。在政府协调企业采取一定的经济补偿、村企矛盾稍微得到缓解后，政府再一次与村民协商整村搬迁问题。而此时由于村民与企业的对抗处于下风，且之前采取的措施并不能很好地解决问题，不甘心的村民依然希望政府出面解决自己利益受损的问题，政府也趁机会通过各种动员劝说村民同意搬迁。此时，多数村民依然不同意整村搬迁，并以"农民不能离开土地，搬迁后就失去了土地"为由拒绝搬迁。之后，政府协调企业，在搬迁方案中增加了"搬迁后 D 村耕地以每亩每年 500 元的费用流转"条款。500 元的土地流转费已达到了当地耕地粮食亩产价格，但出于经济利益考虑和自己未来生活的担忧，村民依然觉得远远不够自己

---

① 以D村为例，如果选择一次性货币安置，以每户15万元计算，大概需要6000万元，煤企至少需要分担3000多万元，且需要一次性现金支付。

② 实地调研发现，虽然政府要求2009年12月完成搬迁，但由于搬迁过程涉及各种利益矛盾，尤其是村民出于生活的担忧，大多反对搬迁，该县在2011年初才基本完成搬迁工作。

的生活成本，尤其是长期且习惯于依靠煤矿生存的村民来说，更是认为搬迁后就再也不能享受煤矿的利益，而这些利益原本就是属于他们自己。因此，即使搬迁方案中增加了土地流转内容，但农民依然不同意搬迁，仍然以"要土地、要耕地"为由拒绝搬迁。

（三）高额的土地流转费与村民理性算计后的妥协

眼看离 2009 年 12 月要求搬迁完成的日期越来越近，D 村村民依然不同意搬迁。在这种情况下，为加快搬迁进程，县乡政府和企业又采取各种正式与非正式的途径和手段逼迫村民搬迁。比如不间隔地宣传搬迁政策、上门慰问、利用一些在职的村民亲属、子女劝说等情感劝导，同时还处理村干部和带头闹事的人、断水断电甚至私下组织一些人恐吓等等，并且中断了之前给村民的耕地受损补贴和环境污染补贴等。面对政府的压力和利益损失，加之也看到了集中安置区的建成，D 村村民逐渐认识到搬迁已成定局，开始由激烈反对转变为谈判。经过反复博弈后，D 村村民原则上同意搬迁，但是不认同县里提出的整村搬迁式的住房安置，提出了希望可以采用货币安置，并提出"30 万连房带地一次性解决"，反复谈判后，村民最终确定"20 万元"的底线。但 20 万元的价格既是政府不能接受的，也是企业不能接受的①，甚至从一开始，政府和企业就根本没有考虑过这一方案。

既然不能货币补偿，那就提高土地转让费。在成本算计和利益驱动下，资源型地区往往以土地流转的形式来解决农民的生存压力。早在煤矿整合时，县政府就协调 D 村和 C 企业，以低价流转了矿井周边未承包出去的荒山荒坡和集体林地，荒山荒坡为每亩 300 元，林地为每亩 2000 元，使用期限为十年。以此为标准，开始流转煤矿采区村民的承包地。起初，协

---

① 首先当地政府已经前期投入建好集中安置区，如果一次性货币安置的话，政府又增加了财政支出。且农村具有示范效应，一旦同意D村，那么全县其他集中搬迁村也会采取类似的行动。企业主要是出于现金支付的压力，如果按20万元的标准算，仅D村就将一次性支付高达4000多万元。

调村民以每亩土地 500 元的流转费，[①] 但是村民觉得太低，根本不够自己的生活开支。煤企又将流转费提高到每亩三年 2000 元，村民依然觉得偏低。[②] 为了尽快搬迁，在政府的干预下，经过几番讨价还价，最终以每年每亩地 1000 元流转成交，按年支付，从 2009 年开始，三年为一周期，到期后企业视情况再续签。从实际务农收益来说，C 公司的流转费远远超过了种粮收益，但企业为了减少采煤阻力，既帮助政府解决上访压力，也减少村企冲突带来的煤矿停产，综合考虑下，通过出让较少的利益换得企业正常经营，企业也较为愿意。这样，相比较一次性货币安置，企业每年大约花费 1000 万元就能解开僵局，减少了支出压力。

原本以为提高土地流转费后，村民就会同意搬迁。但是对于流转期限村民又质疑。企业虽然同意了流转价格，但只同意先与村民签三年的流转合同，三年合同到期后，企业视情况再续签。企业主要是出于成本考虑，按照采矿区煤炭储量和露天开采下煤矿开采效率来说，正常情况下最多三年就能开采完。逐利是资本的本性，正是出于精确资本收益计算考虑，企业追求以最小代价换取最高的利润。村民们也清楚，尽管流转合同第一条规定土地流转用途是用于规模化发展设施农业，但企业流转土地的真正目的是方便采煤，并不是为了发展农业。[③] 因此，村民们认为三年到期后，煤炭采完了企业离开就不会再续签。而且村民们更清楚露天开采对耕地的破

---

① 当地主要农作物是玉米，亩年产量平均约600斤，核算价格大约是500元。

② 村民认为，未搬迁之前，企业的耕地受损补贴加上环境污染补贴，大概每户一年有1万元左右，如果搬迁后自己生活成本加大，只能比这个高而不能比这个少。"D村村民访谈记录"，2019年，资料号（20190725HYD）。

③ 从当时的土地流转合同上看，为不与国家政策冲突，土地流转用途并非采煤，而是用于农业规模生产。流转期限为三年，三年后视情况而定。但国家规定，土地流转后不得变更土地性质，流转到期后土地要复耕。

坏性，三年后土地根本不能耕种①。在这种情况下，搬迁又陷入了僵局。最后，在政府的干预和协调下，在流转合同中增加了土地复垦的要求，即企业坚持流转合同三年一签，但增加了"合同到期后自动续签，直到复垦为止"。

对村民来说，这就意味着只要土地不能复垦耕种，企业就会一直流转，而且还有政府做担保。对企业来说，三年后煤矿开采完，自己就将退出该县，至于能不能复垦、复垦到什么程度，复垦后能不能再耕种，企业并不关心。对于地方政府和部分官员来说，只要能尽快搬迁，完成眼下的任务、化解当下的矛盾冲突就是政绩，甚至三年后自己是否还在该岗位也不确定。正是基于精确的利益算计后，三方最终达成搬迁协议，D村村民也开始陆续搬迁。

（四）"生活费"与"低保"刺激下的快速搬迁

经过利益博弈后的"讨价还价"，D村大多数村民都基本上同意了搬迁协议，部分村民也开始陆续搬迁。县政府也向乡镇和村里下达了限期搬迁的"命令"，但是D村的搬迁速度却依然缓慢，加之马上进入传统春节，D村村民还是不紧不慢地搬迁。尤其是还存在部分少地甚至无地的村民、耕地私下调整、宅基地纠纷、坟地补偿等历史遗留问题②，还有部分根本上不愿意搬离故土"钉子户"等问题，按原定的2009年12月底前根本完成不了。随后，县政府考虑到搬迁过程，尤其是村民春节正月期间不愿意动土的习俗，将搬迁期间又延长到2010年3月1日。但到了3月1日后，还有

---

① 原本采煤沉陷区土地复垦难度就很大，而D村这样"挖山填沟"式开采更是加剧了土地的复垦难度。村民保守估计，如果要复垦，首先得重新平整土地，加固改良土壤，期间还得改善整体生态、植树保持水土，如果不间断改善的话，至少也得5年左右的时间才能开始耕种农作物，而要恢复之前的耕种能力，则需要更长的时间。

② 比如之前承包土地主要按土地的单位粮食产量，产量高的土地农户承包的亩数就少，产量低的土地农户承包的亩数就多。还有之前因为开采煤矿占有的土地、农户抛荒后其他农户又承包等等问题。

一半的农户没有搬迁。滞后村民又以清明节上坟祭祖为由暂缓搬迁。

搬迁速度的缓慢，不仅使当地政府时刻面临着安全生产的责任风险，也降低了企业采煤效率。[①] 政府和企业一致认为，如果不有所改变，D 村村民就会以各种形式和理由不搬迁。D 村村民则认为，反正流转合同已经签了，多在村里住一天就能多享受一天的福利，多减少一天的支出，多和煤矿争取一天利润。在这种情况下，为了尽快完成搬迁，加快搬迁速度，政府和企业联合又出台了一项搬迁补贴，主要内容如下：

"1. 在搬迁期间，企业取消环境污染补贴，改为'搬迁生活补贴'，承诺在 2010 年 5 月 31 日前，搬迁完成的村民按照每人每月 300 元的标准发放，发放 6 个月，包括所有户口在村的外嫁女和考上大学的学生；2. 搬迁完成后，企业经营期间按每人每月 150 元标准发放生活费，包括搬迁后的新生儿；3. 2010 年 5 月 31 日之前完成搬迁且完成土地流转的农户，所有年龄在 60 岁以上的老人可享受政府低保，如果没有 60 周岁以上老人，每户按户口本可享受一个低保名额；4. 如果在规定的最后期限没有完成搬迁且土地流转的农户，上述政策均不享受。"

最终在政府压力和企业的利益诱导下，尤其是在"搬迁生活补贴""生活费"与"低保"利益刺激下，D 村村民在 2009 年 5 月 31 日前完成了整村搬迁。

第三节　陷入泥潭：旧村的消失与新村的困境

传统村落对于农民来说不仅是生活居住的场所和建立在土地等生产资源集体共有基础上的利益共同体，更附着农民一系列的情感网络和心理认

---

① 就在搬迁期间，企业因各种村民活动断断续续减产，也发生了几起因采煤塌方、煤炭运输致使村民受伤的情况，还曾发生一起将村民房屋撞倒的事件。

同。农民从传统村落搬迁到城镇周边后，不仅是位置的转移，更是一种生活生产方式的改变，如果不相应重构新的共同生产资料或共同利益联系和情感认同，搬迁后的村落可能就仅仅成为村民的居住场所。同时，如果治理方式不能适应新的人群聚集形式的话，便会导致治理无效甚至出现新的困境。D村移民安置区位于H县城东南部3公里处，距离县中心大约20分钟的车程，距离旧村约50公里，总占地面积387亩，除十余户其他村村民也同步搬迁到该地外，安置区基本上以D村原有村民为主，因此安置区仍以D村命名，称为D移民新村（为方便论述，以下简称新村，之前的村称为旧村）。虽然地理区域上，新村已在县政府所在镇，但在行政隶属上仍属原乡镇管理。由于新村没有共同的经济基础所维系，无论从地理区域上，还是从生活方式上，新村都接近城市社区。在高额经济利益刺激下，D村村民全部搬迁到新村。随着煤炭市场行情的急速下滑，搬迁后政府和企业并没有兑现之前承诺的各种经济补偿，而且移民新村更是存在房屋质量差、配套公共设施不完备等问题，加之生活成本加大，新村也没有相关产业和集体经济，村民不仅对于新村缺乏基本认同，对村庄公共事务更是漠不关心。更为严重的是，大多数村民因为没有得到预期的经济利益，上访就成为该村主要的公共事务和村民的集体行动，该村也成为全市著名的"职业上访村"，村庄治理更是处于瘫痪的状态。

一、挖没的故乡与难以复耕的土地

前文介绍到H县政府和C企业之所以急切希望D村整村搬迁，除了有改善采煤村生活条件、消除安全隐患的考虑外，更主要的因素就在于消除阻碍煤炭大规模露天开采的阻力。之前由于村民还在旧村生活，且采区山坡上仍有大量耕地、林地、坟地，出于安全与村企冲突的考虑，煤矿很难无所顾忌开采，也时常停产。D村整村搬迁后，企业不仅流转了全部集体和村民所有的耕地，宅基地、集体建设用地等都在政府支持下拆除了。从D

村村民搬迁完后的第二天，煤矿就加足马力开采。由于是采用露天式"剥山皮"开采，彻底改变旧村原来的地形地貌，山被挖成了沟，沟又被挖出来的废渣、乱石填成了山，拆除宅基地平整出来土地也成了堆放煤炭的煤场，原来的 D 村已经完全被挖没了。可以说是随着劈山填沟式的开采，D 村（旧村）已经在地理上消失了。不仅如此，地形地势的改变和煤矿采煤区域扩展，原来作为村民精神和情感联系的祖坟也消失不见了，具有民间信仰象征的村庙也在煤矿开采之下变成了"孤岛"，2018 年 5 月某一天，在挖掘机的轰隆声响下村庙也轰然倒塌。①

村庙的倒塌使村民与故乡仅剩的情感联系也断了。可以说，煤矿的开采不仅使得 D 村在地理物理上消失，更是一种情感和乡土记忆上的消失，村民既失去了原有的生活共同体，也失去了情感和精神共同体，连回村的路也找不见。

2019 年暑期，在该县做乡村振兴规划调研时，曾试图邀请村干部带我们去旧村实地调研，但是村干部却坚决回答道"现在连旧村的影子都没有了，不要说没有路，就是找到路也不知道哪是村。我们搬迁后都差不多快 10 年没回去了，刚搬迁那会儿还去上上坟，现在连坟也没有了，我们还回去干啥"。之后我们在乡干部带领下前往另外一个村调研时，才从对面山顶上观察到 D 村。正如村干部所言，整体上确实看不到村落的样子，D 村之前的两座大山和许多小山包都被削成直直的绝壁，就像切豆腐似的，两山之间不是杂落乱石包，就是更深的沟。D 村真的被挖没了。

随着村庄地形地貌的改变和消失，村庄耕地复垦更是天方夜谭。笔者调研时曾经咨询过相关专家，如果煤矿在开采时注意提前做好土地平整和复垦的科学规划，按照土层性质通过合理的移山填沟也可以最大限度修复土地，但需要巨大的投入成本和较长的时间周期。当地政府和煤矿在快速

---

① 出于民间信仰的习俗，煤矿企业一直没敢直接损害村庙，但地形地势的改变直接触发了地理上的不稳定性。

经济利益的驱动下，原本就为抢占时间抢挖煤炭，根本就没有土地复垦计划。为节省成本，从来没有考虑过土层问题，只是想通过"剥山皮"开采把山体和地下的煤炭资源尽快挖出来，这样矿山被挖后，最先填在沟里是土，其次才是各种乱石，具有耕种价值的土壤层就被石头层层压住了，原先被挖平的山也失去了耕种能力，新填的沟由于土层太薄也难以耕种，加之挖矿早已破坏了地下水层，即使重新垫土，也很难保持水土肥力。可以说，现在 D 村已经没有一块可以正常耕种的土地了。

二、不能住的房屋与消失的生活保障

从地理位置上看，新村位于县城周边，紧邻国道，离高速口仅有 3 公里，交通便利，区位条件较好。新村安置房和基础设施建设也主要参考城镇小区的建设模式，他们尊重村民的居住习惯，没有盖楼房，而是采用平房设计，每户大概为 90 平方米，配套单独的院子，并且在每栋房子旁边统一配套一个 2 分地的塑料大棚作为转型产业。从公共基础设施上看，新村道路主要为两纵两横，全部水泥硬化，水电暖等齐备，同时修建一栋两层办公楼、一个大戏台、一个医疗室和一个村民活动广场。由于该县早就进行了撤村并校，D 村学生主要在原乡镇和县城学校上学，所以没有修建小学和幼儿园。相比旧村的生活环境和便利程度，新村从房屋改善、用水取暖、生态环境、孩子上学等方面都得到了质的改善。D 村村民刚搬到新村的前两年，也就是从 2010 年后半年到 2011 年末，整体上较为满意，一是居住环境和生活条件得到了改善，二是政府和企业承诺的各项经济补偿也较为充足，加之煤矿给村集体也有相应的搬迁补偿，村民的水暖电等基本上由村集体承担。

（一）盐碱滩上的安置区与偷工减料的安置房

随着居住时间拉长，进入 2012 年，村民们发现安置房出现了许多问题，墙体裂缝、道路裂缝、房屋积水等问题开始显现。由于移民安置区工程建设周期较短，政府为节省成本、加快安置区建设，就将原来准备用于工业建设的地块修改规划成为移民安置区，也就是 D 村新村所在地。该地是 H 县全县地势最低的地方，原本是一块盐碱滩，虽然较为平整，但因为常年积水加土质疏松，不适合农业耕种，且潮湿的盐碱土质容易腐蚀建材，不适宜作为住房建设用地。该地虽然具有较好区位和交通优势，土地价格也相对便宜，但招拍挂很多年很少有企业问津。H 县政府为加快移民搬迁的速度，在未进行严格积水排放、土质改造和加固的基础上匆匆忙忙地就建好了安置房。上文介绍到，该安置区于 2009 年 5 月份动工，仅用时 4 个月，到 9 月份就已经建成。

因此，建在该处的安置房刚开始居住问题还不明显，随着时间延长，房屋问题就逐渐显现出来。其实刚搬进来村民就发现了这个问题，只是刚开始仅仅是房屋返潮。随着时间推移，房屋开始出现少量积水，尤其是 2015 年、2016 年夏季 H 县连续两年遭遇暴雨，房屋积水问题就更加严重。据村民反映，积水最多的时候都有半米深，许多村民家里常年备有抽水机。

不仅是房屋积水问题，房屋质量也存在问题。该安置区主要由 B 公司下属的工程公司①承接，为了节省成本，加之该工程公司名义上属于县政府下设 B 公司。在缺乏有效监督和利益共谋的背景下，在房屋、道路建设当中存在大量偷工减料现象。②比如，安置房和街道所用的水泥、钢筋、水管、排污管等质量和用量上都不达标，导致房屋本身建筑质量严重不合格，房屋裂缝、道路裂缝严重，加之存在积水，这些新建的安置房大多数成了危

---

① 即前文介绍的B公司。该公司为H县为推进煤炭整合组建的企业，但该企业并没有实体经济，主要是整合县内各种资源。其中就有许多工程承建公司，虽名义上属于该企业，但基本上都是独立运营。

② 县政府在这里就充当了既是"裁判员"，又是"运动员"的角色。由于B公司实质就是县政府的下属企业，虽然移民安置区建设当地也采用了公开招标的形式，但基本上都是B公司或其整合企业承接。即使存在诸多的质量问题和偷工减料，在2009年9月份完成后也顺利通过当地住建部门的验收，并且还曾被授予移民搬迁示范村的称号。

房，给村民生命财产安全带来严重的威胁。从 2010 年搬迁过来，到了 2015 年，仅仅五年，新村所建的安置新房基本上都处于不能住的境况。[①] 而作为村民移民搬迁配套产业的塑料大棚，从一开始就根本不能种植。"这塑料大棚就是引人耳目的幌子，土地比盐都咸，别说种蔬菜、粮食，连草都长不出来，还得花时间精力去抽积水，不然连厕所和房子都被冲走了"。[②]

（二）煤炭市场的疲软与消失的生活保障

上文说到，D 村村民在 2010 年 5 月 31 日完成搬迁后，企业承诺以 3 年每亩地 3000 元的价格流转所有村民的承包地，并按年支付了相关流转费，同时按承诺支付了所答应的"搬迁生活补贴"与搬迁后的"生活费"。虽然政府之前承诺的低保，仅发放了 2010 年 10 月到 12 月份三个月，[③] 后因不符合相关政策而取消一度遭到村民的怨恨。整体上，刚搬进新村的村民，由于生活条件的改善和得到了预期相应的经济补偿，大多较为满意。

进入 2012 年以后，煤炭产能过剩，煤炭价格急速下滑，"煤炭黄金十年"结束，煤炭市场进入萧条期。由于煤炭市场突然疲软，H 县煤炭滞销，无论是煤炭企业还是政府财政收入一下子进入了寒冬。在 D 村开采煤炭的 C 企业同样遇到了煤炭滞销、资金紧缺的局面。前文所述，C 企业原本计划三年就将采区的煤炭资源开采完，然后退出该县。但由于期间因村企对抗、村民搬迁、各种安全事故，尤其是 2011 年春，H 县发生了重大的煤矿生产安全事故，在上级政府严厉督办下，全县所有的煤矿停产整顿了半年。之

---

① 2018年暑期在该村调研时，村民们都在原房基础上加盖二层或拆房重建二层三层的房子，主要原因就是一层积水严重，根本不能住。由于根本的土质和排水问题不解决，无论是加盖还是新盖，楼层越高存在安全隐患的风险就越大。

② "D村村民访谈记录"，2018年，资料号（20180816HYD03CM）。

③ 2011年1月末，由于"低保"没有按时发到村民手中，村民向乡政府询问情况，乡政府以年底财政困难为由，让村民等待。3月末，村民再次询问乡政府时，却被告知因为该政策不符合国家和省市低保的相关规定，县里决定从2011年1月开始取消。后村民也曾多次向县政府询问讨要，但都以不符合政策要求被拒绝。最后该事不了了之。

后随着安全生产和环保督促力度的加强，D 村煤矿一直处在采采停停的状态，一直到 2018 年 7 月该采区因发生重大塌方事件后①，相关领导和企业遭到严厉处罚后，该采区停止采煤，企业破产整改。

虽然 2012 年煤炭市场行情急转直下，但由于煤炭没有采完，C 企业依然断断续续开工。这就涉及正常与村民续签土地流转合同与支付相关生活费的问题。2012 年 7 月，村民与企业协商第二期土地流转续签合同时，企业以经营困难为由，不再与村民续签土地流转合同，同时也拒绝支付相关生活费。村民们无奈"以耕地被毁，没有达到复耕标准就必须履行合同"为由将企业告上县政府，在政府的要求和协商下，企业才勉强同意续签合同，但是不同意按原来的价格续签，要求将流转费下降到每亩每年 500 元。村民们不同意，不仅将企业告到了法院，还开始陆续到省市和中央上访。最后在政府的要求和合同的压力下，企业被迫同意以原来价格续签流转合同。对于生活费，企业原本坚决拒绝支付，但在政府的压力下，最后将生活费降低到每人每月 100 元。虽然企业同意了续签合同和继续提供生活费，但是却一直拖欠。据走访村民得知，从 2012 年到 2015 年期间，企业只按每亩 540 元支付了村民一年半的土地流转费和每年 6 个月的生活费，从 2015 年到 2018 年期间，企业仅按每亩 500 元支付了村民两年的土地流转费，生活费仅在 2016 年和 2017 年国家精准扶贫第三方评估前支付了 5 个月。②这些费用还是在村民不断上访告状中得到的。而从 2018 年 7 月该采区发生重大塌方事件后，至今村民再没有获得过土地流转费和生活费。

---

① 本次塌方发生在该村村庙倒塌后的一个月。2018年6月24日晚，H县D村的采区在采挖周围山体时因爆破发生了严重的塌方，一座山半边整体塌陷，造成了20多名采挖工人被埋。事故发生后，为掩盖真相，H县主要领导向上瞒报，谎称因操作不规范只死了2名挖掘机司机。后因媒体曝光，引起山西省政府和中央的高度重视，并牵扯出该县严重的腐败案件和生态环境破坏问题。2018年9月中央和省环境督察组进驻该县，长期驻守督查该县生态修复情况。从此以后，H县才真正停止了煤炭产业，开始探索艰难的转型。
② 我们曾于2016年7月参与了国务院精准扶贫第三方评估工作，到该县做评估调研；2017年12月参与了山西省精准扶贫第三方评估工作，到该县做评估调研。

由于 D 村原村庄的耕地难以恢复，村民大多也没有其他就业和收入渠道，企业一再拖欠土地流转费和生活费，使村民收入大幅度减少，加之房屋因积水和质量问题越来越严重，D 村村民搬迁到新村后生活日益困难。从 2014 年后半年开始，村民在收入大幅度减少和生活质量不断下降的情况下，对当地政府和村干部的不满情绪也逐渐增强，更因企业拖欠和讨要费用问题，矛盾逐步激化，并开始越级上访，成为当地有名的"职业上访村"。

（三）集体收入的萎缩与公共设施的无力维护

由于 D 村从 20 世纪 90 年代中期开展煤矿转让承包后，村里集体经济就不断地萎缩，煤矿整合后村集体得到的转让费又全部平分给村民，并没有形成有持续增值创富能力的集体经济。从 2008 年开始，村里就失去了持续增长的集体收入，仅靠煤矿流转集体土地的流转费勉强维持日常开支。在村庄没有搬迁前，虽然煤矿开采破坏了村庄生态环境，也不重视村庄建设，但是会为村集体提供各种福利支持，帮助村集体维护或修建部分公共设施，村民的各项水、电、暖等基本由集体负责。搬迁后，在煤炭市场行情较好的时期，村集体还可以协调煤矿通过各种福利、资助解决村民用水取暖的问题。

到了 2012 年煤炭行情下滑后，煤矿本身生产经营困难，更无力也无心再支付村集体各种各样的福利。从 2013 年开始，村民在新村居住所需要的水费、电费、取暖费等生活福利都由村民自己支付，集体再无力承担。同时，失去煤矿支持后，村庄除了政府下拨的转移支付外，再也没有其他集体收入，仅够维持日常办公开支和支付主要村干部的工资，对于村庄道路裂缝、下水管断裂等公共设施的维修和维护也无力承担，进而使基本的公共事务难以为继。

三、集体上访与新村的治理瘫痪

当前，随着我国城镇化、工业化进程的加快和国家资源对乡村投入的加大，广大的农村地区逐步从"从乡村改造走向社区重建"①，尤其是对于各种城乡新型社区来说，社区重建不仅体现为对乡村公共基础设施的建设和完善，加强城乡公共服务均等化发展水平，更重要的是要加强制度创新，重新塑造新的社区认同。对于易地搬迁移民新村来说，不仅是地理空间的改变，更是生产生活方式的改变，如果治理体制不能适应新的聚集形式、无法有效重构新生产生活方式下人们的集体认同，便会出现各种新的问题，引发新的矛盾，甚至导致治理失败。前文所述，D村从旧村搬迁到县城周边的新村后，由于旧村的生活空间和土地生产空间都已经遭到严重破坏，无法再返回；而在新村，由于住房质量差、生活成本加大和收入减少等问题，特别因为企业拖欠土地流转费，村民生活陷入困境，进而产生新的治理危机。

（一）依法讨债与集体上访：D村的集体行动与政企陷入泥潭

由于D村村民在旧村失去了土地耕种收入保障，又无法在煤矿赚取劳务收入，原本村民们同意整村搬迁的关键因素就是高额的土地流转费和具有相对稳定收入的"生活费"。随着煤炭市场的下滑，煤矿企业失去了高额的利润回报，就采用各种形式回避、拒绝、拖欠原本承诺给村民的各种经济补偿。搬迁到新村后，由于村民没有其他的收入来源，加之日益恶劣的生活条件和不断增高的生活成本，讨要土地流转费和生活费就成为村民唯一的经济来源，而企业的失信与拖欠，更成为村民上访的最直接因素。

"农民上访最直接的原因是经济上遭受了剥夺"②，现实中好多农民上访基本上都是由于权益受到了侵害，当然也存在不少过分要求和无理上访，但是整体上农民上访好多都缺少关键性的证据和法律保障。与此不同的是，D村村民的上访却是有十足的法律依据，他们是与企业签订了具有法律效力

---

① 徐勇. 现代国家乡土社会与制度建构[M]. 北京：中国物资出版社，2009：157-174.
② 赵树凯. 社区冲突和新型权力关系——关于196封农民来信的初步分析[J]. 中国农村观察，1999（2）：38-46.

的流转合同。但在煤炭经济下滑后，企业就开始单方面拒不履行合同承诺。失去最主要经济收入，处于弱势地位且与企业谈判缺少有力武器的 D 村村民就开始选择上访来维护自身的权益。正如上文介绍到，D 村上访"讨债"开始于 2012 年下半年，即准备与企业续签第二轮流转合同时。按之前的合同约定，如土地不能复耕，流转合同自动续签。但是由于煤矿利润下降，企业不准备再与村民续签，也不准备提供生活费。迟迟等不到企业付款的村民，开始陆续找企业咨询，随后企业公开拒绝与村民续签。D 村村民开始去围堵县城企业的办事处，[①] 但办事处只有一些普通工作人员，村民们根本见不到企业负责人，后来企业直接关闭了办事处的大门。

围堵企业无效后，村民开始去县信访局上访，并将企业告到了法院。一直到 2013 年春节前都杳无音信。被逼无奈的村民们开始找乡政府协商，但乡政府只是象征性地表示会帮忙协调。实在没办法，D 村村民开始抱着"试一试"的态度去找县政府，刚开始县政府也说积极协调企业解决，但事实上县政府也一直没有拿出解决办法。一直持续到春节后，村民依然没有和企业签订续签合同，也没有拿到一分钱的土地流转费和生活费。

2013 年 3 月，D 村近两百余名村民开始围堵县政府，另外一部分村民则开始去市里省里上访，一直持续到 6 月份，在上级政府要求下，H 县政府开始协调企业签订续签合同。企业虽然勉强同意了续签合同，但是要求将流转费下降到每亩每年 500 元，并拒绝再承担生活费。县里也同意了企业的要求，并强制村民按此方案续签。原本对县政府还抱有希望，希望县政府能充分保障自己的利益，而且村民心理上一直认为当初同意搬迁，一方面觉得土地流转费和生活费等经济补偿较为符合预期，另一方面是出于

---

① 原本村民还计划采取老办法去堵矿堵路，但一是由于距离成本，新村离旧村有50多公里远，二是部分村民去旧村发现，煤矿大规模地削山开采，他们已经找不到回去的路了，甚至连村子也认不清楚，遂放弃。而随着煤矿开采量的增加，煤炭运输路线也增加了好多条。

对政府的信任。而现在如果同意这样解决，自己将至少有七成的损失①。村民们发现被县政府和企业欺骗后，逐渐开始赴京上访，并直接将矛盾对象从开始告企业，转移到告县政府。

由于有充足的合同证据，第一次赴京上访就取得了显著的效果。H县政府不仅要求企业以原土地承包价格续签合同，还协调企业继续支付生活费，且补足了该村上访人员的食宿交通等费用，甚至还专门为上访人员上访期间发放了"误工费"。虽然生活费从每人每月150元降到了100元，但对于D村村民来说已经取得"重大战果"。2013年7月，企业与村民以原价格续签了土地流转合同，并在当天先支付了村民半年的土地流转费和6个月的生活费，并承诺所欠的费用待企业效益扭转后补齐。之后几年，由于煤矿效益一直没有好转，企业也一直以各种理由拖欠村民费用，D村村民、H县政府与C企业一直处于利益博弈当中。每当企业拖欠不支付，D村民就通过围堵县政府、赴京上访②逼迫H县政府督促企业支付欠款，每次上访回来，在县政府的强力要求下，企业总会或多或少的支付部分欠款，而每当村民开支吃紧，又重新选择上访讨债。在2013年到2017年期间，D村村民共赴京上访十余次，50人以上规模也高达5次③。通过上访，村民逼迫政府和企业支付了部分欠款，从支付次数上，虽然期间支付过10余次，但从金额上也仅仅要回了三分之一，截至2017年底，村民只要回了大约2年（原本6年）的土地流转费和28个月（原本6年共72个月）的生活费。

---

① 以D村平均家庭人口数4人、人均1.5亩地来算，按原来方案，一年土地流转费是6000元，生活费一年是7200元。若按现在方案，一年只能拿到3000元的土地流转费。

② 由于该县距离北京较近，交通便利，所以村民一般不选择去省城太原上访。

③ 对于D村村民来说，由于有合同依据，赴京上访就是合法维权，没有道德上负担。同时，上访除了能帮村民依法讨债外，政府还会给报销交通住宿费，甚至还有机会得到"误工费"，除了上访过程比较辛苦和为逃避县里截访比较受罪外，而几乎每次上访都会获得不少的意外收入。对于村民来说，简直就是无本买卖。刚开始上访是盲目无秩序的凑人数，后来为了避免因上访产生了村民矛盾，该村甚至出现过轮流上访、集资上访、选举上访等形式。轮流上访就是大家按居住片区或亲戚关系轮流去上访；集资上访就是大家共同出钱资助上访人上访，所得利润均分；选举上访就是村民进行投票选出上访代表，一度选举上访者比选举村干部还热闹。

对于 H 县政府和企业来说，应付 D 村的上访使他们双方深陷泥潭。一方面 B 企业是政府组建的，C 企业也是在政府的默许甚至纵容下露天开采煤矿的，无论从权力寻租、煤矿腐败，还是从资源流失、生态破坏来说，H 县政府具有不可逃避的责任，为了避免上级政府的问责追责，只能掩埋掩盖，不惜成本防止和化解村民上访。另一方面，对于企业来说，原本企业寄希望与地方政府结成利益同盟，在政府庇佑下获取煤矿高额的利润，甚至不惜高额行贿，违反正常市场规律与村民签订高价的土地流转协议和生活补贴。随着煤炭利润的消失，企业不仅自身陷入经营泥潭，还要承担相应的市场风险和法律责任，因为村民手中握有具有法律效力的合同，而企业本身为采煤破坏环境导致耕地难以复耕是既成事实。对于村民来说，由于官商一体的存在，本身既处于弱势地位，也没有更多的维权手段，只有通过非正常的上访、寻求更高层级政府的外力帮助来维护自身受损的利益。即使这样，自身仍然处于利益受损的状态，不仅影响了正常生活，更无心关注新村的其他公共事务，导致村庄治理陷入无序甚至瘫痪的状态。正如村民所说，"上访就是我们的头等大事，我们村没有别的公共事务，唯一公共事务就是上访讨债。"[①]

村民对地方政府的不信任，更加剧了地方政府公信力的流失，进而使整个资源型地区陷入"塔西佗陷阱"的泥潭。[②]2018 年 7 月该采区发生重大塌方事件后，引起中央的高度重视，随后数十名领导干部受到严厉惩处，D 村煤矿被无限期关闭，H 县在中央和省里督导下开始加大生态修复的力度。对于村民来说，虽然煤矿关闭了，但是采矿主体依然存在，C 企业倒闭逃走后，B 企业就应该继续履行合同续签[③]，但 B 企业早已无力承担，自然而然就由县政府承担。当时，县政府为从根本上解决此事，曾与 D 村村民协商

① "D 村村民访谈记录"，2018 年，资料号（20180821HYD07CM）。
② 韩宏伟. 超越"塔西佗陷阱"：政府公信力的困境与救赎[J]. 湖北社会科学，2015（7）：29-34.
③ 当时土地流转合同由 B 企业和 C 企业联合盖章签订。

每户补贴 3 万元一次性集中解决土地流转问题，并集中力量进行植树造林和生态修复。但早已对政府失去信任的 D 村村民，要求县政府先结算之前所有欠款，然后才同意一次性解决。由于该县存在同样问题的村庄接近 30 多个，若按照 D 村村民的要求，H 县至少要支付近 5 年财政收入总和。因此，到目前为止，D 村问题仍处于无解的状态。由于相关领导干部和企业都受到了惩处，D 村上访也无法获得更多的利益，部分村民开始逐步同意一次性解决，但即使这样，D 村村民深深地担忧失去宝贵土地资源，又因上访讨债失去城镇就业能力和技能的提升，今后养老该怎样办？

（二）村民冷漠与信任消失：认同缺失与精神荒漠

"共同体"是建立在自然情感基础之上的、联系紧密、充满温情的"一个有生命的有机体"。[①] 在这样的共同体中成员之间相互信任、亲密无间、守望相助，服从权威并具有共同信仰和共同风俗习惯的人际关系。[②] 在我国乡土社会里，传统村落是有血缘亲情、共同生产及具有权威性的文化习俗和价值观念的，村民们相互之间关系紧密，是一种具有温度和感情的社区。随着工业化、城镇化的快速发展，虽然我国传统村落也逐步空心化、原子化，但是部分村庄在强大的集体经济下，村民在共同的乡村记忆里又形成了紧密利益共同体。社区记忆与集体经济就成为当前村庄凝聚力和村庄认同的关键因素。D 村在煤矿集体化经营时期就是这样一种社区，但是集体煤矿的承包转让，尤其是资源整合后，村企的对抗和部分乡村精英俘获，村民们之间利益的分化，情感联系也逐步淡化，甚至血缘亲情之间也因利益的纠纷而彼此疏远。虽然如此，因为有较强的社区记忆和共同的文化习俗、精神信仰，D 村村民对原来村庄还是有较强的集体认同。

即使是同样一群人，地理位置的转移和生活方式的改变也需要相应的

---

① [德]斐迪南·滕尼斯. 共同体与社会[M]. 张巍卓，译. 北京：商务印书馆，2019：71.
② 童星，赵夕荣. "社区"及其相关概念辨析[J]. 南京大学学报（哲学·人文科学·社会科学版），2006（2）：67-74.

重构新的社区认同，除非原有社区记忆和利益共同体还存在。D村搬迁到新村后，虽然村民们的熟人关系没有改变，但由于新的生活方式和交往范围的扩大，加之旧村在地理、文化和集体经济上的消失，新村主要就成了一种生活社区，因此就要从原有的村落共同体向现代的社区共同体转型。原本村民就对新村缺乏"家"和"故乡"的认同，如果在共同的生活空间也缺乏美好社区记忆，那么新村就失去了根本的价值和情感联结。

D村村民搬到新村后，由于房屋积水、墙体塌陷、道路裂缝等生活居住问题，新村不仅没有留给大家美好的社区记忆和情感，产生的只有不满、怨愤和受骗的心理，加之企业的失信和收入减少，新村就成了情感和精神上的荒漠，正如村民所说，他们从来没有把这里当成自己的家。原本村民因为集体煤矿的承包转让和贫富分化，就对村干部充满着不信任，搬到新村后，对于村庄房屋质量、村庄公共设施维护等问题，村干部的"漠不关心"①，更加剧了村民对村干部的不信任。

村民们之间也互相不信任。历史上该村原本就是一个由避难逃荒人口零散组成的村，村民之间没有所谓的大姓和大的家族势力，又因企业的利益俘获使村民内部产生了分化。搬到新村后，由于房屋之间具有紧密相关性，因积水排放、污水排放、房屋改建重建等问题产生的摩擦矛盾不断，村民之间情感非常冷淡。②正如村民所说，"新村唯一的公共事务就是上访，只有上访才能无条件的聚集起人来"。虽然因为上访告状，村民们形成了较强的集体行动，但是这种集体行动是建立在赤裸裸的金钱利益上的，不是靠村民共同劳动辛勤奋斗努力创造的，甚至因为谁去上访、上访后利益分配不均、有人不去上访等着获利"搭便车"等问题还产生互相的不信任，更有了后来的轮流上访和竞选上访。同时，因为上访告状，还破坏农民勤

① 基本上在搬到新村之前担任过村两委主要干部的村干部，在县城或市里都有房子，虽然在新村也分到房，但几乎不住。

② 2018年、2019年我们连续两年暑假和寒假在该新村驻村调研。其间，几乎很少看见村民之间相互走动，每家都是大门紧锁，村庄也没有相关的集体文娱活动，连跳广场舞都没有。

劳致富的习惯和温情脉脉的精神风貌，比如部分中老年农民出于"理性化的严格算计"①得出上访经验，"上访赚的钱怎么也比种地强，反正只有上访政府就会管，就会用钱了事"。在这种"等靠要"思想下，D村村民之间既缺少信任也失去了原有的勤劳致富的精气神，甚至逐渐演变为"职业上访村"和谁都不愿意来的"精神荒漠"。

（三）无人参选与治理真空：新村治理陷入瘫痪

从2008年老书记辞职后，D村先后又重选了村党支部班子和村委会主任，后因村企对抗以及群体性械斗被免职，一直到搬迁工作结束后都由乡政府下派的包村干部负责。2011年11月在搬进新村的第一次换届选举中，即山西省第九届村民委员会换届选举，又重新选举被免职的原村委会主任郝某担任村支部书记、原村委会计为村委会主任。后因两人都不同程度地参与过上访，均受到停职、免职处理。

从村民开始有组织的上访后，D村一直处于无人竞选、无人参选、无人当村干部的状态，从2014年第十届村委会换届选举到2021年第十二届村委会换届选举，D村已经连续三届没有人参选。一直由乡镇干部作为临时负责人，2017年12月第十一届村委会换届选举时，更是出现了选举当日没人到场的局面；2021年12月第十二届村委会换届选举，山西省全面推行村党组织书记和村委会主任"一肩挑"工作，为优化村"两委"干部的结构，提高能力，本届换届选举工作对村"两委"干部提出了更高的要求②。由于

---

① 马克斯·韦伯. 新教伦理与资本主义精神[M]. 于晓、陈维纲等译，北京：三联书店，1992：56.

② 由于本届换届选举全面推行村党组织书记和村委会主任"一肩挑"工作，对于候选人有了更高的要求。同时还对"两委"班子成员有了年龄和学历上要求：如：年龄上，留任的"两委"班子成员男性一般不超过60周岁，女性一般不超过55周岁；初次提名"两委"班子成员的，男性一般不超过55周岁，女性一般不超过50周岁。换届后，原则上每个村"两委"班子中至少有1名35岁以下的年轻干部。学历上"两委"班子成员一般应具有高中、中专及以上学历，至少有1名大专及以上学历的"两委"班子成员。

本村没有符合标准的党支部书记候选人，该县公开选派一名大学生到村任职，但是在该大学生竞选村主任时到场人数不足三分之一，县里只好对该村进行以户为代表的选举，最后勉强达到到场参选人数和当选比例。其实在 2014 年第十届村委会换届选举时，村民选举热情和参选的积极性还是比较高的，但是 H 县村委会换届选举办法中关于候选人、竞选人资格条件规定："参与非正常上访，干扰正常生产和工作秩序的活动，被有关部门查处未满 3 年的，不宜作为候选人"。[①] 本村对参与竞选比较有积极性的村民基本上都组织或参与过上访，要么因不符合条件没有成为候选人，要么即使当选了也被认为无效。这次以后，只要参与过上访就不能被确定为候选人，该村就无人再参选。从 2013 年一直到 2021 年选举前，该村一直由乡政府包村干部或指定的临时负责人负责。

从村干部候选人意愿上，一方面如果当选就不能上访，更不能组织上访，还得劝导、监督和阻止村民上访，同时又得承担新村道路、积水、村民房屋损坏等麻烦事，而村庄由于没有集体产业，集体收入也大幅度降低，不仅"无利可图"，也"无事可做"，还会被村民所孤立和排挤，成为村民眼中的"坏人"；另一方面，如果默许或者放任村民上访，又会得罪县乡领导，自己"两头不得好"。从村民意愿上看，村民更愿意能选出能带头上访或代表村民去和政府、企业争利的人。出于多种因素考虑，D 村就出现了"无人竞选、无人参选"的局面，村级组织长期瘫痪，不仅不能有效地处理新村各项公共事务，甚至连正常运行也难以保障。而政府委派的包村干

---

① 参加2014年《中共山西省委办公厅山西省人民政府办公厅关于认真做好第十届村民委员会换届选举工作的意见》（晋办发[2014]40号）中关于十种情况人员不宜确定为候选人的规定，其中"参与非正常上访，干扰正常生产和工作秩序的活动，被有关部门查处未满3年的，不宜作为候选人"。虽然意见规定是"不宜确定为候选人"，但实际中这"十种情况人员"基本上没有参加竞选的资格，即使参选，最后的结果也会被宣布为无效。之后一直沿用。

部，既不能保障在村的时间精力，也不会把更多精力投入该村，[①] 被村民们形象地称为"盖章干部"，即主要处理村民上学、医保报销、身份证明一类的事务。整体上，由于该村既无规范的村级组织，也无人承担村庄领导的责任，公共设施维护、公共事务发展更是无人问津，成为治理"真空"。

（四）新村旧制与前后不管：公共服务难以为继

虽然新村从区域上、形式上和生活条件上都已经属于城镇社区，但是其仍隶属原来乡镇管理，在公共服务和村庄治理上仍属于行政村，还是按照以前行政村的管理关系进行投入。搬迁到新村后，村民户籍没变，村庄转移支付、工作人员数量和工资、村庄道路清洁以及公共设施的投入维护、社保医保等公共服务办理还是按照原来行政村的规模和体量归原乡镇管理。除了按照国家政策和惠民工程要求的相关公共设施建设外，D 村的其他公共服务主要还由原乡镇和村集体负责。

由于该村已经搬离了原乡镇，相较该乡镇其他更偏远落后的村庄来说，D 村搬到新村后已经得到了极大的改善，因此，原乡镇无论从情感还是从现实投入能力上，更倾向把更多的资源资金和产业投放在本乡镇区域范围内的村庄。对于 D 村而言，由于村集体在煤炭转让及后来整合中，没有形成自己转型产业，没有集体产业支撑的村集体，除靠上级转移支付和煤矿的一些补贴外，没有其他持续稳定的集体收入，仅够维持一般类村庄的日常运行。而新村已经与旧村大不相同，道路维修、垃圾处理、卫生清扫、取暖用电、排污排水等公共设施维护和公共服务开支已经与城镇社区相差无几，而村民既不承担相应的物业费，也不关心爱护社区发展，还希望村集体能够像以前一样提供相应的公共福利，日益薄弱的集体收入又难以承担日益增加的公共服务支出，新村也逐渐陷入破败境地。

---

① 由于D村矛盾较为复杂，且上访压力大，也无人愿意到该村当包村干部，该乡只好采取轮流的办法，由该乡7名副职干部轮流到该村担任包村干部，由于不经常到村，一般也会委派该村会计作为临时负责人。

从地理和区域上，新村位于县政府所在镇，该镇经济实力强，对本辖区内村庄和社区公共资源投入较大，但很少对 D 村新村进行投入，除非因该村上访等临时的突发性的政府任务。与 D 村不断破败形成鲜明对比的是，围绕 D 村周围的其他乡村社区却日益美起来，有些甚至都已经完全变成了现代化的城市社区。

小　结

马克思主义认为，"人们奋斗所争取的一切都同他们的利益有关"[1]。在资源型乡村，长期的煤炭开采，不仅带来了严重的生态环境问题，更带来村庄干群矛盾、贫富差距、村企对立等社会问题，而煤矿资源利益的分配方式不仅是其政治活动的核心，关系农民的命运和乡村的走向。煤炭资源整合后，许多乡村地下依然储藏着大量资源，资源开采与村民的生产生活就产生了激烈的冲突，地方政府出于经济发展和安全稳定的双重考虑，也加快了这些村庄的易地搬迁。

从实践中看，这些资源型乡村易地搬迁过程更多体现为地方政府的经济目标，尤其是在唯 GDP 和自身利益双重导向下，地方政府与企业结成同盟，既违反了市场规律，又影响了当地的政治生态。正是由于政府在搬迁过程中，既没有合理规划搬迁后旧村的土地复耕和生态修复问题，又没有考虑搬迁后村民的产业发展、收入保障与社区治理转型问题，甚至在这个过程中还存在欺骗农民、损害农民利益的行为，导致移民新村陷入进退两难的局面，不仅严重影响了移民新村的持续发展和搬迁群众的生产生活，更制约着地方的经济发展和社会稳定。

对于易地搬迁移民新村来说，不仅是地理空间的改变，更是生产生活

---

[1] 《马克思恩格斯全集》(第1卷)，人民出版社，1995年：187.

方式的改变，即使村民们的熟人关系没有改变，但由于新的生活方式和交往范围的扩大，就会从原有的村落共同体向现代的社区共同体转型，即：脱离了原有的以土地等生产资料为基础的农业生产方式和集体组织形式，也须改变原有的村落生活方式和交往习惯，必须重新建构一种新的治理规则。如果治理体制不能适应新的聚集形式、无法有效重构新的生产生活方式下农民的集体认同，便会出现各种新的问题，引发新的矛盾，甚至导致治理失败。尤其是对于各种城乡新型社区来说，社区重建不仅体现为城乡公共服务均等化下的基础设施建设和完善，更重要的是要加强制度创新，重新塑造新的社区认同。

资源型地区因煤炭开采和易地搬迁形成的移民新村在社区治理上出现的种种问题，不仅反映着我国农村从乡土社会转向城镇社会、从农业社会转向工业社会进程中农民的变化，更深刻考验着地方政府的治理能力。如果地方政府能够正确处理经济发展与生态环境保护的问题，能够正确处理资本下乡与农民权益保障的问题，能够正确处理长远发展与短期利益的关系，地方就能持续有效稳定的发展；反之，地方就会有增长无发展，甚至陷入"资源诅咒""塔西佗陷阱"的泥潭。

第三章　并易合难：资源转型驱动下"以强带弱"的合并社区

当前，随着我国城镇化、工业化进程的加快，农村的产业结构和城乡人口布局已经发生了重大改变。为了顺应城乡产业和人口布局的改变，各地都在积极探索推进城乡空间重置和治理重构。[①] 通过村庄合并，优化城乡空间布局，实现农村一定区域内农民相对集中居住，从而改善农民居住条件和生活质量、集约利用土地、促进城乡经济发展和经济结构转型，成为许多地方较为普遍的做法。实践中村庄合并多为行政主导，基本上有两种方式：一是单纯行政兼并，农户并不搬迁，只是几个行政村合并成一个；二是集中居住，形成比较大的聚居点。[②] 无论哪种方式，各地多注重公共基础设施投入等"硬件"方面，而在村民融合、收入保障、治理重构等"软环境"方面考虑相对欠缺，导致社会各界对"合村并居"争议较多。[③] 在资源型地区，除了城镇化、扶贫搬迁等因素推动的村庄合并外，还有因资源经济转型出现的部分"以强带弱、联合发展"的多村合并社区，即某一依靠煤炭资源逐渐富裕起来的强村，由于产业转型和发展空间受限，在不改变村庄行政关系的基础上，将周围村庄的农民吸纳聚居，并通过与周围村庄并村联合发展，实现以强带弱、资源互补和抱团发展的目标，从形态

---

① 陈朋. 乡村振兴中的城乡空间重组与治理重构[J]. 南京农业大学学报（社会科学版），2021（4）：9-18.

② 谢晓林. 社会主义新农村规划建设"村庄合并"的探讨[J]. 黑河学刊，2007（2）：30-32.

③ 李增元，张兴佳.城乡土地增减挂钩政策下的合村并居及其内在逻辑[J]. 社会主义研究，2021（6）：124-132.

上看是一种类似于小城镇式多村产业共同发展且居民集中居住的城乡新型社区。本章以山西省 J 县因资源转型、连片发展形成的合并社区 T 区为例，通过实证调研梳理和描述其形成过程，分析其在后续治理中存在的问题及困境。

第一节　同质异象：合并前同条件村庄的差异发展

同质异象是物理学上的一种现象，指的是本来由相同化学元素组成的物质，在不同的条件下形成两种或多种不同结构的晶体。与这种自然物理现象类似，在社会科学上同样存在"同质异象"的情况，即原本在地理环境、资源禀赋乃至村庄规模、人口数量等自然条件都差不多相同的村庄，由于治理模式、资源经营模式的不同而走向不同的发展道路。在煤炭资源型地区，两个或几个原本地理相连、禀赋相同的村庄，在煤炭产权变革过程中，由于乡村煤矿经营方式和村民参与集体煤矿程度不同，村庄的发展方向也就大不相同。本章介绍的 T 村和 N 村就是这样，两村从空间位置、煤炭资源禀赋、村庄规模与人口等方面来看，有着相似乃至相同的自然环境、资源环境，但在后来的发展中却呈现出截然不同的状况。T 村依靠煤炭收益成功转型，成为全国文明村，N 村却沦落为"贫困村"。

一、集体化及煤矿开办初期的相差无几

T 村和 N 村属于同一乡镇，北靠大山，南沿河沟，距离中心城区大约5 公里，N 村在前，T 村在后，都属于典型的旱作农业区，虽然南沿河沟，但早已断流。从地理区位和自然条件方面，两村同属一条山脉且紧密相连，中间隔有一条大沟，沟的东边是位置相对较高的 T 村，西边是相对较低的 N 村。两个村的耕地面积都相对贫瘠，且水资源匮乏，灾害频发，历史上尤

以旱灾最为严重，主要农作物以玉米、谷子为主，兼种豆类、薯类、小麦等作物。T 村全村共 310 户 960 人，由 3 个自然村组成，全村占地面积 1.86 平方公里；N 村全村 460 户，1100 人，由 6 个自然村组成，占地面积 3.25 平方公里。在煤炭资源开发前，从地理位置和自然条件上看，两个村属于地理相连、文化相同的乡土社会，由于自然条件所限，两个村都属于"靠天吃饭"的状态。

在传统农业社会时期，两个村人多地少，土地贫瘠，都是相对贫困的村庄，两村的关系也相对较好，除历史上因缺水发生过较大规模的争水冲突外①，其余时期两村村民之间的关系相对和谐，相互通婚，不少村民之间还有较近的亲戚关系。新中国成立后一直到人民公社化时期，两个村都以农业生产为主。在 1958 年底至 1959 年初，两村分别成立生产大队，同属于一个 K 人民公社。之后，为加快开垦土地，改良耕种条件，提高农业生产效率，K 人民公社将两个村合并成为一个管理区，下设六个生产小队②，分别在两个村修建了水井解决用水问题，并将原来处于两村之间"沟泊池"改造扩建成为一个较大的蓄水池，解决两村饮水及部分耕地用水。在整个集体化时期，两个村主要从事农业生产，基本上处于"吃不饱饭"的状态。改革开放后一直到 1983 年，两个村从原来的一个管理区重新恢复成为两个独立的行政村，仍以大沟为界，沟的东边为 T 村，仍由原三个自然村组成，沟的西边三个生产小队则恢复为 N 村。在完成农村土地联产承包责任制后，两个村的农业生产和村民收入都有了较快的发展，基本上解决了温饱问题。

虽然这两个村农业生产自然条件较差，但在这片地方却蕴含着丰富的煤炭资源，不同于第二章介绍的 D 村是属于埋藏较浅的浅层煤，这两个村除了山体上有部分浅层煤外，大部分都属于深层煤，主要埋藏在地下。根据村里老人回忆，早在清代末期，两个村都有开采煤炭的记录，都是在山

---

① 由于两村之间中间隔有一条大沟，长此以往在这个大沟之间形成了一个天然的蓄水池，当地人称为"沟泊池"。在遇到大旱时节，两村村民就靠这个池解决人畜饮水问题。

② 其实就是将N村的6个自然村整合为3个生产小队，T的三个自然村还为3生产小队。

脚下浅层地带少量开采。由于 N 村地理位置相对比 T 村好，N 村部分村民之前还有向县城卖煤的经历，T 村之前开采的煤矿主要是用于生活取暖和做饭。整体上，一直到 20 世纪 80 年代初，两个村都是"一产差、二产弱、三产没着落"的穷村。

之后，在"有水快流"的政策激励下，在 20 世纪 80 年代中期到 90 年代初，两个村开始充分利用自身的煤炭资源优势，积极发展煤炭产业，尤其是借助本市某国有煤矿的支持[①]，大力开办集体煤矿。基本经历类似于上文介绍过的 D 村，经过几年发展后，两个村集体经济有了一定的积累，且村民收入也大幅度提高，甚至一度在该地形成了"甘河沟现象"。总体来说，这两个具有相同地理、资源条件，在集体煤矿开办前都属于以农业为主导的穷村，煤矿开办后，随着煤炭收益的增加，集体经济和村民收入有了大幅度提升，也从贫穷走向了相对富裕，基本上处于同一发展水平，甚至 N 村由于比 T 村具有相对好的交通优势，一度比 T 村更富裕。以 1995 年 T 村为例，当年该村依托煤炭资源优势年产值就已经突破 300 余万元。

二、不同煤矿经营形式下的差别发展

资源型乡村在煤矿产权变革的过程中，由于集体煤矿的经营方式不同，村民参与村集体煤矿管理和经营的程度就不同，村庄的发展方向也就大不相同。有的坚持集体经营，并依靠煤炭收益而形成强大的集体经济，进而走向全面发展；有的则在产权改革和市场冲击下，将集体煤矿通过各种形式转让到村干部、个人或其他手中，并由此导致集体资源大量流失、村庄贫富分化严重、农民上访增多和干群矛盾激化，陷入了贫穷落后且日趋衰败的境地，而往往以后者居多。关于煤炭资源型地区具有同样资源禀赋的

---

① 由于该国有煤矿的采区与两村有相连的地方，在征收了两个村在部分相连采区后，又在两个村的积极努力争取和地方政府大力协调下，通过技术支持两个村各兴办了一个集体煤矿。

村庄却呈现出不同的发展，已经有大量学者进行研究分析和总结，总的来说，与村治精英、村民参与、集体产权等因素紧密相关。[①] 而 T 村和 N 村因不同煤矿经营形式导致的差别发展又进一步地验证着这些观点。

20 世纪 90 年代中后期，随着煤炭市场供需关系的失衡，煤炭价格一路下跌，各村办集体煤矿同样都面临着经营困难。尤其是对于像 T 村和 N 村这样开挖深层煤的村办煤矿来说，一方面市场低迷，另一方面开采成本加大，有些坑口采区都已经面临着枯竭的状态。与其他资源型乡村一样，T 村和 N 村村办集体煤矿也面临着是坚持集体经营还是采用个人承包的两难选择。如果要坚持集体经营，除了要面对市场风险外，村集体还要承担政府的相关税费；如果要摆脱包袱，就要将集体煤矿承包给个人或企业。因此，资源型地方政府大多不做具体规定，村办集体煤矿是继续坚持集体经营还是转让承包给个人经营，都由村庄自行决定。实践中，大多数村庄都选择了后者，即通过转让或承包将集体煤矿转让给个人或企业。

N 村和大多数村庄一样，为了摆脱集体经营的风险，减轻集体负担，1997 年初，村干部和主要的村民代表通过召开村委会会议的形式，将 N 村的集体煤矿低价[②] 承包给当时的村委会副主任史某。而当时村委会副主任史某自己原本不愿意承包，但由于该煤矿与某国有煤矿有采区相连的地方，加之史某哥哥在该国有煤矿任职，之后在其哥哥的支持下他承包了煤矿。据史某说，其实煤矿是他哥哥出资的，而他只是名义上的矿长，就是替哥哥看摊子的。之后，在煤矿承包到第三年——1999 年 12 月，又与村里协议以同样的价格向后延长了 3 年的承包期，即从 1997 年初到 2004 年末该村煤矿实际经营者是史某及其哥哥。集体煤矿承包后，村民要求将承包款及

---

① 参见董江爱，《煤矿产权制度改革与资源型乡村治理研究》，中国社会科学出版社，2016年10月；李利宏，《煤矿产权结构与资源型村庄治理》，中国社会科学出版社，2016年6月；刘铁军，《产权纠纷视角下的资源型农村政治生态研究》，中国社会科学出版社，2020年8月等著作。

② 至于多少承包费，由于村庄失去了原始记录无据可查，根据村民访谈，有说不给钱的，有说一年1万，有说5万10年，而村委会副主任自己坚持说是6万承包期为5年。

之前村集体煤矿的累计收益进行平分，理由是既然村集体不再经营煤矿了，也就不需要进行生产投入和扩大再生产了。由于该村没有其他集体产业，当时主要的几名村干部都忙于经营自己的运煤车，无暇关心村集体经济的发展。经过几次协商，在村民强烈要求下，村集体同意将煤矿累积收益的80%进行平分，剩下的20%和煤矿承包费则留作集体开支，平分之后，该村村民户均分到约3万元。从此以后，失去集体煤矿的N村逐步走向了没落衰败。到两村合并前，该村成为一个地下无资源[1]，地上无产业，村庄环境污染严重、村民房屋普遍破败且普遍没有稳定收入的穷村。

与N村及大多数资源型乡村不一样，T村却在同样背景下继续选择集体经营。T村之所以继续选择集体经营主要有以下三方面的因素，一是精英的出现与带动，二是长期以来该村形成了较好的村民议事习惯，三是突发的偶然性事件使村民对村集体有更强的向心力。

进入20世纪90年代中后期，T村与N村面临着同样的发展困境，一是随着煤炭资源的开采，村庄的生态环境、居住环境、耕种环境日益恶化。

据村内老人回忆，"20多年前（20世纪90年代中后期到21世纪初），因为开采煤矿，当时村内环境污染严重，整日都是灰蒙蒙的，与现在的山清水秀、绿树成荫完全不同，加上当时的道路并未做硬化，土路只要一下雨，就泥泞不堪，晴天却又尘土飞扬，居住环境、生态环境非常差；而自己多年前的房屋，由于村集体下面开采煤矿，都出现不同程度的裂缝，安全指数极低，虽然未发生过房屋坍塌事件，但当时村里的房屋几乎家家都有裂缝，居住安全堪忧；当时我们村的耕地也都不种庄稼了，主要种蔬菜，年轻人都在矿上务工，土地荒废的情况很多。"[2]

相比N村，T村还面临着资源枯竭的状况，该村村办煤矿的主要坑口在当时已经逐渐面临枯竭，煤炭开采量已远远不如之前。该村煤矿年产量

---

① 随着资源的大规模开采，在2002年前后，该村地下煤炭资源已枯竭。

② "T村村民访谈记录"，2018年，资料号（20180629YQT05CM）.

最高时可达到 8 万吨，到了 1997 年后却常年开采量达不到 3 万吨。虽然后面经过村民与国有煤矿斗争争取到了四矿①的一些边角料，也未能获得长时间发展。到 2001 年该村已经逐步显现出资源有限性与发展持续性之间的矛盾，煤炭资源即将采完。

尤其是该村发生的一起煤矿生产安全事故，使村庄所有村民围绕要不要集体煤矿展开了激烈的讨论。1997 年 12 月 22 日，该村主要矿井在进行深层煤开采时，由于采矿作业判断错误，挖断了地下水层，地下水顺着坑道、裂缝等涌进了采挖作业面，该村之前属于较为粗放式开采，煤矿防水排水措施不到位，导致该村 7 名村民遇难。发生透水事故后，该村村办煤矿关闭，遇难的 7 名村民都是本村的年轻人，村庄整体上陷入悲伤的气氛。

据村庄老人回忆，当时发生水透事故后，恰逢即将迎来新年，好长一段时间内整个村庄处于白天晚上不见人的状态，整个村庄一直围绕着一种压抑的氛围，全村的人都在私底下讨论，议论着村庄为什么挖了这么多年煤，不仅村庄没有达到致富的目标，反而出了这么大的事故。②

同时这也让村民们认识到采煤业是一个高危行业，对于采煤业的安全也提出更高要求，但本村集体煤矿的安全技术并未能够达到行业要求。之后，伴随着煤炭市场萎缩，村办煤矿也逐步陷入经营困难的局面。这样的事故、这样的现状，不仅伤害着整个村庄的人们，同时也刺激着村委班子，对于村庄下一步应该向着什么方向发展，成为村集体领导者亟须解决的问题。在村党支部书记李某③的提议下，就本村还要不要发展集体煤矿，怎么发展集体煤矿在全村村民中展开大讨论。

1998 年春节期间，T 村村民大讨论在村委会大院内进行，据该村老人回忆，当时到现场的人多达 300 多人，全村几乎每家都出了代表。最后在

---

① 山西省Y市某国有煤企的下属矿产。

② "T村村民访谈记录"，2018年，资料号（20180629YQT03CM）.

③ 李某是一名退伍军人，退伍后担任村庄的治保主任，1994年开始担任本村的党支部书记。

村两委提议下，由大家推选出村中比较有威望、大家比较信任的51人①组成讨论组。讨论主要集中在要不要保留村集体煤矿。一部分村民要求按N村那样将集体煤矿转让出去，村民平分煤矿收益，但遭到了许多老人反对，他们担心转让出去后，钱花完怎么办，以后靠什么生存。但大家普遍认为如果再由村自己经营煤矿，安全生产怎么保障，怎么保障不再出现生产事故。争论的焦点还有在煤矿效益下滑的情况下怎么保障经营煤矿能够持续创收。围绕是否经营煤矿、怎么经营煤矿，整整讨论了一天，村民代表们普遍认为，既然存在安全隐患，煤炭效益又不好，一致同意不再经营煤矿。随后在第二天，他们围绕不再经营煤矿后集体资产怎么分，将主题转移到了是否还要坚持搞集体产业。经过整整三天讨论，在村党支部书记李某引导下和村支两委认真分析下，通过投票表决，多数仍同意坚持搞集体产业，但不在本村直接经营煤矿，得出两条办法：一是利用之前集体煤矿的收益积累，从地上煤炭产业转变为发展地上工业，大力改进扩建原来的各种村办集体企业；二是确定不在本村开办煤矿，决定在异地购买承包一个安全条件相对好的煤矿。

之后，该村首先利用集体积累开始兴办各种地上产业（见表3），并利用当时煤矿普遍低价转让的机会，在1999年集体筹资750万元购买了当时运营艰难、几近倒闭的区营S煤矿。②从此以后，该村虽然还开办煤矿，但是异地办矿，本村区域范围内已经实现了从地下到地上产业的转变。正是坚持集体经济的发展，为后来村庄的转型发展和强势崛起奠定了坚强支撑。随着煤炭经济进入黄金十年，依靠异地办矿赚取集体经济"第二桶金"后，L村更是走上快速发展的道路，成为远近闻名的富裕村和文明村。

---

① 这51人主要由该村三个自然村每村选出17名代表，其中有老年人和年轻人差不多对半，几乎每个自然村的党员都参会。51人中也包括村中的所有7名村干部。

② 购买是该村村民的口头说法，查阅当时村两委会议记录是村集体承包，即750万元承包该煤矿10年，缴纳完承包费后，煤矿的生产经营投资收益都由T村负责。

表 5.1　T 村地上工业一览表（2001 年前）

名称	初办时间	中断时间	重办或扩建时间
硫铁矿	1985年与村办煤矿一起开办，是除村办煤矿外当时本村第二大村办企业。	因当时乡镇企业之间普遍存在"三角债"现象，致使本村贷款回笼不理想，1993年停办。	1998年夏天重新开办
氧化铁厂	1971年为满足农业生产需要，办起了一个小型氧化铁厂，由一部分村民人工熬制黑矾（氧化铁）	于1984年村办煤矿开办前停产	1999年重新开办
制碱厂	1987年3月投产，1988年投产试运行。	1991年，因工艺流程落后，成本较高，产品市场竞争力小，停办。	2000年，在原厂基础上扩建。
氧化镁厂	1988年利用了原制碱厂厂房和部分设备开办。	1998年转产，生产硫化碱。	2000年，与制碱厂同时扩建。
硫化碱厂	1998年5月开办，是该村村民大讨论后开办的第一个厂。		2004年因污染环境关闭

三、精英主导下 T 村集体经济的壮大

　　大量的相关研究证明，村庄的发展有赖于农村精英的主导，农村精英的空缺则导致经济社会衰落。[①] 我国改革开放后农村快速发展实践也表明，能人治村或精英主导是其中一个重要因素，[②] 尤其对中西部农村来说更是如此。资源型乡村的发展，除了要有一定的集体经济，还需要具有一定经营能力和道德素养的精英，主动发挥作用实现转型，保障村庄持续发展。T 村在确定坚持集体产业共同发展后，在党支部书记李某带领下，积极探索、寻找和发展各种非煤转型产业，不仅成功实现了从地下资源经济到地上多

---

① [日]田原史起. 日本视野中的中国农村精英：关系、团结、三农政治[M]. 济南：山东人民出版社，2012：83.

② 董江爱，陈晓燕. 精英主导下的参与式治理——权威与民主关系视角下的村治模式探索[J]. 华中师范大学学报（人文社会科学版），2007（6）：17-21.

元产业的转型，更通过集体经济的不断壮大加强村庄生态治理、环境美化、基础设施建设和改善村民的生活条件，2004 年后，T 村进入了快速发展、强势崛起的阶段，成为远近闻名的富裕村。

（一）艰难的坚守与"第二桶金"的获得

自从发生透水事故后，T 村不仅讨论了是否坚持集体经营煤矿，更加快了对资源型产业转型的探索，沉重的代价使村两委和普通村民都充分认识到了转型的必要性。

"是什么触发咱们村进行转型的？"答："主要是安全，采煤不安全，一是总有采完的时候，二是危险。我们煤矿发生过一个严重的透水事故，大概就是 97、98 年，从那个时候开始我们村就开始寻摸转型的事了。就是采矿前面那个坑口，那是之前老祖先把煤给采空了，采空之后，多年的积水都灌到这里头了，咱们又下去复采，结果采了之后，离管水的巷道太近了，后来就发生了透水事故。后来通过上头调查和分析，这个煤矿不属于责任事故，当时复工复采图纸资料都没有，有些地方塌陷了，也没有发现，之后，那个煤矿也没有关，后来又采了几年。"[1]

因此，在发生"12.22"透水事故后，T 村经过反复讨论协商，确定了两条发展方针，一是坚持集体经济，二是坚持转型发展。从此开始了轰轰烈烈的转型之路。

上文介绍到，该村在 1999 年集体筹资购买了一座区营 S 煤矿，同时也开始大力发展各种地上产业。当时整体上煤炭市场处于低迷状态，T 村通过节约成本，村民们艰苦奋斗，并着重注意安全生产，虽然解决了部分村民就业问题，也为集体带来一定收入，但始终经营困难，艰难、勉强地维持着经营。与此同时，虽然 T 村也发展各种地上集体产业，但大多属于小规

---

① 对T村原村办煤矿矿长的采访摘要."T村村干部访谈记录"，2018年，资料号（20180712YQT02CG）.

模产业，受到市场、技术、管理等方面因素的制约，并未得到很好的发展，昙花一现之后，在2001年前后大多关停，本村的集体经济也出现严重问题，到2001年底，T村共负债1000多万元。

其实，早在收购煤矿前村民们就开展了激烈争论，一方面是基于对透水事故影响，村民对于再从事煤炭业心有余悸，另一方面就是当时煤炭市场相当低迷，且村集体经济实力有限，购买需要贷款，如果购买后难以获得收益，那么损失该由谁来承担。在提议之初村民反对的声音占到了大多数，甚至刚开始几乎没有人同意。此时就显示出村治精英的作用、能力与眼光。以党支部书记李某为主的乡村精英通过组织大讨论确定了坚持集体经营发展的模式，而对于是否购买煤矿，当时李某曾经也一度怀疑。但该村大多数村民除了对采煤业比较熟悉外，对其他产业既不了解市场行情，也不懂生产经营。因此，在党支部书记李某的带领下确定了"两条腿"发展战略，一是探索以前开办过的各种产业，二是通过购买生产条件相对较好、价格较低的区营煤矿，保证集体产业有一个相对稳定的支撑。

"当时我们都反对，但李书记认为煤矿是个基础，而且他考察过这个煤矿一定是可以采出优质煤的，并且现阶段低迷的市场行情一定会过去的，只要抓住这个机遇，就一定能获得发展，之后，李书记不仅多次召集村两委、党员、村民代表开会讨论，还不辞辛苦的劝说村民，并积极与市、区领导沟通，最后才成功购买下S煤矿，事实证明，当年李书记的决定是对的。"①

在村里发展的各种地上产业相继陷入困境，异地办矿也没有为村庄增加更多收入的情况下，T村村民又开始了激烈的争论，主要聚焦在两点，一是对异地购买煤矿的争论，二是对是否仍坚持集体经营模式产生了怀疑。T村还是通过组织村民大讨论的形式广泛收集意见和建议，虽然此时许多村民都质疑当时的决策，甚至一度要求罢免李某的村党支部书记。但现实是

---

① "T村村干部访谈记录"，2018年，资料号（20180714YQT06CG）。

村集体已经投入了大量的成本，如果在此时放弃的话，不仅之前投入打了水漂，村民也得不到更多的好处。虽然大家都质疑李某的决策，但并不怀疑李某的为人。李某平时在村庄处事公道，为人正派，有极强的威信，也没有对集体资产中饱私囊，村民们在日常交往接触中也没有发现李某有任何贪污腐化行为，经常看到李某不辞辛苦的工作，遇到困难也是积极想办法，始终把村集体和村民利益放在首位。"村办企业并不是一种纯粹的市场性质的企业，是一种社会性的合约，在这种合约中，约定者关注的不仅是其未来的收益，而且在意其声望、声誉、信任及互惠承诺，投入的也不仅是土地、人力或资金，而且还有他们的互惠期望、社会期待、信任和忠诚，以及机会成本和风险。"[①] 在这种情况下，基于现实无奈、经济理性选择和生活感情等多种因素考虑，加之李某反复组织会议讨论、劝说，村民们虽然存在质疑，但始终坚持集体产权下集体经营。

艰难的坚持终于等来了回报。进入 2002 年，煤炭市场突然复苏，之后更是进入"黄金十年"。T 村在经过对 S 煤矿 3 年的艰苦经营后，尤其是在 2001 年通过一年的技术钻研和改进，T 村不仅能够在 S 煤矿开采出煤，更采出大量优质煤。当时煤炭的市场价格急剧上升，2002 年夏季煤炭价格从 2001 年末的每吨二三十块钱上升到每吨一百多元，之后仍在不断攀升，最好的年份甚至每吨上千元。煤炭经济的高额收益使 T 村获得了大量的集体收入，这笔可观的收入虽然从时间上看是该村集体经济的"第二桶金"，却是真正意义上的"第一桶金"，正是靠着这"桶金"，为后来 T 村的转型发展、强势崛起奠定了坚实的物质基础和信任基础。

（二）长远眼光与"不冒烟"产业的抉择

面对煤炭市场的突然好转和村集体经济收入的快速增加，村民们除了

---

① 折晓叶，陈婴婴. 产权怎样界定——一份集体产权私化的社会文本[J]. 社会学研究，2005（4）：1-43，243.

欣喜之外，又产生了不同的声音，即如何处理这高额的"第二桶金"，许多村民要求村集体直接给村民发钱，要求平分利润所得，还有村民看到煤炭效益如此好，要求村集体再购买更多的煤矿。2003年春节前后，该村围绕如何处理煤炭收益和今后如何发展问题，又开展了本村第三次大讨论。经过讨论，虽然大多数村民依然同意继续坚持发展壮大集体经济，但是要求将煤炭收益的大部分至少是一半拿出来平分给村民，剩下一半收益投入煤矿的扩大再生产或者重新购买新的煤矿。

面临这一问题，党支部书记李某刚开始并没有作出决定。而是首先让大家充分讨论，在基本上了解村民的意愿之后，知道大多数村民依然坚信集体经济，但是他本人并不同意将集体收益的一半拿出来给村民发钱。随后，李书记决定带领村干部和部分党员、村民代表外出考察学习，并向村民们承诺，等实地考察学习回来后村两委给村民一个满意的答复。

李书记回忆道："这又是一个艰难的过程，作为普通的村民，我也愿意选择直接获得现金，这一下就能使我从穷人变成富人；但是作为村集体的领导干部，又必须为村集体的长远发展考虑，必须慎重，钱一旦发下去了就很难再重新整合起来，所以当时一边思考，一边劝说村民，刚开始并没有答应村民的要求。最后，我决定带着部分村干部和党员外出考察学习。"[1]

经过为期半个月的考察学习后，在2003年3月初，李某组织村两委干部、全体党员和部分村民代表召开会议，讨论决定如何处理煤矿利润和村庄未来的发展。在会议上，经过外出学习考察，大家踊跃发言，围绕如何既让村民有实质性回报，又能保障村里集体经济壮大。经过充分讨论，会议决定，参考大多数成功村庄的经验，将集体收益的20%用于给村民直接分红，30%用于村庄建设与公共开支（包括基础设施建设、村庄生态环境改善、村庄日常开支和后备资金等），剩下的50%用于村集体产业的发展壮

---

[1]　对T村党支部书记李某的访谈. "T村村干部访谈记录"，2018年，资料号（20180715YQT01CG）.

大，即所谓的 T 村集体收入的"235 三股制"。[1]

在确定好集体收益分配比例后，又围绕今后村集体产业的发展方向展开了讨论。当时虽然煤炭效益非常好，有部分村民甚至提出来再购买新的煤矿。但是随着国家煤炭产权改革和煤矿管理体系逐步完善，已经很难再购买中小煤矿，本村承包的 S 煤矿也逐渐显现出开采难度大、资源枯竭的迹象。[2]同时，T 村之前发展各种地上产业，不仅没带来收益，还影响了村庄的生态环境，惨痛的代价不仅使党支部书记李某不敢轻易再开启其他工业，村民大多也不愿意。此时，李某提出发展"不冒烟"产业的思路，就发展什么样的产业，既安全又不影响环境，还能持续稳定的增收，组织村干部、党员、村民以及本村外出务工人员、大学生展开建议收集和讨论。

"煤矿总有挖完的一天，不用说现在很难买矿，就是买上了也总有挖完的一天，到时候我们还得再找出路；煤炭资源是有限的，而且还有各种安全、市场的风险，不能将集体产业赌在煤矿这条绝路上。"[3]

偶然一个机会，李某在某晚报上看到一个访谈说，一个温州人经营外贸十几年不如本地无心购买的房产增值收益高。受此启发，李某决定将集体收益用来在大城市购买写字楼，依靠租金来获得持续收益。随后，李某召开村委会和村民代表会议，把自己的想法告知村民。当时村民们并不十分理解李某，但基于长期以来对李某信任，村民们基本上没有提出反对意见。随后，2004 年 10 月，T 村集体作出决定，以村集体现有的发展资金，并以 S 煤矿向银行抵押贷款，购买了位于 Y 市市区约 2 万平方米的 6 幢商业大楼和北京三里屯 1200 平方米的写字楼。从此，随着房地产市场的日益火热，依靠"飞地经济"带来的租金不仅实现了 T 村集体经济的保值增值，

---

[1]　之前因为煤矿购买、其他产业的经营失败，该村负债1000多万元，决定在2004年前还清负债，从2005年1月1日开始实施，而此后一直持续到T村和N村合并前。

[2]　该煤矿虽然承包期到2009年才截止，但是到了2007年春节就已经很难再开采出煤炭了，2007年5月，S煤矿被确定为采空区，随即关闭。

[3]　T村党支部书记李某的口头禅，也是他对村民劝说的主要理由。

还真正使该村获得长期稳定且"不冒烟"的"第三桶金"。

"几年的发展历史证明，当年的这一决定是非常正确的，依靠飞地经济获得的租金收益成为我们村村民福利待遇的主要来源，并且伴随着房屋租金的稳步增长，村民所享有的福利待遇也逐步增长。村民史某回忆道，但是对于第一桶金的分配问题是一个大事，因为穷了很多年的村民看到钱都是渴望的，在当时看来是非常不能理解村委的决定的，但是现在看来，不仅要佩服李书记等村领导的智慧，更要为当时支持李书记的人点赞，因为现在我们村的福利待遇已经成为周边村庄非常羡慕的东西，这所有的一切，都源自于当时第一桶金的分配。"①

此外，当时除了继续经营作为基础支撑业的 S 煤矿和购买城市的商业大楼外，T 村也积极招商引资，不断完善与发展本村的其他产业。在工业方面，先后建立了年洗煤 60 万吨的洗煤厂、年产 9000 万块的煤矸石砖厂、投资 3000 万开办了太阳石建筑材料有限公司和万方商砼有限公司，以及建立了规模 100 万只（存栏 32 万只）的金凤凰养鸡场、存储 2500 吨的雪飘飘冷冻保鲜有限公司以及农贸果蔬批发市场、香千里食品有限公司等集体产业。这些产业不仅为村集体带来可观的经济收益，同时也符合"不冒烟"产业发展要求，对本村生态环境影响不大，且为村民带来了更多的就业，用村民的话来说："在 T 村，只要你不想做闲人，只要你想挣钱，就一定有一个地方，可以给你安排一份工作。"

在 T 村，村民不仅可以在年底享受集体经济的分红，村庄多样化的产业也为村民带来了充足的就业，该村 350 多名劳动力全部实现了就业，还吸引了周围其他村村民前来务工并提供了 200 多个就业岗位。到 2008 年，全村集体经济总收入就突破了 1.05 亿元，上缴国家税金达 1431 万元，村民人均纯收入突破 1 万元。到 2011 年，全村集体经济总收入达到了 2 亿元，上缴国家税金 4000 万元，村民人均纯收入超过 1.6 万元。

---

① "T村村民访谈记录"，2019年，资料号（20190706YQT09CM）.

（三）村庄基础条件的改善与住宅小区的兴建

"经济能人治村"[①]不仅实现了村庄经济的发展，更带来了村庄良好的治理绩效。在产业壮大和经济发展的基础上，T村还积极进行村庄公共基础设施建设，大力改善村民生活水平。首先是改善村民居住条件。作为煤炭资源型乡村，采煤必然会给村民生活环境带来危害，尤为关键的是住房安全问题。T村属于采煤沉陷区，虽然并未出现大面积的沉陷，但村民住房、村庄道路等都出现了裂缝塌陷等问题，采取异地办矿后情况有所缓解，但村民的居住条件依然较差。为此，在集体经济壮大以后，村集体就开始谋划改善村民的居住条件。

经过地质勘测，T村选择利用已经废置的硫化碱厂地块作为新住宅区的建设用地。一是该地位于村前河头平地，地形较为平坦，交通也较为方便，二是这块地下面采空区不太严重，根据地质专家勘测分析，该地块可以承建六层楼房。于是，T村积极响应党中央建设社会主义新农村的号召，并结合城乡一体化的要求，开始在本村进行城市住宅小区建设，并起名为"桃林人家"。到了2006年，桃林人家一期建设完成，村里一部分村民完成搬迁。2007年，在搬迁村民旧房子拆迁基础上开始实施桃林人家二期工程建设。但是受采煤沉陷的影响，桃林人家二期的建设难度远远大于桃林人家一期，主要因为下面有部分采空区。

据村内老人余某回忆说："在二期工程进行一半的时候，也就是现在12号楼下面，存在大面积的采空区，单纯的灌浆填补，就进行了四到五个月，最后经过专家确认，地质没问题符合建设标准时，才开始正式施工。所以在时间上对比的话，桃林人家一期仅用一年多的时间，但是桃林人家二期用时却用了快三年时间。"[②]

截至2011年年底，该村建起集水、路、电、暖、互联网、有线电视、

---

① 卢福营. 经济能人治村：中国乡村政治的新模式[J]. 学术月刊，2011（10）：23-29.

② "T村村民访谈记录"，2021年，资料号（20210706YQT13CM）.

物业管理等为一体功能齐全的住宅小区，该村 70% 以上村民全部入住现代化桃林人家小区，并且是以极低的价格 ① 购买了新房，用村民的话来说就相当于福利分房。

在改善居民居住条件的同时，T 村还不断完善村庄其他基础公共设施建设。首先是解决供水问题。在 20 世纪 80 年代之前，本村居民依靠打的泉眼自行取水喝，到 20 世纪 80 年代后期，村内井口逐渐出现枯竭趋势，在 20 世纪 90 年代，逐渐从周边大型工厂引入水源，解决村民喝水问题，直到 2002 年，在村委不断努力下，终于取得市自来水公司支持，安全饮水得到保障。在桃林人家建成后，村两委实施了对本村村民的优惠用水政策，即每人每月免费供应 3 立方自来水及 20 桶纯净水，即使村民每月用水量超过最低免费限度，也只需支付极低的费用就可以继续使用水源，从根本上解决了村民的供水问题。

其次是解决供电问题。2000 年 7 月，T 村实施电网改造工程，采用线杆明拉、电表上杆、保险入户的方式，确保足量用电。但桃林人家建成后，之前的挨家挨户收电费模式出现问题，村委会联系郊区供电公司，在 2013 年左右，全面实施电子化收费，既节省了收费过程的麻烦，同时也可以动态监控各家各户的用电情况。

三是解决供暖问题。在 20 世纪 90 年代之前，村民在冬季均以生火炉烧炭取暖。进入 20 世纪 90 年代后，村中部分村民开始自行修建"土暖气"取暖。2007 年桃林人家一期建成后，村集体购置了卧式锅炉 2 台，开始了集中供暖。2014 年，在积极争取市、县政府帮助下，该村正式接入了市政供暖，实现了与城市一样的统一集中供暖。

四是村庄道路建设方面。以前村民形容该村的道路就是"山梁坡垴河沟沟，出村上地路难走，驴驮人挑羊肠道，祖祖辈辈盼路好"。改革开放后，

---

① 大约均价400元每平方米，每户村民大约支付3万至5万元就能购买一套100平方米的新房，不仅远低于城市商品房，甚至比村中自建房价格还低

村庄虽然翻修过一些道路，却依然是在河槽上行走，坑坑洼洼。自李某上任后，开始了道路硬化工程，现已修起洪魏路、中心街、北环路、桃李路、桃园路、地矿路、观光路等。如今该村公路四通八达，通往各旅游景点的公路和田间道路全部硬化，公交车直通该村。而且村庄主要道路两旁都安装有路灯，并专门设计了标语牌和红灯笼，成为街道旁一道亮丽的风景线。截至 2019 年年底，该村共安装路灯超 200 盏。

总体上，目前 T 村在公共设施、公共服务等方面已经和城市一致，甚至比城市社区还更好。2011 年后，为解决剩余 30% 村民的住房问题，T 村将原来开办的洗煤厂、煤矸石砖厂等转移到邻村 N 村后，又在此地相继开发了桃园人家三期、四期以及喜来居小区，除满足本村村民居住外，还向周围村庄甚至市内出售。不仅如此，该村充分利用集体经济收益建立养老制度，男 60 周岁、女 55 岁以上的村民在领取国家基础养老金同时，每个月还可以领取到 560-1600 不等的村级养老金；在村庄内建立起了全市较高标准的幼儿园和小学；建立高标准的村级卫生所，药品齐全，设施完备，基本实现了小病不出村；在村民中建立起锣鼓队、彩扇队、柔力球队、民间戏剧团，建造村民活动室、农家书屋、健身房、篮球场等场地，丰富村民的精神文化生活。基本上，到 2011 年底，该村就实现了党支部书记李某在上任之初提出的建设目标，即"户均一套房、人均一亩果、人均一亩林、人均一万元"。

第二节 以强带弱：资源经济转型下合并社区的形成

在资源型地区，煤炭开采不仅导致社会贫富分化的产生，集体产权的不同经营方式、发展模式、战略眼光以及精英带动等也使得村庄呈现出差异化的发展局面，一部分村庄衰败下来，一部分村庄却逐步走向富裕。作为弱村或穷村亟需产业带动，逐步走向富裕的村庄也面临着产业扩大与空间、人口等资源不足的困境。共同富裕是社会主义的本质要求。"一部分地区有条件先发展起来，一部分地区发展慢点，先发展起来的地区带动后发展的地区，最终达到共同富裕。"[①]先富带后富、强村帮弱村，不仅是社会主义本质发展目标的要求，同时通过以强带弱还可以实现资源互补和抱团发展。全国各地许多地方都通过"富村联合穷村，强企兼并弱村"的村庄合并的方式[②]，既解决贫困村发展难题，也期望通过资源互补带动整体连片发展。T村在经济逐步强大以后，通过大力发展旅游业实现了村庄从煤矿村到"桃花村"的华丽转型，同时也面临着土地和发展空间有限的困境。为了村庄能够继续发展壮大，在当地政府以强带弱的政策要求下，T村也开启对N村合并以及对周围其他村庄资源重组、联合发展的过程。最后形成了既不同于单纯行政兼并式的合村并组，又不同于单纯居民集中居住，而是一种产业共同发展且居民集中居住的城乡新型社区，即在不改变行政区划、不改变集体土地性质的基础上，实现农民城市小区式集中居住后的多村连片联合发展。

一、经济转型与土地需求：强村产业发展的主动扩张

不同于政府主导下的行政村撤并，或基于改善农民居住条件和生活质量的扶贫式合并，许多以某个强村带动下的合并，起初主要是基于本身发展而体现出来的主动扩张式的合并，即经济比较强大的村庄出于本身产业规模扩张、加快发展的需要而兼并周边的穷村、小村、弱村，获得更多的土地资源是其主要的目的。在资源型地区更是如此，当依靠煤炭资源或其他资源迅速富裕起来的村庄，在经济转型和村庄发展空间有限情况下，通过与周围村庄的联合发展、产业帮扶、提供就业岗位或住房等形式，来获

---

① 邓小平文选（第2卷）[M]. 北京：人民出版社，1994：152.

② 何静. 村庄兼并：实现农村共同富裕的有效途径[J]. 经济问题，1996（10）：50-53.

得更多的土地资源与发展空间。本章介绍的 T 村和 N 村的初步联合，刚开始也主要是 T 村基于经济转型下产业扩大发展的主动扩张。

（一）T 村的华丽转变与发展空间受限

"产业结构调整除了对三次产业产值结构及就业结构进行调整外，同样对城镇化和农业现代化具有正效应。"[①]上文介绍到，T 村在发生透水事故后就一直寻找"不冒烟"的产业，除了购买村外的 S 煤矿和开办各种非煤地上转型产业外，更是注意本村农业的转型，即李某所说的"两条腿"，一是从采煤到地上工业转型，二是从传统农业向经济效益较高的果园农业转型。而在村里开办的各种地上工业大多以失败告终，一直坚持下来的果园农业，不仅促进了农民的增收，还有效改善了村庄的生态环境，更为今后该村从工业村向远近闻名生态旅游村的华丽转变奠定了基础。

早在 2000 年春，在面对传统种植业收成较低和本村因长期采煤导致土地耕种能力下降的情况下，在党支部书记李某的带领下，村支两委做出大胆的决定，决定实施退耕还林、推动农业由传统种植向现代种植的转变。在选择退耕还林种植项目时，该村将所有还林项目都选择栽种桃树。[②]虽然当时 T 村集体经济还较弱，农业转型也只是作为工业转型的补充，但该村从开始就一直坚持农业与工业齐头并进。从 2001 年到 2004 年，该村利用 S 煤矿取得利润积累、银行贷款和部分退耕还林补偿款，投资 500 万元，建起了 650 亩的桃树园和 150 亩的葡萄园。

根据村内的老人回忆，在当时退耕还林时，大多数村民还是愿意的，因为种植玉米的话，平均一年收益也不会有多少，但是种植成桃树后，不仅收获的桃子可以卖，而且村集体为了弥补桃树结果前的空档期，还给了

---

① 马远，龚新蜀. 城镇化、农业现代化与产业结构调整—基于VAR模型的计量分析[J]. 开发研究，2010（5）：88-91.

② 至于为什么选择种桃树，主要基于两点考虑，一是历史上记载该村原是一片桃树林，村名里就有桃花二字，但当时该村几乎已看不到桃树的影子；二是桃树是经济作物。

村民远高于当时玉米市场的行情的种植补助。所以村民还是心甘情愿去接受李书记提出的转变农业生产结构。当然，为了能够让转型更加有效，村支两委也是付出了许多艰辛，不仅亲自跑到山东、河北等地进行实地考察，还从山西省农科院聘请专家对桃林沟村的土壤、气候、环境等做了详细的勘测，最终决定将原有的农作物种植地种桃树与葡萄树，派遣村内专人去山西农业大学进行学习。[①]

2004年秋季，T村桃树第一次挂果，仅在第一次挂果之际，户均增收就达到2000元，并且在之后的几年内，收入稳步增加。之后，随着集体经济的不断壮大，T村不仅扩大了桃树的种植面积，还成立了桃林园艺中心，专门为桃园、葡萄园、苗圃基地、蔬菜大棚提供技术、开发和销售服务。

"在传统农业已经衰退的农村，休闲农业已成为增加农民收入和增加劳动机会的有效来源。"[②]自成立桃林园艺中心以来，T村不仅加强桃果产品的开发和营销，更看重了桃树的生态和旅游价值。从2004年到2008年连续五年桃花节和果品采摘节的成功举办，吸引了众多周边市民，也使该村成为周边最著名的乡村旅游景点，村两委也充分看到了乡村生态旅游的经济价值。

2009年，随着S煤矿彻底关闭，该村就将村庄的发展定位在乡村旅游业方面，并致力于构建集休闲、观光、采摘、娱乐等为一体的生态旅游村。之后，在继续举办桃花节和采摘节的基础上，还增加了光影节、七夕节、半程马拉松比赛、星空音乐节、广场舞展演等系列活动。并在加强村庄道路、绿化、交通等基础设施建设的基础上，积极拓展餐饮、会议、游乐、休闲等功能，满足游客吃、游、娱、购等不同需求。先后建有桃园仙境生态园饭店、宴会厅、阳和楼茶会楼、会议中心等餐饮场所；并于2012年开始建设占地面积30000平方米的桃花源里公园，内设烟雨桃花源、自然生

① "T村村民访谈记录"，2019年，资料号（20190714YQT07CM）.

② Sharply R. Rural tourism and the challenge of tourism diversification: the case of Cyprus[J]. *Tourism Management*(1982)，2002，23（3）：233−244.

态岛、历史人文岛、田园风情岛、健康休闲岛五个功能分区；并于 2015 年积极引进了"桃林欢乐世界"游乐场项目，计划建设大型的包含欢乐世界、悦洋水世界、水上人家、英皇骑士俱乐部、真人 CS 等为一体的游乐场。

为进一步扩展该村的生态旅游价值，T 村不断绿化村庄环境，并在完成村民集中居住后，计划在村内继续开发建设 20 万 ㎡ 的商品住宅，向周围村庄甚至市内出售。经过十余年持续发展，到 2014 年该村已成功实现从生态环境污染严重的"煤炭村"向美丽的生态旅游"桃花村"的转变，不仅满足了本村村民就地就业，还为周边村创造了大量的就业岗位，生态休闲旅游已成为该村重要的产业支撑。该村也于 2014 年成功申报成为国家 4A 级景区，并被评为全国文明村和全国第二批 33 个美丽乡村建设标准化试点村。

"以休闲农业为特征的农村旅游是第一产业农业和第三产业服务业的结合，体现着农村和城市的联系，满足了农民和城镇居民的双重需求。"① 随着休闲农业的快速发展，不仅成为促进农民就业增收和满足城市居民休闲需求的民生产业，更成为缓解资源约束和保护生态环境的绿色产业，具有巨大的消费市场和发展潜力。虽然此时，生态旅游逐渐显现出巨大的发展市场，该村初步建立了生态旅游基础，但是整体上产品较为单一，景点之间较为分散且规模较小，许多旅游娱乐产品也处于较低水平。同时该村生态旅游的季节性或节日性较强，除桃花节和采摘节旅游人流较多外，其他时间来该村旅游的人很少。总体上，此时该村的生态旅游还处于较为低端水平。为进一步促进旅游业做大做强，抓住旅游市场，吸引更多旅客，就必须将村庄所有旅游景点集中整合、改造升级，大规模高质量的发展集生态旅游、农耕文化、食宿会展、休闲娱乐、房产开发等为一体综合性景区，将该村打造成为集吃、住、娱、游为一体的综合性休闲观光旅游胜地。

与此同时，T 村却在发展上受到了空间尤其是土地资源的限制。首先是 T 村整体面积较小，且建设用地指标已经基本用完，没有更多土地可利用开

---

① 谭鑫. 云南休闲农业发展研究[M]. 北京：民族出版社，2012：8.

发，计划修建的游乐场、商品住宅包括部分酒店、会议中心等如果要改造升级，都需要大块的建设用地；其次，T村位于山区，本身地形不平，很少有大块平整土地，且修建村民集中住宅区基本上已经将村中较好的地块都利用完；最后，要发展综合性生态旅游景区，对于山区农村来说必须整体规划开发，必然要和周边村庄在土地、道路等上面发生联系，如果处理不好，不仅影响开发进度，更会引起冲突和矛盾。因此，T村开始寻求与周边村庄的联合发展，首先与该村紧邻的N村就进入村两委的合作视野。

（二）贫富差距下弱村较强的合作意愿

前文介绍过N村与T村，从空间位置、煤炭资源禀赋、村庄规模与人口等方面来看，两村有着相似乃至相同条件，但后来由于集体煤矿和集体产权有不同经营方式，导致两村发展呈现出截然不同的状况。T村依靠煤炭收益成功转型，成为全国文明村和生态旅游村，N村却沦落为贫困村。N村在煤炭市场低谷时期将集体煤矿承包出去，集体经济被村民平分，后来由于缺乏基本的经济支撑和转型产业，从20世纪初集体经济就不断下滑，最后成为贫困村，不仅村民收入少，村庄也是破破败败，道路坑坑洼洼，随处可见破旧院落。由于村庄缺少产业支撑，村民大多选择在外务工，原本与T村人口规模差不多，此时却成了严重的"空心村"。在两村合并前，该村在村常住人口仅剩下241人，村里甚至没有小卖店、不通公交车，连吃水都要从村外拉进来，村民居住的房屋大多还是20世纪90年代初修建的。由于人口大量流失，耕地大量抛荒，闲置荒芜倒塌的宅基地更是随处可见。相比较而言，N村却拥有十分丰富的土地资源。

在这种情况下，N村村民基于自身发展困境和对T村村民的羡慕，急切盼望T村能给以帮助和支持，甚至希望两村能够合并。强村在扩张式发展的过程中，往往面临着土地短缺的资源约束，而作为弱村或穷村却具有较充裕的闲置或未开发的土地资源，尤其是明显的贫富差距使穷村具有强烈的合并意愿，双方分享合作剩余，获得潜在收益。① 从单纯市场经济和产品供需关系角度来看，合村并居是作为土地需方的强村和作为供方的弱村之间双方互动的结果，是农村市场经济发展的必然趋势。② 因此，在最初两村谋求合作发展时，T村希望得到更多的土地，但不希望直接以高昂的价格购买或承担更多的包袱；N村则希望得到全面的帮扶，甚至希望通过两村合并，享受与T村村民同等的福利待遇。但是对于处于弱势一方的N村来说，虽然有强烈的合作甚至合并意愿，主动权却始终掌握在T村手里。随着T村产业规模不断扩张，土地制约性日益凸显，从2009年该村确定大力发展乡村旅游业开始，T村也加快了主动扩张的步伐。

（三）T村主动扩张下两村的零散合作

实际上，早在2007年初，当地政府就有意将两村做行政合并，N村也有村民提出两村合并的想法，大多数村民也表现出强烈意愿。出于理性经济人考虑，T村只想获得更多土地，并不想承担更多公共服务或牺牲更多的经济利益。因此，当T村党支部书记李某向村民提出两村合并的提议时就遭到全村村民一致反对。

"我当时只是把政府和N村村民这个想法提出来，就被村民给围住了，他们说'咱村这么多福利待遇，是村里人辛辛苦苦干下的，不能这么就便宜N村人，他们又没出钱也没有出力'。我当时其实是比较偏向于两村合并的，合并后我们就有更大的发展空间，但是当时我们村也刚刚缓过来，我也不敢冒这个险。"③

之后，虽然两村合并的设想暂时中断，但是T村基于发展需求和朴素

---

① 罗必良. 村庄兼并：农村社区的组织制度创新—农村经济组织制度的实证分析之一[J]. 南方农村，1999（2）：9–14.

② 何静. 村庄兼并：实现农村共同富裕的有效途径[J]. 经济问题，1996（10）：50–53.

③ 对T村党支部书记李某的访谈。"T村村干部访谈记录"，2021年，资料号（20210126YQT01CG）.

的乡土情结，N 村出于急切改变贫困面貌的需求，双方达成了一个折中的方案，就是合作发展，即双方不进行行政合并，各自相互独立，T 村通过提供就业岗位、相关产业带动、相邻区域整体开发等方式帮助 N 村发展，N 村则以土地流转、宅基地置换等方式为 T 村提供相应的土地资源。

整体上，虽然在这个阶段两村合作发展也取得了不少的成绩，如 T 村通过土地流转和征用 N 村部分闲置的建设用地等方式，与 N 村合作建立了规模 100 万只（存栏 32 万只）的金凤凰养鸡场，开办了洗煤厂、煤矸石砖厂等产业，并解决了 N 村部分村民的就业；N 村也开始有部分村民通过宅基地置换，以较低价格购买 T 村修建的商品房。但是一直到合并前，两村在土地、产业包括宅基地置换方面都是"小打小闹"的零散合作，基本上都属于 T 村部分产业转移，与 T 村规划整体开发打造综合性的旅游景区所需要的土地规模相差甚远；而 N 村村民虽然也增加了部分收入，但他们在住房条件、生活保障、福利待遇等方面依然与 T 村村民相差甚远，N 村除增加了部分集体土地流转费外，集体经济依然处于弱小的状态。

二、两村合并与六村联合：政府主导下的"以强带弱"

从我国合村并居的实践来看，市场和行政是两种基本方式，[①] 无论是市场扩张，还是行政推动都离不开政府主导。从村庄合并的目的来看，早期的合村并居主要基于土地供需矛盾，[②] 除了强村希望通过村庄合并来扩大发展空间的自发动力外，政府通过行政力量进行合村并居也主要出于节约农村居住用地、缓解城市用地矛盾的目标[③]，即借助城乡建设用地增减挂钩来

---

① 武中哲. 市场与行政：合村并居重构乡村秩序的两种形式—基于山东省诸城市的调查[J]. 理论学刊，2020（2）：135-143.

② 王曦. "撤村并居"的制度优化与路径创新[J]. 江苏农业科学，2017（17）：289-291.

③ 张秀吉. 农村社区化建设中的利益多元与治理—以齐河县农村合村并居为例[J]. 山东社会科学，2011（2）：86-90.

增加土地财政收入。① 随着国家对农村进行了从"资源汲取"到"资源反哺"② 战略转变后，中央和地方也加大了对农村的支持力度，之后更随着新农村建设、美丽乡村、精准扶贫、乡村振兴等一系列重大决策，地方政府积极推动"先富带后富、强村带弱村"，引导村庄合并，来实现改善农民居住条件和生活质量、解决贫困地区人口生存与发展问题、促进城乡经济发展和经济结构转型的目标。③ 在这个背景下，T 村和 N 村经当地政府的政策引导，也从原来自发性零散的经济合作走向整体合村式的全面联合，随着两村合并发展取得成效，又促使该区域进行整体连片开发，最终形成了一种城镇式的村庄合并新区。

（一）"先富带后富、强村带弱村"政策的出台

先富在促进经济发展的同时，也会拉大贫富差距，甚至产生两极分化的社会风险。"如果富的愈来愈富，穷的愈来愈穷，两极分化就会产生。"④ 对于同一区域的不同乡村而言，如果富村与穷村的差距越来越大，不仅不利于当地经济发展和社会稳定，也影响社会主义共同富裕目标的实现。因此，必须创新先富带后富的有效实现形式。"我们的政策是让一部分人、一部分地区先富起来，以带动和帮助落后的地区，先进地区帮助落后地区是一个义务。"⑤ 在资源型地区，早在 20 世纪初就提出了"以煤补农、以企带村"政策。2006 年，山西省委省政府提出了"以煤补农"的帮扶政策，鼓励和要求煤炭企业承担相应的社会责任，积极投身新农村建设，本质上就

---

① 王文龙. 中国合村并居政策的异化及其矫正[J]. 经济体制改革，2020（3）：66-72.

② 尤琳，陈世伟. 后税费时期乡镇政府治理能力研究[J]. 社会主义研究，2013（6）：59-64，169.

③ 张勇，周丽，彭山桂. 贫困山区农户搬迁与宅基地制度改革协同的动力机制与实践探索——以安徽省金寨县为例[J]. 农村经济，2021（2）：28-36.

④ 邓小平文选（第3卷）[M]. 北京：人民出版社，1993：374.

⑤ 邓小平文选（第3卷）[M]. 北京：人民出版社，1993：111.

是通过"劝富济贫"来实现"先富带共富"的方式。[①]

　　在这个背景下，T村所在的Y市也出台了各种政策鼓励煤炭企业参与新农村建设，并鼓励富裕农村帮扶周边发展落后的农村。2007年该市出台了"村村大联合，强村帮弱村"的政策，鼓励强村通过产业带动、联合发展等方式帮扶周围弱村进行新农村建设。当时，T村所在的当地政府也有意促成T村和N村的合并，来加快N村的发展。但由于当时T村集体经济还不够强大，产业转型和发展的空间压力还不紧迫，加之村民反对，两村合并发展的设想搁置。

　　2015年，我国开始实施精准扶贫战略，中央和各地方加大了对贫困地区和贫困农村的支持力度，并要求全社会行动起来，帮助贫困群众实现脱贫。Y市也开始探索实施"强村带弱村"帮扶措施，并在当地实施"好村领差村、富村帮穷村、强村带弱村"脱贫模式。而此时，T村虽然集体经济不断壮大，但产业转型扩大与土地空间有限的矛盾逐渐显现。在这个背景下，当地政府也加大政策帮扶力度，出台各种措施支持T村与N村的并村联合发展，希望通过并村发展，既改善N村村民居住条件，带动村民脱贫致富，也希望通过拓展T村的发展空间，带动周边整个区域的快速发展。最终，在产业发展、帮扶责任和政府主导下，两村开始了并村联合发展之路。

（二）两村合并与N村的整村搬迁

　　不同于简单政府行政主导下的撤并行政村，也不同于基于产业扩张式的强村兼并弱村，T村与N村的并村联合发展，既有当地政府行政主导下脱贫攻坚任务，也有强村产业转型与发展扩张需求，更有地域相连、文化相同下朴素的道义责任。从内容上看，T村和N村的并村发展，不同于两村行政合并，而是在不改变行政区划，不改变土地性质的基础上，实行村

---

① 董江爱，陈晓燕. 邓小平"先富与共富"思想及其在资源型地区的实践[J]. 马克思主义研究，2014（1）：56-62，159-160.

与村组织和发展的大联合，即 N 村通过土地入股，积极参与 T 村生态旅游景区的开发与发展。实行并村联合后，N 村建设纳入两村整体发展规划，N 村实行整体搬迁，可以享受与 T 村村民同样的就业机会、居住新区以及各项福利待遇，涉及成员集体经济收入分红仍按合并前原村的分红模式进行，[①]合并后两村共同取得集体收益分红按股权比例两村分别获得。在行政管理体制上，两村仍各自单独行使村民自治权，"并村不并账"，各村的集体收入与转移支付等经济开支单独核算。合并后，两村以联合党支部的形式决定两村整体发展规划、共同的公共事务，由 T 村党支部书记担任联合党支部书记，N 村党支部书记担任副书记。

2015 年夏，经充分征求两村村民意见后，两村将并村列入议事日程，虽然在合并过程中因 T 村有部分村民反对，甚至有村民把李某堵在家门口讨说法，一度影响了合并进程，但整体上较为顺利。为此，李某专门组织了多次村民代表大会，征求大家意见，经过反复多次的讨论争辩以及利益衡量，最终 T 村通过了合并方案。

"方案刚出来时，村里好多人不理解，尤其是好多老年人不理解，以为合并后就是 N 村来占便宜的。但是我和大家讲，N 村不是什么都不带，光来占便宜的，他们是带着'口粮'来入伙的，这个口粮就是土地资源。然后我就给村民再次讲村庄未来的发展规划，两村合并发展后，整体面积就增加一倍，许多规划中的项目就能落地，新项目新目标实现后，大家的光景就能越来越好。经过几次村民代表会后，村里人的心稳了。"[②]

相比较，考虑到合并后能够获得较好的住房和就业机会，N 村没有太大的质疑。"问：您对两村合并有什么想法吗？答：两村合并政府也都同意，T 村李书记也讲了，我们 N 村这边的土地啊、资源啊，都可以给 T 村用；

---

① 由于 T 村在合并前由许多"飞地经济"收入和已经成型的集体经济收入，T 村害怕合并后稀释他们的既有利益，因此，在 T 村村民强调要求予以明确。

② 对 T 村党支部书记李某的访谈．"T 村村干部访谈记录"，2021 年，资料号（20210126YQT01CG）．

T村资金、规划、房子、景园还可以带动我们发展。问：那有没有什么反对意见？答：没有，什么也没有，都支持。我们那边地也不好，全是石头地，种地的话，一斤玉米卖六毛钱，能种多少呢？来了这边之后只要在这边劳动就能挣工资，到 60 岁退休还给退休金，过得也挺好的。"①

2016 年初，两村并村工作正式启动。涉及 N 村整村搬迁，相应就涉及原有的土地流转、就业收入、旧房拆迁、新区生活保障等方方面面，其中最复杂的是整村搬迁。在搬迁政策上，N 村村民按 1∶1.2 的比例用旧房置换新居，同时享受政府易地搬迁扶贫补贴，即贫困户每人补贴 2.5 万元、贫困村普通农户每人 1.2 万元的补贴，加之还有相应采煤沉陷区搬迁治理补贴，整体上，N 村贫困户家庭几乎可以不花钱就从平房搬进楼房，非贫困户也仅需要支付 3 万至 5 万元就可以搬迁新房。在新房选址上，通过与 T 村村民协商后，N 村搬迁新居定在 T 村新建的喜来居小区，该小区位于景区入口，除解决本村部分村民住房问题外，大部分计划用来对外出售。原本该小区分三期建设，一期工程原计划用于 T 村剩余 30% 村民拆迁后的住房分配。但为了能让 N 村村民早日住新居，又针对 N 村村民小户型房需求大的问题，T 村两委又通过组织召开村民会议，动员 T 村村民有房住的先退出本期分房，小面积的主动让出来先让 N 村村民住。经过多次协调，T 村 30 多户待搬迁户主动退出一期分房，主动调换面积，使 N 村村民顺利分到新房、顺利搬迁。

（三）合并后资源整合与整体规划开发

2016 年底，N 村 241 名村民已整体搬迁到 T 村的居民小区。两村虽然仍保留各自的村名，但合并后基本上以居住小区的单元和楼栋区分。合并后，两村的整体规划分为两块：N 村土地经过整合，主要打造以现代农业产业园为基础的田园综合体，N 村与 T 村共有的山林主要打造休闲观光景区。而利用土地整合集中起来的建设用地指标，T 村负责打造食宿会展、休闲娱

---

① "N村村民访谈记录"，2019年，资料号（20190726YQN01CM）.

乐、房产开发，如大型的游乐场和民俗文化园。

2016 年初，在 N 村整村搬迁同时，就已经对 N 村原有的土地资源进行整理和开发，并开始规划投资 8500 万元建设田园综合体。主要把 T 原有景区内相对分散零散的生态农业规模化，将 N 村土地资源整治打造成平台，集中规模化建设有机桃园、生态牧场、互联网果园、林下生态养殖等产业，实现集休闲采摘、蔬菜供应、现代特色农业等为一体的综合体。到 2018 年底，该园区种植的 100 多亩油菜花、100 多亩观赏花草、100 多亩桃树以及白皮松、樱花等苗木都已完成，待项目完全建成后，不仅可以最大程度发挥土地资源效益，还能为大景区发展增加新动能，进一步壮大村集体经济。

同时，在 T 村原有的基础上，投资 5680 万元建设 T 村民俗文化园，该项目以传承演绎本土工商业文化以及农耕文化、商驿文化为主题，以清末民初商镇建筑景观和旧时风情为表现形式，通过古建复建、古景复原、古物复制、古事复活等方式，将传统小吃、古法作坊、砖雕石刻、民俗演绎等多种民俗文化元素荟萃于一园。经过两年多建设，2017 年 4 月 18 日，文化民俗园成功开园，大大提升了该村在周边地区的旅游接待能力，T 村已经成为全市甚至周边地区生态旅游的形象使者。[①] 村民收入也因此大幅度提升。

（四）六村连片开发下城镇式发展

如果一个区域内有一个较大城镇和若干村庄，这个中心地的重要性会得到加强，周边村庄会趋于消失。[②] T 村和 N 村通过并村联合发展，不仅实现了资源互补，产业快速发展，而且增加了更多的就业岗位，对周围同区域的其他村民也产生了巨大的吸引力。相比较合并后 T 村快速发展，周围其他村更是处于衰败甚至消亡的状态，人口更是大量外流。T 村合并 N 村的成功探索，也给周边几个村带来希望。其实在 T 村周围，除 N 村外，同

---

① 虽然合并后，两村仍保留各自的村名，但对外旅游宣传统称 T 村。

② [德]沃尔特·克里斯塔勒. 德国南部中心地原理[M]. 常正文、王兴中，译. 北京：商务印书馆，2010：118-120.

一片山区还有另外 4 个村，其中两个村还属于其他乡镇。而这几个村几乎都是贫困村。看到这个形势，这几个村纷纷要求加入 T 村当中，以便可以通过 T 村的带动改善自己发展环境，进而增强致富能力。

"农村城镇化是实现城乡一体化的有效路径，小城镇建设是解决农村经济困难、解决人口出路的一个大问题"。[①] 如果将整片区域六个村连片发展，不仅可以集中整合更多的资源，促进 T 村旅游业向大景区转变，而且还可以通过聚集人口规模，建成旅游小镇，真正实现从农村向城市的转变。2017 年末，六村主要村干部又开始协商如何实现连片开发。2018 年初，山西省开始第二批美丽乡村建设项目的申报，如果申报成功，将获得省财政 1000 万元美丽乡村建设资金，但该项目要求申报的村庄需要多村连片建设。当地市政府也希望以 T 村 4 A 级生态旅游景区为轴心，并一起整合周边五村（包括 N），申报全省美丽乡村连片建设试点村。之后，T 村联合周边五村申报成功，在获得省财政 1000 万元补助资金后，当地市财政也配套 1000 万元，希望借此机遇，六村连片发展，建设旅游小镇。

在财政资金和政府大力推动下，T 村与周围五村也开始连片开发建设旅游小城镇。整体规划以 T 村为中心，逐步实现六村人口的集中居住，并以旅游小镇的模式，将六村的基础设施、公共服务、人居环境、产业支撑、生态建设项目串珠连片，实现六村自然生态、休闲观光、体验采摘、田园风光、游乐滑雪、地方小吃、传统八景、历史传说等物质和文化传承有机统筹整体整合。

2019 年，在六村连片发展规划下，T 村获得了更大发展空间，也获得了更多建设用地指标。在本村相继打造了本地特色文化旅游项目——"古州家风馆"，另外"村史馆""走染坊印染陈列馆"和"桃林休闲度假院落提升工程"等系列文旅项目也在加快实施中。在游乐场方面，该村通过积极招商引资 9000 万元建成室内游乐项目"悦洋水世界"，并不断完善景区

[①]　费孝通. 中国城镇化道路[M]. 呼和浩特：内蒙古人民出版社，2010：7.

现有的配套设施。目前景区已建设项目有滑雪场、游乐场、跑马场、喊泉、水滑道、玻璃吊桥、VR 体验馆；为了增强景区的娱乐性和体验性，还增办了采摘节、光影节、七夕节、半程马拉松比赛、星空音乐节、广场舞展演等系列节庆活动。同时，为满足集中居住条件，相继在该村开发修建更多住宅区，也在其他五村中另选一地开发建设集中居住区，且在交通条件较好的 W 村引资 1.5 亿元建成果蔬交易市场。整体上，截至 2020 年底，六村连片开发下旅游小镇已初具规模，还新增了 800 多个就业岗位，新的集中居住小区也陆续开工建设，除 T 和 N 村实现集中居住外，另外四个村已有将近三分之一左右的人口实现了集中居住。

三、联村党建与抱团发展：合并新区最终形成与治理

经过两村合并到六村的连片发展，整体上以 T 村为中心多村联合发展的城镇新区已基本形成。但是联合发展初始目标主要是充分利用 T 村强大的集体经济和产业转型扩张机遇，通过产业集中、资源互补来带动周围的脱贫与发展，主要出于经济发展的目标。随着连片产业不断扩张、拓展，新区的人口、规模更是日益扩大，不仅涉及土地使用、产业发展等问题，更涉及新区整体规划、村民融合、利益分配等问题，尤其是出现了越来越多的矛盾纠纷和公共事务难协调的问题。选择什么样的治理方式，怎样协调六个村的发展关系，如何统筹新区整体规划就成为摆在眼前的难题。此时，T 村虽然依然面临着产业扩大与土地有限的约束，但本身的经济实力不可能一下子把周围几个村全部合并过来，也不可能支付所有集中居住的费用；而且从行政管理体制上，六村"撤村并居"重组为一个行政村短时间很难实现，即使实现，面对人口、产业等已经达到甚至超过乡镇规模的行政村，实现什么样的管理体制、如何处理与原乡镇政府的关系、是否还涉及"撤乡并镇"等问题，已经超过了本区域的职权能力范围。

面对这些问题，当地政府和 T 村都进行了积极探索，并探索出以联村

党支部的方式来推动新区发展的治理模式，通过基层党组织创新来破解现实的治理难题，即 T 村和周边 5 个村通过党组织联合起来，成立联村党委，这样既拉大组织框架，破解了个别村庄不能独立解决的难题，又实现了整个片区的统一规划、资源互补和抱团发展。其实早在 2007 年，当地政府就曾采取"1+X"党建模式，即推动某个党建基础好、经济实力强的村与周边较弱的村联合共建，解决部分产业基础弱、软弱涣散村的党组织建设问题。作为资源型地区，随着煤炭资源开采，农村的经济、社会结构都发生了巨大变化，采煤村与非采煤村、采煤村之间的差异化发展，使得大村与小村、强村与弱村、富村与穷村发展不平衡问题逐渐凸显。随着资源型经济转型，依靠煤炭收益强起来的农村面临着面积有限、劳动力资源不足的发展"瓶颈"；贫困村、弱小村受地理环境、资源条件、资金技术人才等制约，自身更无法解决发展难题，尤其是这些村"两委"班子凝聚力、战斗力也相对较弱。针对这种情况，以行政村为单位设置党组织的传统模式与农村经济社会发展之间的矛盾日益突出，为有效破疑解困，该地在提出"大带小、强带弱、富带穷"的发展思路后，也在不断探索用组建联村党组织的形式来解决发展难题。2013 年，在当地政府倡导下，T 村与周边五村就共同组建了山西省第一个联村党委——T 沟联村党委。由于当时 T 村与周围村刚进行产业合作，还未形成整体的发展局面，组建联村党委目标虽然是为了促进区域抱团发展，但主要内容是党组织建设和部分活动开展，相关的议事、决策等制度规则也尚未成型。

党的十九大后，在乡村振兴战略的指导下，当地为促进脱贫攻坚与乡村振兴的有效衔接，有效解决类似于 T 区这样农村集中连片的持续发展问题，在总结前期经验基础上，逐步将"1+X"党建模式、联村党委等形式制度化、规范化，在综合考虑联建村的地域特征、产业特点、发展方向等因素，将联村党委整合划分为"园区发展型、村居融合型、村企共建型、区域产业型"四种联村模式，并在全市大力推动"联村党委"建设。所谓园区发展型，即之前的"强村带弱村"，把集体经济较强村的资金、技术、产业等与所带弱村的土地、生态优势有机结合起来，实现了以强带弱、抱团共富；所谓村居融合型，主要针对各易地扶贫搬迁形成的新民社区，要求发挥搬迁地所在村的经济实力，与移民新村共同完善基础设施等建设，逐步实现城乡公共服务均等化；所谓村企共建型，主要是针对之前因采煤沉陷区治理（该市有大量的煤矿都在农村）或其他类型资本下乡项目等，要求各驻村企业与所在村结成紧密利益共同体，妥善解决企业发展与带动村庄发展问题，实现村企和谐共处、互利共赢；所谓区域产业型，主要指通过打破原有村级行政区划界限，充分利用一定范围内村与村之间的自然条件、产业优势和发展模式等优势，整体规划、统一打造产业融合、特色鲜明的区域产业经济带。

同时，还逐步规范了联村党委的建设原则与工作机制等制度建设。首先明确了建设原则。在该市出台的《关于进一步推进联村党组织建设的实施意见》中明确了联村党委的建设的"三不变""三统一""三独立"原则，即："行政区划不变、村民自治主体不变、集体资产产权不变"，"工作统一部署、统一落实、统一考核"，"财务管理独立建账、独立核算、独立收支"。其次确定了干部选拔形式。即采用推选制，对于联村党组织书记，主要从所有联建村的"两委主干"中推选政治素质高、农村工作经验丰富、驾驭统筹全局能力强、群众威信高的党员担任，并由乡镇党委直接任命，联村党委的其他委员则由联村共同推选；同时，规定由联村所在的乡镇党委选派党建指导员在"联村党委"中担任秘书长，包村干部担任联村党委的第一委员，全程监督联村党委"六议两公开"[①]运行情况，解决一些村干部互相拆台、与民争利问题。第三，规范了工作机制。即通过联席会议制、民主决策制和民主监督制来规范联村党委关于重大项目的决策。联席会议制主要指联村党委定期召开联席会议研究重大问题；民主决策制即按照"联村党委会议提议→联村党委（扩大）会议讨论→联建村两委会商议→联建村党员大会审

---

① "六议两公开"即动议、提议、商议、审议、民议、决议以及决议结果公开、实施结果公开，是当地为规范村级民主自治，在"四议两公开"基础上的进一步创新深化。

议→联建村村民代表会议通过→联村党委形成决议并组织实施"的程序，讨论决定重大事项；民主监督制即包括上级乡镇党委对联村党组织"六议两公开"运行情况进行组织监督，同时接受联建村所有村民群众的广泛监督。

在政府政策推动和制度指导下，T村与周边五村在原来联合党建的基础上，也不断将联村党委逐步规范化、制度化。从当地联村党委整合类型上看，T沟联村党委属于多种类型的统一体，即包括园区发展型、村居融合型、村企共建型、区域产业型的所有特征。随着T沟联村党委的建立、完善和规范，标志着以T村为中心的六村合并新区最终形成，整个新区地域总占地面积11.28平方公里，区域内常住人口达8000余人，党员260名。T沟联村党委规范运行后，在联村党委统一领导和整体协调下，六村合并新区从整体发展规划出发，在产业规模发展、基础设施建设、村民就业增收、党组织建设与党员教育、文体活动等方面整体联动，抱团发展。之后，以T村为中心的合并新区先后获得山西省美丽宜居型示范村、全国文明村、全国先进基层党组织、中国美丽休闲乡村、中国十佳小康村等荣誉称号，成为该市集餐饮住宿、采摘观光、产业集聚为一体的"后花园"。之后当地政府将T沟联村党委作为示范区，逐步向全市范围推广，截至2020年底，该市全市范围内共组建"联村党委"26个，涉及12个乡镇、117个行政村、4个企业、7个社区。

正如联村党委李某所言，"尽管从行政区划和财务等方面来看，六个村依然是相互独立的行政村，但是在联村党委的统一领导下，各个村利益相关，共同发展，整个片区也呈现出一致向前的状态，而在整体规划发展下，各个村之间还相互比较，村干部之间也不再像往常一样混日子了，而且因为有联村党委的指导和教育，其他五村与我们联手发展、共同发展的使命和责任感也更强了。"①

---

① 对T村党支部书记李某的访谈."T村村干部访谈记录"，2021年，资料号（20210126YQT01CG）.

第三节　并易合难：合并社区的治理困境及发展局限

从当前我国农村城镇化、合村并居以及各种农村新型社区的建设与形成过程来看，合并实践中更多偏向于农村的空间整合布局以及基础设施建设方面，但是相应的治理机制、组织建设、农民市民化等制度问题明显滞后，日益成为城乡融合发展的制约因素，如合并社区新的组织机构与原来各行政村组织机构的职能重叠，或合并社区新的组织迟迟不能建立，导致出现社区管理交叉、断层的问题；还有因集体产权、"并村不合账"等问题导致未能真正实现连片发展；更有因来自不同村庄居民不同的生活习惯或利益需求不一，导致居民之间"明和暗不和"，滋生了新的宗派力量，社区管理潜藏冲突风险；[①] 等等。从 T 区 [②] 形成过程中看，为了应对规模扩大、产业发展、整体发展、村民融合等问题，通过建立联村党委，创新基层党组织建设形式来应对、适应和协调，虽然刚开始在上级政府的大力支持和强力帮助下取得了一定成效，但整体上联村党委依然具有较强临时性、权益性的特征，随着新区规模、人口的不断扩大，产业快速发展与利益复杂化等问题出现，合并新区依然存在制度建设、村民融合、土地使用等治理困境，尤其是农村集体经济抵御市场风险的能力较弱，当产业发展遇到各种突发的自然、市场和社会风险后，合并新区的发展更是陷入入不敷出的状态，甚至举步维艰。

---

① 陈朋. 乡村振兴中的城乡空间重组与治理重构[J]. 南京农业大学学报（社会科学版），2021（4）：9-18.

② 以T村为中心的六村合并新区，为方便论述，以下简称T区。

一、规则难适：制度改革滞后于空间整合

在西方，规模一直是一个事关政体选择和有效治理的重大问题。[①] 在我国基层民主实践和理论探索中，随着城镇化快速推进和村民自治制度深入实施,国内学者也逐步开始对自治单元与自治规则的关系进行研究和讨论。[②] 在实践中，由于存在产权单位与治理单位不对称现象，更影响着一个区域的治理绩效。[③] 因此，一定区域内基于产业连片发展的空间整合、村庄合并带动着人口数量与密度、地域模式等相应发生改变，治理规模的改变必然需要相应治理规则的改变。T村和周边五村由原来独立发展转变为联合发展的合并新区的过程，也是一个治理规模不断扩大的过程。由于在发展和转变的过程中，相应的治理体制和规则没有及时跟进，虽然创新出联村党委的组织形式，但由于其具有较强的临时性、权益性，实际运行中多侧重于联络协调，无法有效发挥决策整合作用，导致T区治理存在许多困境，影响了其持续稳定发展。

（一）T区角色不清、管理较为混乱

T区目前从人口、产业、形态等方面来看，事实上已经具备乡镇一级的规模和架构，从未来发展趋势上看，小城镇已经成为其发展的必然，甚至在实际运行当中，T区也承担了基础设施建设、公共服务、产业布局、经济发展等乡镇政府的职能，但是在行政管理体制上，虽然T区是六个村级单位的合并体，却仍然按照村级单位组织来运行。目前地方政府也在T区挂牌成立"城乡统筹试验区、三产融合示范区、乡村振兴示范区、小城镇建

① [美]罗伯特·A.达尔，爱德华·R.塔夫特. 规模与民主[M]. 唐皇凤、刘晔，译. 上海：上海人民出版社，2013：9.

② 邓大才. 中国农村村民自治基本单元的选择：历史经验与理论建构[J]. 学习与探索，2016（4）：47-59.

③ 邓大才. 产权单位与治理单位的关联性研究：基于中国农村治理的逻辑[J]. 中国社会科学，2015（7）：43-64，206.

设示范区",也通过成立联村党委来负责 T 区主要公共事务,但由于 T 区没有正式成为一级政府或者开发区一类的准政府形式,实践中产业发展、资源整合、公共服务等方面存在巨大的体制机制障碍。

尤其是 T 区仍然作为当地镇政府的下级机构,比如上级转移支付款和各项财政资金,还需拨入原来镇政府,再由镇政府下派到 T 区各个村。再如,虽然 T 区还不是一级完备的政府组织形式,但仍要承接上级政府的各项行政任务,涉及土地调整、产业发展等方面没有任何的主动性,甚至以 T 区名义吸引投资、项目合作、签订合同等,都不能以 T 区名义盖章(虽然联村党委有公章,但是不具备法人效力),而只能以 T 区各个村来进行,实践中主要以 T 村来进行,极大影响了 T 区整体发展。整体上,T 区是城乡发展的一个空间形态和一种新的组织形式,是处于传统行政村与现代化小城镇的中间形态或过渡形态,虽然政府也进行相关制度创新和实验区建设,但由于制度改革滞后,尤其是相关配套改革不匹配,来自上级政府的政策扶持远远落后于其发展需求,导致 T 区发展受到了诸多制度限制,无法进行有效治理创新与机制建设。

同时,对于像 T 区一样的集镇式城乡新型社区,规模和形态的变化也使其集合了传统行政村和新型城市社区的多重职能。由于"三不变""三独立"的存在,虽然成立了联合党委作为组织协调机构,但只是形式上合并了,依然保留了原来管理机构和组织成员,实质上社区整合功能没有最大限度的实现。例如:农村医疗保障、土地流转、集体资产经营、产业化经营、拆迁补偿等业务一般还是由原来村委会处理,涉及新社区内一些事物则由新社区来管理。另外,像党员管理、流动人口、物业服务等事务由新旧社区交叉管理。这种混乱的管理模式,导致新型农村社区管理上出现诸多的矛盾。

(二)职能冲突,内生活力不足

从规模和形态上看,T 区已经基本上成为乡镇一级的架构,而从其形成、成立和发展的过程中都得到了当地政府大力支持。当其形成后，政府除希望通过连片发展带动整体经济发展外，也希望 T 区承担更多行政职能，为政府减压分担。本质上看，T 区是由 6 个行政村为产业发展、共同富裕联合组建村庄发展联合体，更多体现为一种自主发展的结合。正是由于对 T 区角色定位不清，导致 T 区在实际发展和运行过程中存在职能冲突，承担过多的行政任务，导致自身内生发展活力不足。

长期以来，基层政府面临着治理负荷沉重、正式治理资源匮乏以及治理规则的复合性的结构性困境，[①]往往采用各种组织形式应对。随着行政任务和公共服务事项日益增多，基层政府通常采用下派的方式进行，虽然也有部分制度和组织创新，但更多是基于责任考核和任务完成的权宜性改变。T 区成立联村党委，原本是通过基层党组织创新的形式，推动六个村的整体协调和联合发展，实际过程中联村党委也是在政府强力推动下形成的，刚开始由于领导的重视和巨大搬迁任务压力，联村党委发挥了重要的作用。之后，随着迫切行政任务的完成和主要领导的变动，联村党委在资源整合、产业发展、村庄协调方面的作用难以有效发挥，但承担的行政任务却没有相应减少，日益成为上级政府的一个临时执行机构，实践中更承担了一级乡镇政府的功能，主要承接上级政府的各项任务和命令。尤其是上级政府选派的乡镇干部担任"联村党委"秘书长和"第一委员"，实际上成为联村党委的主要领导者，不仅导致 T 区缺乏自主决策能力和内生发展活力，还体现出较强的治理内卷化。自治内卷化就像一个连锁反应，从下至上影响着每一层级的治理方式。[②]

原本通过成立联村党委来解决 T 区形成后整体规划和村庄协调发展问题，一定程度上也赋予了 T 区先行先试的权力，但是由于制度惯性尤其是相关配套制度措施改革的滞后性，导致实际运行中出现了与制度设计原本

---

① 狄金华. 农村基层政府的内部治理结构及其演变——一个组织理论视角的分析[J]. 北京大学学报（哲学社会科学版），2020（2）：87-98.

② 贺雪峰. 论乡村治理内卷化——以河南省K镇调查为例[J]. 开放时代，2011（2）：86-101.

目标相脱节的现象，导致 T 区逐步沦为一级准政府组织，但角色上并没有赋予其政府组织的权力，不仅导致其权责不清、职能冲突，更影响 T 区持续健康发展。上级政府为了加强 T 区运行中的监督和应对人才短缺现实，选派部分乡镇干部来新区任职，由于本身发展目标和利益选择的不一致性，过多的承担各种行政任务，出现了部分官僚化的弊病，导致 T 区在产业发展、项目建设方面出现盲目扩大、不顾市场风险，有些还沦为作秀式的"现象工程"，直接导致 T 区陷入发展困境。

（三）联村党委决策权威不足、项目难落实

从制度创新本身来看，T 区成立联村党委，不仅是一种村庄组织协调机构，更是一个整体连片发展的决策机构。但是在实际运行过程中，由于相关配套制度不健全，导致联村党委的决策效力不够，六村各自为政现象严重，整体规划、产业发展和项目推进难以落实。虽然联村党委制度要求合并后六村应"工作统一部署、统一落实、统一考核"，但现实中由于存在"三不变""三独立"原则制约，导致联村党委的整体决策很难实现。

实际调研发现，T 区联合党委成立后虽然一定程度上发挥了相应的作用，比如组织党组织活动、党员管理与教育、矛盾纠纷的调解等，但对于实质性的土地整合、产业发展等经济方面干预较少。此外，常态化工作机制还未形成。刚成立时由于上级政府的高度重视，联村党委在一定时期内作用明显，但随着搬迁安置、土地流转等问题的解决，之后的工作只是就部分临时性问题进行协调。联村党委更偏向于发挥"联系协调"的作用，但是在整体融合、决策议事方面效果欠佳。成立联村党委，T 区六个村也建立了联合办公大楼，区内许多公共事务、公共服务等也实现了联合办公，但在整体规划、产业发展、项目合作等方面依然是各自独立，目前已经进行的各项产业联合尤其是旅游项目的规模发展，基本上还是靠 T 村原党支部书记李某的个人权威和 T 村较为强大的集体经济来支撑。当在产业转移、土地使用等方面涉及具体利益冲突和矛盾时，比如 T 区整体发展规划需要

在一定时期内令某些村庄做出"利益让步"、T村部分产业转移难以满足周边村利益需求、T区整体产业规划与各个村发展预期不一致、T区短期和长远规划项目不同步、各个村对效益好、见效快的项目争夺等等，联合党委不仅很难协调，即使以"少数服从多数"做出决策时，也会因为某一村的不执行而烂尾。

总体上，由于联村党委不具备决策上的权威性，也没有建立对各村的制度约束和惩罚机制，导致整体规划和连片发展在现实中很难执行。究其原因，一方面是由于各村长期独立发展，本身就缺乏合作意识，在村民自治制度框架下，村庄实现自我管理和民主决策，村干部的选择和村庄公共事务的决策大多由村庄自行决定，即使成立了相关组织机构，由于缺乏相应制度约束，导致很难形成集体行动。另一方面，由于村庄发展差异性和利益复杂性，尤其是涉及集体土地和村庄债务，导致新区很难协同发展。由于农村承包地和集体资源资产主要是按行政村进行，为减少矛盾冲突大多采取"合村不并账"方式。因此，即使形式上合并了，但由于承包地和集体资产独自运行，各村大多也保留原有的村庄管理机构，这也是导致类似于T区这样的合并新区或各种多村重组型的新建社区存在难以协同发展的根源所在。①

二、村民难和：社区再造与农民改造脱节

农业、农村的现代化关键在于农民的现代化，农村城镇化的核心是人的城镇化。一定区域内空间的整合，不仅是农村居住地的转变，更带来生活方式、生产方式和交往方式的改变。尤其是农民从村到城的转变，不仅是居住地域、居住环境、生活生产方式的转变，更是从传统向现代的转型，

① 陈朋. 乡村振兴中的城乡空间重组与治理重构[J]. 南京农业大学学报（社会科学版），2021（4）：9-18.

需要思想观念、职业、生活方式等全方面的转变。从 T 区形成过程和最终的形态来看，该区基本上已完成了从传统自然村落向现代化城市社区的再造，住房条件、生活设施、公共服务等硬件方面都已经达到城市社区发展水平，但从农民市民化、现代化转型来看，却存在种种问题。

（一）差别明显导致村民难融合与新区认同感低

传统中国是一个基于血缘关系的熟人社会，"是一个没有陌生人的社会"[①]。农民对村庄的认同是一种基于血缘、情感基础上以一定约定俗成规则和共同精神信仰的自然认同，由于信息交往的对称性和生活方式的相似性，同一个村庄内大家相互熟悉，基本上保持相对稳定亲和的关系。从分散敞开式的居住形式搬迁到相对集中的现代社区里，不仅是"生产生活功能的分离"[②]，现代化小区相对便利的生活条件，也直接开始消解"社群关系基础"[③]和生活互助、邻里相帮的交往方式，使村民从熟人社会搬入了"生人社会"。原本就存在一定程度适应难问题，加之同一个住宅小区内由多个不同村庄的村民组成，而由于原来各个村在集体经济、村民收入、福利待遇等方面存在极大的差异性，出现村民难融合的问题。

对于 T 区而言，六个村原来的生活条件差别相当大。原 T 村由于集体经济强大，村民收入较多，不仅在心理上占有极大优越感，相比较其他五村村民，更需要较高水平物业服务质量，且该村也基本上由村集体负担。而原来五村的村民由于村庄集体经济薄弱，村民本身收入较低，搬到新区主要是为解决住房问题，并不希望承担更多的物业费，甚至不愿意承担任何公共支出。这样，因为社区公共服务多样化需求而产生了较为紧张的冲

① 费孝通. 乡土中国[M]. 上海：上海人民出版社，2006：25.

② 陈荣卓，李梦兰. 城乡关系视域下撤村并居社区的融合性治理[J]. 江汉论坛. 2018（3）：133–139.

③ [德]韦伯. 韦伯作品集·经济行动与社会团体[M]. 康乐、简惠美译，桂林：广西师范大学出版社，2004：265.

突。与此同时，除了五村与 T 村村民有冲突外，五村村民之间也因先后搬迁顺序、搬迁后土地置换补贴、原村是否承担相应产业转移以及村民们是否在 T 区有稳定就业机会等被分割成好几个派系。村民们朴素地认为，既然已经合并联合发展了理应享受同样的福利待遇，但现实中极大的差别导致村民之间互相埋怨。目前 T 区村民难融合主要表现在以下几种关系存在矛盾：一是整体经济较为强大、村民收入较高的原 T 村村民与其他后搬进来的五个相对弱村的村民；二是第一个搬进来且福利待遇相对较好的 N 村村民与其他四村村民；三是原 T 村村民因劳动力、技能等因素收入减少与其他五村在 T 区有相对稳定收入的村民；四是搬迁而来的五村村民因 T 区整体规划和产业转移而导致不同就业收入差异，比如有的村民就业在 T 区旅游景区，有的村民则需要返回原村就业，有的村民因分房分在了景区、街道两旁，有的则在其他位置靠后的地方；五是整体上六村村民住于同一社区，但需要自己承担公共开支的不同而产生矛盾，比如因为 T 村村民物业费、水费等由村集体承担，而其他村村民则自掏腰包，还有因贫困户享受的福利待遇相对较好，导致村庄贫困户和非贫困户之间的矛盾。总体上，由于集中居住后，不仅原有的熟人交际网络被打破，而且由于不同村民之间生活水平、身份标签和收入等存在较为明显的差距，导致村民们关系相对紧张，对新区的认同感不强。

（二）人的现代化与生活条件的现代化难以适应

T 区形成后，居住环境、基础设施、公共服务等方面都基本上实现了生活条件的现代化。但从人的现代化角度看，整体上从思想观念、生活习惯、公共精神和法治意识等方面，T 区农民还较为落后。

一是思想观念落后。新区的再造需要充分发挥农民主体作用，需要农民从思想观念上真正认可和支持新区的长远发展，主动参与新区的产业、治理当中。但是当前 T 区农民普遍缺乏长远的就业观念和发展思维。一方面，农民土地依赖情节严重与职业改造意识较差。虽然当前务农在农民收入中已经不占主导地位，但面对土地流转和土地被征用，农民依然保持着对土地极强的依赖，缺乏对土地产业化规模经营的心理准备；同时又缺乏职业技能的训练和职业改造的意识。T区农民对政府、村集体尤其是对原T村有着严重的依靠心理，等、靠、要的观念比较突出，自主选择技能培训、提高就业能力的意识还相对较差。另一方面，缺乏对新区整体规划的积极配合和信任，缺乏较为长远发展意识。尤其是农民普遍存在朴素的"经济人理性"心理，当整体规划与自己短期的利益相冲突时，往往选择保护自身利益，这也是导致新区在土地流转、村庄整合、生态建设等方面进展缓慢的原因之一。

二是公共精神较弱。从一定意义上来看中国农民是最务实的，也是最理性的经济人，往往存在"各扫门前雪""事不关己高高挂起"的心理，集中体现在对公共事务的关注和维护方面。一方面由于生活习惯短时间难以改造，T区村民对新区公共卫生、整体安排缺少一定的适应性。另一方面是在缺乏集体认同的基础上，缺乏主体意识，只关注涉及自身切实的眼前利益，认为T村的所有事务，无论是产业发展还是村庄建设，无论是经济增长还是陷入市场危机，都是政府和村干部的事，对于公共事务和公共利益关注度低，直接体现在对新区住宅区各项公共设施的维护方面，几乎很少有人主动关心和维护新区内各项公共设施。

三是法治和契约精神缺失。实地调研发现，由于法律知识、法治意识和契约精神的缺失，T区农民在土地流转、产业转移等方面，时常会提出一些不合理的要求，甚至当村集体、企业与农民已经签订了相关合同，也经常出现违反合同的行为。比如新区为吸引游客来旅游采摘，专门采用了"桃树认养"的形式，原本组织村民与外来游客签订"认养"协议，但当市场价格高于认养价格时，村民们便会违背协议，私下将成熟的桃子出售，而后因违反合同需要赔偿时村民往往不认账。再如，T区为规模化发展现代生态大棚，原本已与某村村民签订了土地流转合同，但后因某几户农民与准备承包的村干部有矛盾而反悔，导致该产业难以开展。[①] 在我国农村，发生纠纷冲突往往都不选择进行法律解决，而是首先找关系，找熟人解决，不论事实，只论关系，因人处事、看人办事。由于缺少与现代市场经营相应的法治与契约精神，极大阻碍了新区产业快速规模化发展。

（三）农民对精英极强的依赖性导致人力资本缺乏

人是社会发展的第一要素。无论是乡村产业发展，还是社区有效治理，都需要依靠人才振兴，发挥农民的主体作用。T区的整体发展，离不开乡村精英的带动，需要在精英的带领下发挥所有人的主体积极性。目前在T区产业发展和社区治理中，无论是原T村村民，还是搬迁过来的其他五村村民都对老书记李某有着极强依赖性，一方面表现出充分信任，另一方面却滋生了"等靠要"思想。尤其是当新区因产业、基础设施建设、村民矛盾发生各种问题时，大家不仅不主动积极寻找解决办法，而是习惯了听从李某的决策。随着村里年轻人大量外流，老支书李某年龄也日益增大，不仅是对T区来说，就连下面各村都很难选拔上真正合适的村干部，整体上T区面临着干部青黄不接的问题。虽然在上级政府支持和积极协调下，通过选派大学生或借调政府机关干部来支持新区工作，但选派下来的干部往往具有临时性和过渡性特征，很难真正融入T区发展当中。

另外，随着新区产业规模的发展，不仅需要与外界、与市场发生更为频繁交流，新区各种现代化产业的开办和社区公共事务的复杂化和专业化，更需要大量优秀的专业的人才队伍。但是目前新区由于就业条件、社会保

---

① 各地为促进农业规模化发展，都会给与相应的财政补贴。当地政府为扶持建设一批百亩以上集中连片的现代化设施农业基地，特制定了相关政策和资金支持计划。规定，凡规模在100亩以上且连片发展的农业大棚，市区两级财政每亩补贴1.2万元。T区原计划在W村选址建设，前期准备资金都已落实，且已向政府成功申报。但在施工时，由于位于选址中间的四户农户，得知大棚建成后将由与其有矛盾的某村干部承包后，便不同意原来的流转价格，要求流转价格提高一倍且要求建成承包部分大棚，协商无果后，该项目随之烂尾。

障、前途发展等问题无法吸引更多优秀人才来工作。而新区产业发展、社区治理等都需要大量专业化人力资本，但是目前该区整体上农民文化水平相对较低，不仅缺少相关专业技术性人才，也难以选拔出人才承担新区的管理岗位。虽然李某多次组织人才招聘工作，但是由于地处山区、交通不便，且受社会保障、子女教育、工作待遇、职业前途等影响，很少有人来应聘。对于新区一些项目和产业，虽然雇了部分职业经理人和专业管理团队，但由于管理费用高、市场波动以及职业管理团队与乡土社会"水土不服"等因素，往往没有解决问题反而增添了成本。

最后，最为关键的是缺乏对农民的职业培养。在新区的形成和产业扩张当中，由于将大量资金用于新区基础设施建设和产业发展的投入，忽视对村民文化素质、技能培训，导致村民在实现生活现代化、产业规模化后没有相应进行职业转变。整体上，新区村民普遍存在文化素质低、从事第二、三产业技能欠缺的问题。T区本土人才缺少、年轻人外流和农民现代化职业技能较低是影响该区未来发展最关键的制约因素，也是最大的困境。

三、产业难展：规模扩张与土地制度约束

当前，随着城镇化、工业化快速发展，各地都需要大量土地资源尤其是建设用地，而坚决坚守18亿亩耕地红线更是确保我国粮食安全的底线。因此，各地在开发土地和坚守红线方面存在着较为严重的紧张和冲突。从理论上，增加耕地面积主要做法有两种，一是土地整治，一是集中居住[1]。实践中许多地方政府为加快本区域经济发展，解决建设用地指标不足的问题，往往以推动农民集中居住、合村并居、农民上楼、万人村、大村庄制建设、小城镇建设[2]等形式，通过对节约出来的农村宅基地、荒地等进行复

---

① 阮荣平. 农村集中居住：发生机制、发展阶段及拆迁补偿——基于新桥镇的案例研究[J]. 中国人口·资源与环境，2012（2）：112-118.
② 林聚任. 村庄合并与农村社区化发展[J]. 人文杂志，2012（1）：160-164.

垦后获得可用于建设的用地指标^①。尤其是在土地财政影响下，商业用地、工业用地以及房地产开发等日益需要大块相对平整的土地，许多地方政府充分利用土地"增减挂钩"政策，通过对农村宅基地复垦、开垦荒地坡地以及将山区农村分散小块的非基本农田转变为农业用地，进而通过指标周转、"地票"等形式^②，将处于城镇周边较为平整的土地转变为非农用地，进而进行土地建设与开发。实地调研发现，在严格遵守国土资源功能区划分前提下，许多农村缺乏建设用地指标也是限制其产业发展的主要因素。对于资源型地区，受自然环境影响原本就缺乏相对平整的土地，建设用地指标更为紧张，山区农村更是缺乏非农产业发展建设用地指标。

由于土地复垦、增减挂钩环节较多，也较为复杂，很难有效约束地方政府在土地复垦、指标周转中不规范行为、权力寻租和腐败行为，尤其是复垦后的耕地质量存在粮食安全威胁^③，国家在基本农田保护方面进行严格制度约束。而地方政府在经济发展和上级问责的双重压力下，更是对农村建设用地指标进行了极为严格限制，农村在进行产业转型、规模扩大、城镇建设过程中必然会受到建设用地缺少的制约。从 T 区整体发展规划来看，除发展现代农业产业外，更将生态休闲旅游作为其最主要发展方向。而规模化发展生态旅游，尤其是与景区建设相配套的食宿会展、休闲娱乐、文化园区以及房产开发、社区再造等，都需要使用大量建设用地。原本 T 区采用连片发展、集中居住的形式，也是尽可能为产业转型、景区扩大赢得更多建设用地。但由于国家严格管控，加之地方政府政策缺乏连续性，导致目前土地制度约束成为该区产业发展、旅游小镇建设的最大障碍。

原本在 T 区成立初期，当地政府主要领导给予了全面支持，T 区也正

---

① 张鹏，刘春鑫. 基于土地发展权与制度变迁视角的城乡土地地票交易探索——重庆模式分析. 经济体制改革[J]. 2010（5）：103-107.

② 刘守英. 直面中国土地问题[M]. 北京：中国发展出版社，2014：208.

③ 刘元胜，崔长彬，唐浩. 城乡建设用地增减挂钩背景下的撤村并居研究[J]. 经济问题探索，2011（11）：149-152.

是在该主要领导的直接推动下成立的。为了保障 T 区做大做强，该领导在资金、资源、政策尤其是建设用地指标上给了 T 区大量倾斜，这也是促使 T 区在形成之初得以快速发展的关键。"规则常因人、因情景、因力量而变通或替代""不是有没有理，而是有没有人"，[①] 随着主要领导的调离和继任者发展思路的改变，由于政策缺乏稳定性和连续性，T 区在土地使用方面难以获得更多支持。从 2019 年后半年开始，T 区景区规模扩大、产业转移需要使用更多建设用地指标，而当地政府发展重心转移，不仅增减钩挂分给 T 区的建设指标减少，还增加了 T 区的耕地复垦任务。实际调研中，T 区党委书记李某多次反映建设用地指标少、土地约束对该景区产业发展的限制。

另外，由于 T 区六村山地存在大量基本农田，根据国务院《基本农田保护条例》规定，"任何单位和个人不得擅自改变和占用划定的基本农田保护区""禁止任何单位和个人在基本农田保护区内建窑、建房、建坟、挖砂、采石、采矿、堆放固体废弃物或者进行其他破坏基本农田的活动。"在严格耕地保护下，该区不仅没有争取到更多建设用地，由于不能在基本农田上开展任何形式建设，也限制了该区现代生态农业旅游的发展。此外，该区在土地流转集中使用等方面还存在部分产权纠纷，也影响了现代农业产业的规模发展。原本 T 区建立集中住宅小区，通过宅基地置换和土地调整等拥有了部分土地使用权，这部分土地产权比较清晰，但由于承包地都是按原村庄人口进行分配，不同村庄之间土地情况存在显著差别，T 区在进行土地流转、农业产业规模经营时，往往需要单独与每一个农户进行协商，每个村基于自我利益保护，也经常对产业性质、长短收益进行选择比较，影响 T 区整体规划实施和开展。

---

① 张静. 土地使用规则不确定：一个解释框架[J]. 中国社会科学，2003（1）：113–124，207.

四、发展难继：市场风险与集体经济瓶颈

如果没有集体经济支撑村庄公共事务发展,村民自治制度也无法落实。[①]当前,面对逐渐原子化的乡村来说,即使对于一个村庄的治理来说也必须具备一定经济基础才能实现村庄有序治理和公共事务发展。面对类似于 T 区这样存在较为复杂利益关系且相对松散的多村合并新区来说,不仅体现为传统社区向新型农村社区的过渡,需要完善各种基础设施和公共服务,由于需要维系多村联合发展局面,这些更需要具备相对雄厚的资源资金作为支撑。

从 T 区的形成动因、快速发展以及初期体现为较为紧密村庄联系的过程来看,除了政府大力推动和部分资金政策支持外,更多基于 T 村较为强大的集体经济和美好预期,这也是政府"以强带弱"和周围较弱五村团结在 T 村的直接因素。可以说,经济因素是维系 T 区整体认同的关键。但是我国乡村集体经济大多数由于自身基础差、底子薄、产品和股权结构单一,加之人才、技术及风险分担机制等现代化要素弱,不仅缺乏应对市场风险的训练,更极易因市场波动而一蹶不振。尤其是对于资源型地区来说,大多数因煤而富的村庄都是靠短期资源利润或某些政策、市场、机遇的偶然因素,适应市场机制、选择市场产品和应对市场风险能力都相对较弱,出现了大量"快速富裕起来,又很快衰败下去"的昙花现象。

T 区也同样面对这样的困境。随着市场波动、产业选择、投资加大、成本难收等导致收入减少,使 T 村乃至整个 T 区都陷入巨大的发展困境和治理危机。从 2007 年到 2019 年期间,T 区在 T 村较强集体经济带动下,进行了大规模投资改造,不仅完善了村民集中居住,还完善了各项基础设施建设,而且为实现大景区建设,还进行了大规模土地整治、生态改造以及上马各种休闲、娱乐和旅游开发项目。到 2018 年底,T 区整体上已完成了从

---

① 王慧斌,董江爱. 产权与治权关系视角的村民自治演变逻辑——一个资源型村庄的典型案例分析[J]. 中国行政管理,2018(2):40-45.

煤炭资源经济、传统农业向现代农业、生态旅游的转型。在这十年期间，T区基本上处于开发投资阶段，期间虽有部分产业开始盈利，生态旅游经济效益也开始显现，但相对于巨大投资成本来说，收入占比极小。根据对李某访谈得知，这十年，除了政府帮扶资金外，该区净投资规模已超出 10 亿（其中包含三分之一左右贷款，三分之一左右企业投资），原 T 村集体经济投入也高达 3 亿，除去 T 村之前在外地购置的"物业"外，T 区整体收入刚刚达到 2000 多万，甚至还不够银行贷款利息。进入 2019 年，周边市县相同类型旅游产品大量出现，各地都在打造旅游小镇、生态小镇、文化古镇等[①]，游客有了更多选择，加之本市人口规模较小、居民消费能力有限，T 区因地理交通、产品品质等问题不具有较强市场竞争力，旅游收入日益减少。尤其是 2020 年后受疫情影响，该区旅游收入更是锐减，甚至部分游乐场项目因长期无人使用已逐步损坏。另外，该区开发的部分房地产，也因许多大品牌开发商向三、四线城市转移，逐步失去了市场。

目前，T 区除部分农业产品因消费扶贫、产业扶贫等有部分收入外，其他各类旅游产品基本处于停滞阶段，不仅没有带来收益，还因贷款利息、日常维护等需要巨大开支。虽然当地政府给予了大量支持和帮扶，如在美丽乡村建设、人居环境整治、乡村旅游、乡村振兴示范建设、特色产业基地建设等方面给予财政补贴、联系金融机构和企业进行贷款和投资等。但由于财政补贴需要先进行前期建设投入和资金配套，金融机构出于成本收益考虑往往选择较为优质项目，因此，无论是资金数额还是到账时间，依然没有解决该区面临的发展困境。

当前该区发展陷入困境，整体收入不断减少，但依然还需承担不断增加的公共服务开支。我国农村社区建设和管理的资金主要来源于政府拨款和集体经济创造的收入，对于 T 区来说，更多依靠集体经济创收。由于集

[①] 据不完全统计，从2007到2018年期间，山西各地共打造各种旅游小镇近百个，较为有规模的也将近30个，且多数形式雷同。仅Y市就有各种小镇10余个，而离T区约2个小时路程的周边也出现了5个规模较大的旅游小镇。

中居住区大部分在原T村范围，基础设施维护和公共服务主要开支也主要由T村承担。随着新区整体上陷入发展困境，收入减少和债务增多，T村不仅自身集体经济陷入困境，更难以承担各种公共开支。目前，T村主要依靠之前在外地投资"飞地经济"来勉强维持贷款利息、村庄日常开支和原T村村民的部分福利待遇。由于影响到原T村村民福利待遇和集体分红，引起了T村村民强烈不满，更导致其对当地政府、T村村干部，包括其他五村村民有着极大埋怨；其他五村村民同样因为并村后不仅没有实现原来预期，加之T村村民还有相应"飞地经济"退路，在对比明显情况下，不仅对T区表现出极大不信任，更对T村村民也表现出部分"仇富"心理。整体上，T区不仅陷入了产业发展困境，更出现了巨大的认同危机和治理困境。

小　结

马克思主义认为，"一切社会变迁和政治变革的终极原因，不应在人们的头脑中去寻找，而应当在生产方式和交换方式的变革中去寻找；不应当在有关的时代的哲学中去寻找，而应当在有关时代的经济学中去寻找"。[①]当前，集中居住、兴办小城镇已经成为一种发展趋势，许多地方都大力推动村庄合并、联合发展。无论是政府主导下扩张式合并、扶贫式合并、联合式合并，还是市场主导下商业开发型、社企共建型、自拆自建型等类型，[②]本质上都是"政府推动农民宅基地拆迁、复垦和农民集中居住的过程"[③]。

---

① 马克思恩格斯选集（第4卷）[M]. 北京：人民出版社，1995：617-618.

② 王兆林，朱婉晴，杨庆媛. 近30年中国合村并居研究综述与展望[J]. 中国土地科学，2021（7）：107-116.

③ 焦长权，周飞舟. "资本下乡"与村庄的再造[J]. 中国社会科学，2016（1）：100-116，205-206.

通过外力推动下以农民集中居住为主的合并社区，不仅是乡村地域结构的重构，更是乡村聚落形态、农民生活生产方式、家庭经营形式的重大转变，^①形成了与原来以血缘关系和传统农业生产方式为基础传统自然村落完全不同的聚落形态，是一种新型的社区聚落和治理单元。在村庄合并和城镇化建设基础上，在广大农村地区出现大量的集镇式新型社区，不仅标志着传统农村管理和建设模式不能适应社会转型发展需要，更倒逼着基层治理体制转型。从实践中看，许多农村集镇式新型社区从规模、形态和事实上都已经成了一种乡镇架构，行使乡镇一级的职能，但是各地大多注重空间整合、移民搬迁、基础设施建设、产业发展等"硬件"方面，而在制度创新、村民融合、农民现代化等"软环境"方面相对欠缺，尤其是治理体制机制改革创新远远滞后空间整合和产业发展速度，日益阻碍合并新区持续健康发展。

在资源型地区，由于资源经济转型，之前许多依靠煤炭经济村庄为走出封闭孤立的发展困境，进行资源互助、优势互补，一体规划、抱团发展，这必然会形成很多大型村、合并村，甚至出现了某煤炭企业将一个乡镇所有村庄全部集中整合起来制造一个新的城镇。^②从本章介绍的 T 区合并新区的形成和治理过程来看，由于治理体制滞后、农民现代化培育缺失、土地使用制度障碍以及村级经济应对市场风险能力弱等问题，导致新区在治理和发展中遇到种种困境。虽然该地通过创新党组织建设的方式一定程度上缓解了治理难题，但由于缺乏有效制度保障和约束机制，导致实践中难以发挥作用。国家发改委发布《2022 年新型城镇化和城乡融合发展重点任务》要求"推动城镇基础设施向乡村延伸、公共服务和社会事业向乡村覆盖，支持国家城乡融合发展试验区和农村改革试验区加快改革探索"。因此，针

---

① 周飞舟，王绍深. 农民上楼与资本下乡：城镇化的社会学研究[J]. 中国社会科学，2015（1）：66-83，203.

② 陈晓燕. 企业制造城镇的政治逻辑——以山西Y镇为例[M]. 北京：中国社会科学出版社，2016.

对实践中出现的各种新型合并新区，必须加快治理转型，尤其是要加快探索村民自治制度和现代社区治理制度、集体产权制度与农业农村现代化的有效衔接机制。

第四章　资源型地区城乡新型社区治理困境的
形成逻辑及出路

当前，随着我国城镇化、工业化进程加快，农村的产业结构和城乡人口布局已经发生了重大改变。为了顺应城乡产业和人口布局的改变，各地都在积极探索推进城乡空间重置和治理重构。[①] 在这种背景下，对于资源型地区来说，由于生态修复、资源整合、经济转型、沉陷区治理、脱贫攻坚、乡村振兴、城镇化建设与行政村撤并等多重任务叠加，更出现了形成大量的城乡新型社区，集中表现为各种易地搬迁新建的移民新村和强村并弱村的合并新村。这些新型社区，无论在空间上，还是在治理中大多表现为"既不像城镇、也不像农村"的城乡过渡特征。正是由于这种城乡过渡特征，导致农村村民自治和城市社区治理都难以适应，新型社区后续治理艰难，面临着集体经济缺失、治理失效、发展乏力、服务难继等多种困境，甚至潜藏着各种风险，不仅关系到农村产业发展和脱贫攻坚的成效，更关系到乡村振兴战略实施，必须引起社会各界的高度重视、切实解决。而这些困境的形成背后，既与乡村和村民本身发展基础和能力有关，更体现为地方政府制度创新与治理能力的落后。因此，必须深化乡村治理体制机制改革，探索与创新城乡融合背景下城乡新型社区有效治理的体制机制。

---

① 陈朋. 乡村振兴中的城乡空间重组与治理重构[J]. 南京农业大学学报（社会科学版），2021（4）：9-18.

第一节　资源型地区城乡新型社区治理存在的主要困境

从实践中看，资源型地区城乡新型社区大多搬离原址，重新选址基本选择在县城周边或一些较大乡镇，加之传统生产结构、生活方式都发生了转变，无论从空间区位上看，还是从产业结构、居民生活方式上看，现实治理中这些新型社区大多表现出"既不像城镇，也不像农村"的城乡过渡特征。空间位置和乡村形态的变化，不仅消解了农村基层群众自治组织即村民委员会的运作空间，也倒逼乡土社会传统村落以权威为基础的治理规则转型。① 在实践中，无论是哪种类型的城乡新型社区，依然还是沿用原来的乡村治理模式，导致新型社区存在角色模糊、发展乏力、服务难继、认同缺失等诸多困境。

一、新区角色定位模糊与治理体制滞后

当前，随着城乡之间产业、人口快速流动，城乡基层社会的治理环境和治理结构发生了巨大变化，农业经营方式、农村治理单元、农民生活方式等都发生巨变，城乡人口流动加速更使得农村社区由传统社区向开放的现代社区转变，诸如大规模整村搬迁、集中居住或者城镇化建设等原因，涌现出大量城乡新型社区。可以说，我国城乡基层社会面临着乡土社会向城镇社会转变，基层治理体系也面临从静态传统社会城乡分割治理向融合互动现代社会的城乡整体治理转变。调研发现，面对出现的各种城乡新型社区，在整体规划、角色定位和制度改革等都存在一定程度上滞后性，不论是在典型资源型地区山西省，还是在全国范围内，类似于本书介绍的 D

---

① 郑娜娜，许佳君. 易地搬迁移民社区的空间再造与社会融入——基于陕西省西乡县的田野考察[J]. 南京农业大学学报（社会科学版），2019（1）：58-68，165.

社区、T社区性质的城乡新型社区特别多,但对于这些城乡新型社区到底是采用原来行政村模式的村民自治,还是以服务为主的社区自治,缺乏有效定位和制度创新。

比如对于D社区这样的易地搬迁移民社区来说,在失去了集体经济和村庄认同情况下,社区治理是按照普通行政村进行村民自治,还是应该参考城市社区进行社区自治,即:定位为具有经济、社会、服务等综合性的农村,还是定位为偏重服务型的城乡聚居社区。从这些新型社区的硬件条件上看,其水暖电房路厕等,一应俱全,几乎和城市社区一样,而现在这些公共设施和公共服务投入主要由政府财政支持(主要是许多政策性的帮扶),居民几乎不用任何花费,但如此庞大的公共支出,之后应该由谁承担。

对于当前各种城乡新型社区来说,在面对集体经济缺失,组织功能运行机制不健全,或者说角色定位模糊是当前最大问题。实践中,许多易地搬迁型移民社区现在主要还是由基层政府代为管理,或委派临时负责人,或安排社区党支部负责,或仍由以前村干部负责,主要处理行政性任务,相当大一部分社区仍处于建房、搬迁等基础建设阶段,整体上主要作为基层政府的执行机构。原本作为社区,其治理主体不仅涉及政府及派出的社区综合服务中心,还包括物业服务类市场组织、居民委员会等社会组织多个层面,但在具体管理过程中,日常活动大多是例行公事,大量时间用于处理社区中事务性工作。[①]

虽然现在大部分城乡新型社区都有相应的管理机构或临时负责组织,但人员、经费都普遍存在短缺,尤其是社区管理人员大多由之前村干部担任,一方面年龄普遍较大且有些还属于"走读"干部,另一方面由于长期习惯传统乡村工作方式,对于新型社区需要处理大量诸如居民上学、就医、社保等服务类工作以及涉及社区物业、基础设施建设等市场性行为,缺少相应知识和经验,很难应付日益增多且比较复杂专业的工作。另外,许多

---

① 付少平. 创新陕南移民社区社会治理的探讨[J]. 新西部(理论版),2014(21):21-22.

城乡新型社区在管理体制上还未理顺，存在多重管理较为混乱的状态，比如许多搬迁农民在移民安置点居住，但户口、土地还在原籍，客观上导致户籍所在地村级组织鞭长莫及、管不好，现居地组织想管管不到、无法管，形成事实上"灯下黑"或"三不管"。①

对于像 T 社区这样由多村合并而形成类似小城镇的新型社区，也缺乏有效持续的制度创新。以 T 社区为例，从其人口、产业、形态等事实上已经具备乡镇一级的规模和架构，实际运行中也承担了基础设施建设、公共服务、产业布局、经济发展等乡镇政府的职能，但在行政管理体制上，虽然 T 社区是六个村级单位的联合体，但仍然按照村级单位组织来运行，由于没有正式成为一级政府或者开发区一类的准政府形式，实践中的产业发展、资源整合、公共服务等方面存在巨大的体制机制障碍。尤其是在定位不清和制度滞后情况下，对于 T 社区这样的城乡新型社区来说，还存在强村与弱村关系如何处理，合并村与被合并村法律关系怎么处理等问题。

一方面由于强村大多合并的是较小较弱且集体经济缺乏的村庄，如果采用相同的村民待遇，强村是否会被弱村拖垮，如果没有更好的项目支撑（或者说项目遇到市场不景气），单靠一个村的经济实力是否能保证村庄还如之前一样好，如果不能，是否原村的福利待遇就会被稀释，进而引起原村村民不满。这也是当前 T 社区面临的现实问题。另一方面，被合并村虽然希望进行合并以便享受更好的福利待遇和就业机会，但村民仍普遍担心会不会享有与原村相同的村民待遇。一旦本村土地、宅基地等并入后，自己不能享有同样待遇，长期下去更产生不安和不满。在这种情况下，许多合并类城乡新型社区要么因村民关系未理顺形成新的派系斗争（直接体现在村民直选），要么只是形式上合并，各村还按原来村治模式。因此，这种合并新村无论是采取行政村进行村民自治还是城市社区自治，如果不能妥

---

① 何得桂. 西部山区避灾扶贫移民型社区管理创新研究——基于安康的实践[J]. 国家行政学院学报，2014（3）：97-101.

善处理好村民融合问题，就会给今后公共服务、社区治理带来隐患。随着合并新村越来越多，范围越来越大，甚至某些新村比"上级"乡镇范围还大、经济实力还强，也产生了许多乡村矛盾冲突，实践中如何理顺合并新村与原乡镇政府关系也是急需解决的问题。

当然，对于合并新村来说，除了像 T 村这样强村并弱村外，更需要引起注意的是大量没有强村带动下的多村合并。比如许多人口规模较少的行政村撤并、易地扶贫搬迁集中安置新村（有些地方建立了大量的贫困户易地搬迁集中安置新村）[①]等，这些村庄目前大多由政府以"父爱主义"形式提供公共服务。未来会有越来越多越来越大合并重组的中心村，这些重组或撤并型村庄在乡村治理上不仅存在类似于 T 区的问题，在没有持续集体经济下，公共服务何以持续。而长期输血式帮扶支持，不仅会弱化村庄自我发展能力，更加剧了农民"等、靠、要"和懒惰思想，影响村庄认同和持续发展。

二、生产生活改变与农民非农就业落后

从生产结构上看，对于资源型地区的大多数农民来说，无论从农业收入效益还是从资源型地区城乡产业结构和自然条件上看，农业早已不是主要生产方式和家庭收入主要来源。特别是长期以来大规模粗放式开采煤炭的矿区，一方面采煤塌陷使地表农田耕作平面出现断裂和陷落，地表坑穴众多，无法进行农田作业，被迫弃耕，造成绝产；另一方面土地塌陷加大了地面坡度，破坏了相对稳定的土壤结构，水肥沿倾斜地面和地缝渗漏流失，造成生产能力下降，收入减少。[②]生态破坏、耕地减少加剧了人口与土地、煤炭与农业的矛盾，从一定意义上看，许多资源型地区农民在搬迁之

---

① 何璐瑶，王慧斌. 易地扶贫搬迁集中安置区的治理困境及风险——基于山西某贫困户集中安置新村的实证调研[J]. 中国农村研究，2021（2）：243-256.
② 唐孝辉. 山西采煤沉陷区现状、危害及治理[J]. 生态经济，2016（2）：6-9.

前早已不从事农业生产，即使存在部分耕地，如利用承包地种植粮食、蔬菜、蓄养家禽，主要满足日常食用，农业收入无论是在集体经济还是在农户家庭收入中都微乎其微。

（一）新型社区改变了传统农业生产结构

无论是采煤沉陷区移民搬迁，精准扶贫易地搬迁，还是资源转型集中居住，资源型地区农民搬迁到新区后，农民土地承包经营权虚化，从土地获得收益降低。一方面，农民有地难种，耕地变荒地。村庄搬迁后，旧村房屋全部拆除、种地无居所，农民经营土地半径变长，返村经营需要支出交通成本和时间成本，耕地基本上处于撂荒状态，农业生产功能和农业经营收益暂时性消失。且旧村沉陷区生态破坏严重，土地复垦工作仍未展开，土地产出低，收益少。所以，众多村民认为继续经营原村土地"并不值得"，原村耕地实质上变为荒地；另一方面，搬迁后农民在新村很难获得新的耕地，加之村庄搬迁后大量土地闲置、抛荒，却很少有种植大户、合作社等承包、租赁土地进行规模经营，土地再利用困难重重。在"18亿亩耕地红线"严格限制下，农民承包地想要转变土地用途面临着土地制度障碍。土地闲置、难以利用，无法带给农民任何收益与保障。

以山西某资源型县L县第一批采煤沉陷区集中搬迁为例。当时该县在里寨、南梁两个地方建小区，桥上镇镇长做了次摸底，问老百姓是否愿意集中搬迁至里寨、南梁，可以说1282户不超过5户愿意。老百姓提出，为啥要去里寨。镇长解释，里寨是2015年小城镇建设，南梁是2016年小城镇建设，以后农村要向城镇发展，要将大家集中往城镇搬迁。老百姓就提出，我到了里寨有地吗？我到了里寨干啥？如果南梁工业园区能建成的话，能在那里给我找一份工作吗？哪怕是苦力活也可以，我也可以生存。我在山上有房住，下去以后十万块钱在县城买不了房，我住在山上，我觉得还是可以的，是可以凑合的。我就还住在这里，我有这几亩地可以种，我可以生活下去，我住在城里，水、电、暖、菜、粮食，怎么解决？回村连个家都没有，怎么种地？[①]

（二）农民生活方式和消费结构的快速转变

与原村相比，搬迁后新型社区的路、水、电、网等基础设施配套齐全，居住环境明显改善，基础设施基本接近城市社区，甚至部分安置区都采用单元楼形式。在这种情况下，农民生活方式和消费结构发生明显变化，家庭消费支出骤然增长。食物消费方面，原村可自行种植粮食、蔬菜、蓄养家禽，基本上属于自给自足，支出很少；搬迁后，食物支出需通过市场购买，日常饮食开销增加。日常生活方面，搬迁前生活用水、用电、取暖等开销很少，搬迁后水电气暖开销明显增加，且还需要额外增加物业费、管理费、垃圾清运费等开销，生活方式由农村低成本、低消费转变为城镇（或社区）相对高成本、高消费。教育和医疗方面，因搬迁农户户籍变更登记滞后，就近上学和就近就医受到限制，小孩就近上学需交额外费用，就医报销比例低、范围小，增加了额外生活成本。

农民搬迁前可以依靠煤矿免费用水、用电、用煤，可以依靠自家的耕地种植蔬菜等，搬迁后由于煤矿减少向村庄的利益输送，农民不仅要交水费、电费、暖气费，还要加上物业费，部分搬迁户拖欠甚至拒交暖气费、物业费。调查发现：基层干部、普通群众、煤企领导、开发商一致认为，搬迁后农民生活水平有所下降，搬迁户拖欠物业费、暖气费的现象非常严重，强烈要求降低或者减免物业费、暖气费。[②]

（三）城镇非农就业能力减弱与家庭收入的减少

采煤沉陷区村庄范围内蕴含丰富的煤炭资源，长期以来村民生产生活与煤矿企业密切相关，与煤企之间形成一种复杂的伴生关系。首先，农民

---

① "山西L县采煤沉陷区搬迁实地调研访谈资料"。2017年，资料号（2017106LSCMCXF）.

② "山西H县采煤沉陷区搬迁实地调研村民访谈"。2018年，资料号（201807HYCMCXF）.

依托煤炭资源解决自身就业问题。搬迁之前，采煤沉陷区村民收入主要依靠在煤矿务工和在村务农，除了部分村民是煤矿正式职工在煤矿上班外，很多村民从事和煤炭相关工作，如填埋煤矸石、运输煤炭、当煤矿临时工等，还有部分村民根据煤矿矿工集聚状况提供小饭馆、小旅社和洗澡堂等生活服务，还有部分经济实力较强的村民通过购买大型运煤车，依靠给煤矿拉煤获得收入。

其次，农民以土地为威胁手段，通过上门讨说法、集体抗议、联合威胁等方式，向煤企或政府争取额外收入。在大同市左云县店湾村，由于煤矿对当地生态环境破坏严重，耕地、房屋受损，村民无法生存，便联合起来集中于运输煤炭的交通要道，向过往车辆强行要钱，以此作为额外收入贴补家用。最后，村民依托煤矿提升福利。煤矿在采煤获取收益的同时，因破坏村庄土地，所以一般会解决村民基本生活问题、提供部分公共服务，如免费为村民供水、供电、发放燃煤。村民除了领取部分生活用煤，还可以在煤矿拾捡次等煤作为家用。所以，基于煤矿占地，村民从中可获取多种直接利益，生活支出成本较低。

从农民收入结构上看，搬迁后新村与原村土地空间距离增加，大部分农户基本脱离了直接的农业生产，由"半工半农"家庭生产方式转变为城镇型非农就业方式。但由于农民就业年龄受限、生产技能差、获取就业信息能力弱，导致家庭生计陷入困境。一方面，长期农村生活使搬迁农民习惯了农村生产和生活模式，具有传统生活观念重、文化水平低、生存技能弱的特点；另一方面，搬迁农户具有非农就业能力和技术差（特别是50岁以上的中老年人）、适应市场能力差、获取有效信息能力弱等特点，难以有效获得非农就业机会。

在资源整合和采煤沉陷区治理搬迁后，围绕煤炭的就业机会不复存在，村民从煤炭相关行业中逐渐剥离。但是大部分地方搬迁安置中并未解决后续就业问题，基层政府提供的就业岗位也较少，导致部分搬迁农户就业机会匮乏，陷于"就业无望、生计困难"的境地。因此，搬离村庄到新型社区后，农民生活方式和消费结构快速转变，但就业方式和家庭收入结构却没能随之转变，面临着与赖以生存的土地分割以及生存问题如何维系的窘境。

三、新型社区服务能力不足与认同缺失

公共服务能力是乡村治理能力现代化的重要内容，也是赢得居民和社区认同的重要基础。然而，因资源经济转型形成各种城乡新型社区，自我服务能力弱问题比较突出，尤其是以采煤沉陷区治理、精准扶贫易地搬迁新建小区最为明显。搬迁后新型社区基本上没有集体经济，又与原来村庄乡土情感割裂，农民村庄共同体意识弱化，对新社区缺乏集体认同。

（一）集体经济弱小使新区失去自我服务能力

对于类似 D 社区一样的移民社区，既没有集体土地，也没有集体经济，失去了基本自我服务能力。"我们村仅有的一点集体收入就是村里的门面房，是村里的集体资产，准备开超市，就是卖一点日用品这种东西。现在只租出去一间，租客也是村里的居民，租金一年是 1 万，是两间房，一间房租金是 5000 元，这两面的门面房是 5000 元，到了村子的南面和北面租金就是3000，因为这里是村的中心，地理位置比较好。而村里新盖好了一个大戏台，村支书想给村民们唱台大戏，但是现在的公益事业太难搞了，没有资金也没有人愿免费给村民们唱戏，唱五六天大戏最少需要约十万元，村民们也需要一定的文化活动，但缺乏资金，文化事业也推动不下去。村里地势低，村内街道积水很多，就是连处理积水的钱村里都没有，更别说为村民的房子粉刷了。"[1] 对于像 T 社区来说，虽然当前因原 T 村物业出租还有部分集体收入，但受市场波动和产业回报缓慢的影响，集体经济收入不断减

---

① 根据对某村干部的访谈整理。2019年，资料号（20190225YGL01CG）.

少，同时由于该社区规模不断扩大，集体债务和公共开支也不断增加。收入的减少和开支的增多，使整个新区陷入发展困境，许多公共服务更是难以为继。

（二）新型社区社会组织发展滞后且活力不足

对于资源型地区来说，在资源整合和经济转型过程中各种利益关系复杂，尤其是涉及采煤沉陷区治理、村庄合并等问题时，利益主体多元，矛盾纠纷频发，急需各种社会组织参与乡村社会治理。但实际中，无论从数量上，功能发挥上，还是自身能力上，社会组织的表现都明显不足。

1. 社会组织数量较少，有名无实

资源型地区，采煤沉陷区由于过度开采，生产环境与人居环境恶劣，有能力的村民已主动搬走，留村的大都是老弱病残，他们没有能力发展社会组织，也没有能力提供自我服务。村庄即使有社会组织，也不是农民根据自身需要自发建立，大多是为完成上级任务设置的固定组织，虽然挂着牌子，实际既没有正式的组织机构和专业的负责人，也没有组织成员的加入和活动组织，这些有名无实的社会组织并不具备公共服务能力。

2. 社会组织筹资困难，功能受限

社会组织的运行资金主要来源于国家补贴、民间捐助和成员会费缴纳。在我国，政府只对固定的、按照上级任务必须建立的社会组织有一定补贴。一般由农民自发建立的社会组织没有政府经费支持，组织成员会费由于规模小而非常有限，只有村中部分精英经济资助成为组织运行的主要资金来源。另外，由于农民组织地位缺乏明确的法律规定，很多地区缺乏对社会组织的支持政策。因此，对于乡村的社会组织来说，经费有限、筹资困难、缺乏持续的资金来源，不仅导致其难以正常发挥功能，发挥作用，甚至连日常活动都难以开展。

3. 政府行政任务较多，效果受限

对于乡村社会来说，民间自发成立的社会组织非常少，现有的农村社会组织也基本上是政府要求成立了，大部分都是在政府主导下由村干部建立，并由政府指派人员担任组织负责人，组织的职能、运行的方式、经费的使用、活动的开展等等都在政府严格限定下进行。这样，社会组织很难发挥其自主性，基本上主要工作或几乎所有工作都在完成政府各项行政性任务。因此，实践中农民对社会组织缺乏认同感，很少通过社会组织表达意愿。[①] 此外，社会组织从建立到运行需要履行登记、审批等诸多程序，手续繁琐。如果农村社会组织不经过民政部门审批和登记，就不是正式组织，只是农民团体，不仅不能接受国家补贴，地位也缺乏法律保障，组织成员只能依靠相互私下契约维系组织团体的存在，活动难以开展。

（三）农民普遍缺乏对新型社区的归宿认同

土地对农民来说不仅是生产资料，而且是附着在土地上的一系列情感网络。搬迁前村庄是相对封闭的熟人社会。村民之间知根知底，邻里间抬头不见低头见，交往频繁，关系亲厚。农民从频繁的交往、互动中获取理解、关心与温暖。搬迁后形成的新型社区是开放型的半熟人社会，居住人群构成复杂，给农民一种陌生感。楼房式的居住减少了村民间的相处与交流，村民开始从事不同的职业、接触不一样的人群、接受不同的文化，从封闭到开放，甚至有些无所适从，总认为自己是"外来人"。加之，搬迁后新型社区基本上没有集体经济，搬迁后乡土情感割裂，农民村庄共同体意识弱化，对新村缺乏集体认同。

尤其是对于部分多村易地重组型社区，由于缺乏了比较熟悉的地缘关系和情感联系，被动聚居在一起的农民也很难形成新的社群关系。主要表现在：一是即使是隔壁村的人，在本村的人看来也是外人；二是本村村民只听从本村干部的安排，而其他村的村干部是谁，农民并不关心，因为在

---

① 董江爱，王文祥. 矿产资源型乡村治理能力现代化面临的困境及路径研究[J]. 理论探讨，2020（6）：160−166.

土地上是有界限的，也管不着。而现在农民身份由村民变成了居民，居住地也由农村变成了社区。由于可用作建设用地的土地是有限的，尤其是在采煤沉陷区这种寸土寸煤的地方，为了提高土地利用率，新的社区不仅有本村村民，还有外村村民，有时候是好几个村的村民居住在一个社区里。在社区里，村民享受的公共资源是一样的，没有差别的，但是每个村都有自己的管理机构，村民在接受管理和公共服务上存在差异。尤其是对于同一小区归属不同的乡村管辖、实行不同的补偿标准，村民办理子女入学、医疗报销、低保补助等事务时需要回到原村办理，呈现"一区多制"的混乱局面。特别是很多公共服务的问题，例如扔粪便，供水、供电、供暖找不到统一的组织来进行管理等。如何解决农民差别管理，实现社区统一管理就变成了棘手的问题。

（四）农民的公共精神与法治意识还较为落后

从资源型地区城乡形成的各种新型社区来说，在居住环境、基础设施、公共服务等硬件方面都基本上实现了生活条件的现代化。但从人的现代化角度看，整体上从思想观念、生活习惯、公共精神和法治意识等方面，农民的现代化还较为落后，尤其是公共精神较弱。从一定意义上来看中国的农民是最务实的，也是最理性的经济人，往往存在"各扫门前雪""事不关己高高挂起"的心理，集中体现在对社区公共事务的关注和维护方面。一方面由于生活习惯短时间难以改造，对社区公共卫生、整体安排缺少一定适应性。另一方面，在缺乏新社区认同基础上，缺乏主体意识，只关心涉及自己切实的眼前利益，认为社区公共事务，无论是产业发展还是村庄建设，无论是经济增长还是陷入市场危机，都是政府和村干部的事，对于公共事务和公共利益关注低，直接体现在对社区住宅区各项公共设施的维护方面，几乎很少有人主动关心和维护社区内各项公共设施。

此外，农民法治和契约精神缺少。实地调研发现，由于法律知识、法治意识和契约精神的缺失，搬迁农民在土地流转、产业转移等方面，时常会提出一些不合理的要求，甚至当村集体、企业与农民已经签订了相关合同，仍然经常出现违反合同的行为。以 D 村为例，由于煤矿开采必须征用农民土地，一些村民为获取高额征地补偿，不顾道德、不讲诚信，甚至不惜违反法规政策，进行暴力抵抗。虽然地方政府已经出台土地征收补偿标准，甚至明确了耕地、草场、荒地等各类土地具体补偿标准，但一些村民将承包的荒山荒坡虚报为耕地，更有一些村民直接虚报耕地面积。而企业为了尽快投产获益只好满足了村民不合理要求，乡村干部也认为煤矿"挣大钱"应该给村民多补偿。村民纷纷多报虚报耕地，直接影响采煤沉陷区的治理搬迁。实地调研发现，一些土地被全部征收的村庄，村民与企业签订出让合同的耕地总面积，竟然比全村耕地总面积翻了一倍甚至更多。

四、集体经济发展乏力与"烂尾"风险

从当前形成的各种城乡新型社区来说，集体经济既是维系社区公共服务的基本物质基础，也是村民形成集体认同的关键。特别是对于因产业发展抱团合并形成的规模较大的集镇式新型社区来说，产业和经济的发展是维系其社区建设和治理的核心因素，一旦产业受到市场波动发展乏力导致集体经济收入减少，不仅会使社区认同缺失，更会因为其建设与投资规模较大，导致社区建设或后续服务陷入"烂尾"的风险。如本书介绍的 T 区目前因该区旅游产业发展乏力，巨大投入成本难以收回，而且社区公共设施、公共服务因规模较大也陷入难以为继的境地。更有甚者，在山西某地一煤炭企业将一个乡镇所有村庄全部集中整合，整体改造，农村集中上楼，所有土地集中流转，即打造一个新的城镇，但由于后续资金缺乏导致新城烂尾，更导致全镇农民连旧房子都无法居住，土地无法耕种。[①] 对于一些政策性搬迁，比如采煤沉陷区治理、易地扶贫搬迁形成的移民社区来说，由

---

① 参见陈晓燕《企业制造城镇的政治逻辑》[M]. 中国社会科学出版社，2016年8月。

于集体经济或产业发展的缺失，更存在"空村""返迁""烂尾"风险。

从实践中看，当前城乡形成的各种新型社区总体上经济功能比较弱，有些甚至没有任何集体产业。对搬迁到新村居住的农民来说，对政府依赖比较严重，无论是从前期新村基础设施建设，还是搬迁后的各种物业服务，主要依靠政府的财政补贴，市场化、社会化程度比较低。目前，在失去部分政策和资金倾斜后，由于本身产业结构单一、集体经济发展无力等等，导致新型社区出现了后续发展乏力、公共服务难以为继，人口外流、移民回流的现象也较为严重，许多移民安置社区甚至存在着"空壳化"现象。虽然部分新型社区与工业园区、农业园区等各类产业园区结合的相对较好，但大部分移民安置社区的经济功能还有待加强或者说发挥。[①]

第二节　资源型地区城乡新型社区治理困境的形成逻辑

"农村治理危机的出现，其实是政府转型滞后的直接结果"[②]。对于资源型地区来说，虽然各类城乡新型社区的形成原因、过程和表现形态各不相同，但在其形成和后续治理中，都体现为极强的政府主导性。尤其是在实践中，大多数城乡新型社区的形成主要表现为一种"建设逻辑"而非"治理逻辑"[③]。虽然在一定程度上改善了农民生活条件，但由于缺乏有效的制度配套和对农民内生能力的培育，导致后续治理中陷入"内卷化困境"[④]，部分规模大、投入高的新型社区更出现了发展困难，甚至面临着"烂尾"风险。

① 何得桂，党国英，张正芳. 精准扶贫与基层治理：移民搬迁中的非结构性制约[J]. 西北人口，2016（6）：55-62.

② 赵树凯. 乡镇治理与政府制度化[M]. 北京：商务印书馆，2012：219.

③ 马流辉，曹锦清. 易地扶贫搬迁的城镇集中模式：政策逻辑与实践限度——基于黔中G县的调查[J]. 毛泽东邓小平理论研究，2017（10）：80-86，108.

④ 马良灿，陈淇淇. 易地扶贫搬迁移民社区的治理关系与优化[J]. 云南大学学报（社会科学版），2019（3）：110-117.

究其原因，主要是在各类城乡新型社区的形成和治理中存在政府角色混乱、政企关系异化以及乡村、农民自身较弱等背后逻辑。

一、越位与缺位：政府角色混乱导致制度滞后

"政府角色"主要是指政府的性质、地位及权力范围，是通过将政府以人格化的形式来定位其功能作用[1]。政府在行使公共权力、履行公共职能、进行社会治理过程中，不同角色定位就导致其体现出来的身份、地位和行为的不同。虽然当前多元合作理念已成为社会治理的共识，但政府依然是社会治理的主体，或最重要的主体，在实践中行政权力依然全面干预社会各个层面和各个领域，这必然导致政府出现各种"角色混乱"。在资源型地区城乡各种新型社区的形成与治理过程中，地方政府因行政压力考核、本身自利性倾向等因素，角色定位时常出现混乱，不仅出现了政府行为与农民需求日益脱节，更由于政策的强制性、运动性和变通性，导致治理性危机出现。

（一）压力考核下地方政府政策的强制性与任务性

目前，我国整体上已从压力型体制向民主型体制进行了转变，但由于制度惯性，在具体实践中，地方政府主要任务仍是完成上级派下来各项硬指标，"在政治锦标赛模式下，考核官员的标准为经济增长和人民生活提高，官员自身的利益与其所在地区的经济发展紧密相连。"[2]在具体政策执行中，各级地方政府行为往往具有极强的主导性、强制性和任务性。从本书介绍的两种资源型地区城乡新型社区的形成来看，无论是采煤沉陷区治理搬迁，还是资源转型下的集中居住，从其政策出台、建设方式、具体选址、搬迁

---

① 彭澎. 政府角色论[M]. 北京：中国社会科学出版社，2002：2.
② 周黎安. 转型中的地方政府：官员激励与治理[M]. 上海：上海人民出版社，2008：218.

过程中都可以看到政府政策的强制性，而正是这种强制性和任务性，忽视了农民主体利益表达，更忽视了后续发展中可能遇到的风险和困境。

原本通过充分发挥政府的主导性和动员力，从效率上有利于资源整合和任务快速完成，但也由于政府过于强势的强制行为，导致各种矛盾出现，比如目前被广泛诟病的"强制征地和逼民上楼"等现象。新公共服务理论认为："服务于公民，而不是服务于顾客，公务员……不是仅仅关注'顾客'的要求，而是着重关注于公民并且在公民之间建立信任和合作关系"①。从国家采煤沉陷区治理、精准扶贫、乡村振兴、新型城镇化建设的战略要求来看，充分尊重和发挥农民主体作用是基本原则，尤其是这些战略工程原本就是为了改善农民生活条件、提高农民生活质量的惠民工程，农民既是最终承接对象，也是过程中最重要参与主体。因此，原本就应该通过畅通各种渠道，从新区选址、房屋建设、搬迁过程、产业发展、后续治理等整个过程和各个环节中，充分听取农民意愿，广泛收集农民意见，制定出符合农民切身利益的整体方案，提前处理可能存在的问题和潜在风险。

但在实践中，这些需要与农民协商讨论共同决定的事项，往往变成了自上而下带有强制性的政策任务，为如期完成任务地方政府就会采用各种非正式的形式来推动。比如以采煤沉陷区治理搬迁来说，为尽快完成搬迁指标任务，有些地方政府让已经解决住房问题的农户享受优惠政策；比如为让 D 村村民尽快完成搬迁，该地政府对旧村断水断电；还有，类似于 T 村合并周围除 N 村以外的四村，虽然政策目标是为了连片发展，但实践中该区规模的扩大和产业的盲目扩张都带有较强的政府主导性和一定程度上强制性。这也直接或间接地为后来新型社区出现的治理困境埋下了隐患。尤其是在政策制定与执行中，地方政府并不能做到政策的民主性，特别是没有正确处理政府与村民自治组织的关系，往往将指导与被指导关系演变

---

① [美]珍妮特·V·丹哈特. 新公共服务：服务，而不是掌舵[M]. 丁煌译，北京：中国人民大学出版社，2004：45.

为领导与被领导的关系，将其作为下级单位，将各种任务直接以行政命令或指标任务形式下派到村庄，并要求村庄如期完成。正是由于地方政府政策的强制性与任务性，导致资源型地区各种城乡新型社区在后续治理与发展中出现了种种困难。

（二）运动式治理下缺乏整体规划性和政策稳定性

资源型地区城乡新型社区的出现，既是一种城乡空间聚落形态的表现，也是一种政府主导下制度变迁，倒逼着治理规则转型。而城乡新型社区的形成和治理本身就是一个系统性整体性的工程，必须加强前期整体规划性和制度建构，避免因盲目性和自发性而带来的治理危机。但从实践中看，无论是对于采煤沉陷区治理形成的易地搬迁新民新区，还是精准扶贫形成的集中安置新区，还是类似于村庄合并联合体或小城镇，建设超前于制度构建，往往是新区形成后出现新的问题、新的矛盾，然后再以碎片化形式零散式解决，往往一个问题没解决，新的问题又随之而来。究其原因，关键在于运动式治理下缺乏整体规划性和制度创新性。

从资源型地区城乡新型社区的形成过程来看，往往具有政策强制性，与政策强制性相伴随就是一种运动式政治行为。正是存在这种制度化运动的悖论[①]，地方政府各项改革经常通过运动式动员的方式强制推行。由于这种运动式治理，使得新兴事物的出现和地方的某些改革创新往往具有临时性、权宜性、随意性和领导个人意志性的特点。从本书介绍的两个城乡新型社区的形成过程来看，无一不是在地方领导拍板决策下，以地方红头文件甚至某些明显与政策、法律相违背的实施方案来进行的，政策不仅极不稳定，而且缺乏连续性，经常因地方发展思路变化和领导离任而导致相应实施方案难以进行。由于政策缺乏连续性、领导意志性，导致对于该地区

---

① [美]詹姆斯·汤森，布兰特利·沃马克. 中国政治[M]. 顾速、董方译，苏州：江苏人民出版社，1995：283.

整体上缺乏有效规划性，或者说即使有正式文本规划，实践中也大多沦为挂在墙上的"空头画"，规划悬空、制度空转。

新事物出现必然带来新的制度创新，以制度创新来适应、满足和推动新事物健康可持续发展。资源型地区城乡新型社区的形成，不仅涉及城乡之间空间转变，而且涉及诸如户籍、集体产权、社会保障等农村人、地、物、财等多种关系改变，是一个整体的、系统的工程。因此，原本在其动议和形成初期，就应伴随着各种制度的调整、改革和创新。但由于地方规划缺乏整体性和政策连续性，尤其在运动式治理行为当中，所有执行部门仅仅将其作为领导下达的行政任务而执行，不仅导致整体性制度整合和创新困难，甚至实践中还出现大量部门之间"扯皮推诿"。可以说，正是由于在制度变迁过程中缺乏与制度需求主体之间互动，不可避免地出现强制性制度供给与现实制度需求之间的脱节，[①] 使改革效果打折扣，甚至出现改革"倒车"现象。[②]

（三）地方自利导致政策执行中的变通性与欺骗性

公共服务是现代政府合法性的重要基础和重要职能，政府其实就是为了增进公共利益的一套有组织的制度安排。[③] 全心全意为人民服务、满足人民对美好生活的向往更是我国各级政府的奋斗目标。当前对于各级地方政府来说，提高公共服务质量和水平，为地方经济高质量发展和社会和谐稳定创造良好外部环境，是居于优先或者说第一位置的职能[④]。从这个意义上说政府没有自己特殊利益，提供更多更优质公共服务就是其最根本的追求。但现实中，在市场经济条件下，出于理性经济人自我利益选择，地方政府

---

① 王慧斌. 内生改革：社会需求视角下政府重塑研究—以山西L县W乡为例[D]. 山西大学博士论文，2015：44.

② Wedeman, Andrew H. *From Mao to Market: Rent Seeking, Local Protectionism, and Marketization in China*[M]. Cambridge: Cambridge University Press，2003：242.

③ [英]J.S.密尔. 代议制政府[M]. 汪瑄，译. 北京：商务印书馆，1982：26，29.

④ 李明强. 地方政府学[M]. 武汉：武汉大学出版社，2010：48.

及其成员在某些政策行为中又带有"较为现实功利主义的色彩和利益具体化的价值取向",为了利益最大化或责任最小化往往"为执行上级政策或应对上级考核而进行选择性变通"。① 这种无论是出于经济发展、政绩需求还是个人利益选择,通常在实际行为中优先完成对自身有利的政策或硬性的指标,这更是导致资源型地区城乡新型社区治理困境的关键因素。

正是自利性的驱动,在资源型地区城乡新型社区形成过程中,地方政府(成员)往往优先选择诸如搬迁数量等具有硬性考核指标或房屋建设、道路建设等一些具有潜在利益寻租或利益输送的项目,而对于一些难度高、成本大、短期见效慢的项目则采取拖延回避甚至责任转移战术,比如搬迁后农民的就业安置、旧房拆除、土地复垦、水土治理、生态恢复等问题。

以本书介绍的 D 村为例,当地政府往往只注重搬迁而忽视安置,尤其是搬迁后村民的生活收入、就业保障等问题,对于搬迁完成后涉及面较广统筹难度较大的户籍、医疗、教育、养老等制度更是没有提前规划和应对。根据采煤沉陷区综合治理的政策要求,不仅要解决农民住房问题,更要求解决搬迁后土地复垦、就业安置等问题。尽管上级政府各项文件中明确要求进行土地复垦和就业安置,由于受成本大、周期长、短期见效慢等影响,实践中多数地方政府更优先选择具有硬性指标考核和短期政绩凸显的新区建设与搬迁,对于保障搬迁后农民持续发展的土地复垦、农民就业安置、集体经济发展等问题,既没有严格进行复垦监督,详细产业规划,也没有对农民进行有效技能培训和就业安排,导致搬迁后新型社区陷入发展困境。甚至对于类似于 T 区这样的合并新区来说,之前政府希望借助于经济较为强大的 T 村来完成"以强带弱"政治任务,但当 T 区面临市场下滑以及规模较大后公共服务投入较大时,政府反而出现"甩包袱"的现象。

此外,比自利性驱动下政策选择性变通更为严重的是,由于缺乏有效监督,出于地方利益和官员个人利益考虑,实践中往往出现某些带有欺骗

---

① 何增科等. 基层民主和地方治理创新[M]. 北京:中央编译出版社,2004:81,165.

性的政府行为或政策偏向，带来了严重的权力寻租和腐败行为，严重损害公共利益。比如 D 村搬迁和安置区形成过程中，表面上看，该地政府是为了改善村民住房和生活条件问题，背后则掩盖了权钱勾结下开采更多煤炭资源的利益寻租，甚至为加快搬迁速度，地方政府和煤企合谋，不惜以带有明显政策违背的低保和远高于市场的高额土地流转费等具有欺骗性的利益诱导，而这直接导致该村后续陷入治理无效、上访频繁、进退两难的困境，最后地方政府也自食恶果。

总之，由于地方政府在面对责任考核、经济发展、公共服务、地方自利等多重行为中角色混乱，行政权力越位、错位与公共服务职能缺位的现象时有发生，这种角色混乱就导致在实践中往往以强制性、运动式和功利性方式来推动城乡空间整合，忽视新型社区长远规划和制度建构，就使城乡新型社区的制度供给严重滞后于实践建设，直接或间接地导致治理困境的形成。

二、依附与交换：政企关系异化导致发展停滞

正确处理政府和市场关系既是经济体制改革的核心问题，也是当前社会治理的重点问题。习近平总书记多次强调要构建"亲""清"新型政商关系。从市场经济和产业发展的理论来看，政府与企业是分工不同且密切合作的关系。企业作为市场主体，通过公平竞争，提高生产效率，带动利润增长，而政府则主要为市场公平竞争提供优质公共服务和外部环境。从我国企业类型来看，既包括各种国有企业、私营企业，也包括各种农村集体企业。

在资源型地区，围绕煤炭资源开采和煤矿产权改革，地方政府和企业之间进行着激烈的利益博弈，突出表现为政府对资源的高度控制、企业对官员的高度依附、围绕资源的权力寻租和利益交换。[1] 整体上资源型地区地

---

① 董江爱，刘铁军. 产权视角的资源型地区政治生态问题研究——一个"资源—政治"分析框架的构建[J]. 经济社会体制比较，2016（3）：176-185.

方政府与企业的关系实质上异化成一种相互依赖与利益共生关系，甚至演变为利益合谋关系。由于政企关系异化，一方面导致政府因其拥有的政策资源、权力资源等直接干预企业发展，甚至与企业形成利益合谋；另一方面企业则依赖、依附于政府，又因拥有巨大煤炭资源收益成为政府官员依赖的治理伙伴或权力寻租对象。在长期政企异化的背景下，资源型地区城乡新型社区形成及后续治理中，主要表现为三种情况：一是政府越位干预企业市场行为，代替市场主导资源配置，企业则依附于政府，产生企业"行政化"现象；二是政企之间临时资源交换，政府以各种正式非正式的方式为企业提供便利，而企业则解决政府治理资源匮乏问题；三是政企之间权力寻租和利益合谋。政企关系异化行为直接导致资源型地区乡村集体经济发展困难与乡村治理的困境。

（一）政府过分干预企业行为导致集体企业负担过重

一方面由于煤矿产权安排，资源型地方政府掌握了大量的资源配置权和行政管理权，另一方面煤矿开采带来严重的生态破坏和社会矛盾，两方面作用使地方政府具备能力，也因现实倒逼从而加大对经济的直接干预。尤其是在当时的体制下，出于完成上级各项发展指标任务和经济转型的双重目的，资源型地区各级政府经常采用多种地方性、运动式政策方式来干预经济建设和企业行为。比如"以煤补农""以强带弱""以富帮穷"等政策，虽然从初始目标和政策要求上看，政府强调政策的指导性和激励性，但在实践操作上，往往体现为直接通过行政权力干预，强势要求企业承担各种公共产品的供给，履行本应由政府承担的责任。实地调研发现，无论是具有什么样实力的商人，在面对政府时始终是处于弱势的，唯恐得罪政府官员。正是由于这种扭曲的政企关系，政府过分干预企业行为，不仅抬高了企业经营成本，更影响整体营商环境和经济持续健康发展。

从 T 村合并联合周围五村的过程中看，虽然刚开始 T 村合并 N 村主要是出于资源整合和产业规模发展，但随后在地方政府"村村大联合，强村帮弱村"政策要求下，行政权力逐步主导了村庄合并和联合发展趋势，形成类似于小城镇的 T 区也是在政府主导下，基础设施建设、产业投入规模不断扩大。实践中看，在农村城镇化的过程中，无论是土地整治、基础设施建设、相关产业结构调整，还是改善农民生活条件、进行非农化就业培训等都需要投入大量资金[①]。虽然当地政府相应进行资金补贴，但该区建设与发展最大资金来源主要靠 T 村原有的集体经济。当 T 区形成后，T 村原来的集体经济不仅要承担产业升级改造任务，更由于"行政化"色彩加强，需要承担基础设施建设、生态环境治理、社区公共服务等事务。随着市场下滑，T 村由于投资规模巨大集体经济负担过重，不仅导致其陷入发展停滞状态，更导致新兴的 T 区整体上陷入发展困境。

（二）临时资源交换代替市场规则影响持续治理效能

由于长期制度惯性和"地方性知识"习惯，资源型地区地方政府掌握了大量资源配置权，赢得政府好感和认可就直接可以转化为经济效益。因此，许多企业、个人、乡村精英等通过积极承担社会责任来搭建联系政府的桥梁。同时，长期以来，面对各种行政任务沉重、正式治理资源匮乏等困境，地方政府尤其是基层政府往往依靠各种面子与人情资源等各种非正式的"关系"[②]，通过与各种社会资本、企业、精英等建立共生式或临时性的资源依赖关系，[③]来实现乡村社会治理的"短秩序"[④]。虽然这种"短秩序"可能在初期发挥巨大治理功效，应对或解决各种治理压力，但这种带有临时性、权宜性的"短秩序"因为不具有持续性和稳定性，在遇到各种突发性、

---

① 朱林，孙林桥. 论中国农村城市化[M]. 上海：同济大学出版社，1996：19.

② 陈柏锋. 半熟人社会[M]. 北京：社会科学文献出版社，2019：195-198.

③ 钟伟军，陶青青. 压力下的权威拓展：基层政府如何塑造非正式治理资源？——基于浙江省 W 镇"仲规佟"的案例分析[J]. 公共管理学报，2021（2）：128-139，174.

④ 欧阳静. "做作业"与事件性治理：乡镇的"综合治理"逻辑[J]. 华中科技大学报（社会科学版），2010（6）：106-111.

偶然性的事件后就会逐步消解甚至消失，不仅影响治理效能，更会影响乡村长远发展。

（三）政企间权力寻租和利益合谋导致农民信任危机

在资源整合和产权改革之前，资源型地区地方政府作为国家煤炭资源所有权的代理人，直接掌握煤炭资源配置权，同时由于煤矿开采涉及规划、探测、安全、环保、价格、运输等各个审批环节，煤炭企业尤其是民营企业往往依附于政府才能生存，而通过为政府解决各种负担来寻求与政府良好关系更是煤炭企业的生存之道，这也为政府权力寻租和权力腐败提供了温床。这种异化的政企关系，一方面政府出于政绩需求，往往利用行政权力来要求煤炭企业拿出部分资源收益来进行社会建设，缓解社会冲突；另一方面，地方政府官员出于高额利益诱惑，又往往与企业形成利益共谋体，甚至不惜违法犯罪来侵害社会利益，严重影响了当地政治生态。

不同于前两种政企关系异化表现形式带来的某一方面、某一阶段或间接造成的乡村治理困难，权力寻租和利益合谋不仅导致集体资源流失、农民利益受损，更直接导致乡村陷入整体信任危机。在资源型地区，存在大量与 D 村相类似的采煤村易地搬迁，从其搬迁和新村形成过程来看，易地搬迁更多体现为地方政府实现经济目标，尤其是在唯 GDP 考核和自身利益双重导向下，地方与企业相互勾结，既违反了市场规律，又影响了当地政治生态。而正是由于政府在搬迁过程中，既没有合理规划搬迁后旧村土地复耕和生态修复问题，又没有考虑搬迁后村民产业发展、收入保障与社区治理转型问题，甚至在这个过程中还存在欺骗损害农民利益的行为，导致移民新村陷入进退两难局面，不仅严重影响了新型社区的治理效能，更严重影响着地方社会稳定与经济发展，进而使整个地区陷入政府信任危机。

总之，由于政企关系异化不仅为资源型地区城乡新型社区埋下了隐患，更导致其在后来集体经济发展过程中陷入停滞状态，直接导致新型社区的治理困境。而政企关系异化的严重程度，也直接影响资源型地区城乡新型社区治理困境的严重程度，即利益合谋型政企关系导致的治理危机最为严重（如 D 村），其次是某些临时性利益交换的新村（如部分易地扶贫搬迁集中安置新村），最后是政府过度干预企业市场行为（如 T 村）（见图 4.1）

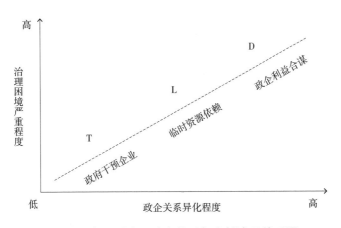

图 4.1　资源型地区政企关系与乡村治理关系图

三、弱小与被动：乡村自身局限导致内力不足

一个国家的社会治理状况，既取决于政府对社会生活的管理能力，更取决于公民的自我管理水平。[①]农业、农村的现代化和乡村振兴的实现，既需要实现乡村治理体系和治理能力的现代化，更需要实现农民的现代化。改革开放以来，随着人民公社体制的解体和农村土地联产承包制的推行，广大农村地区发生了巨大变化。在城镇化、工业化、市场化快速推进下，农民逐步卷入城乡一体化进程当中，伴随着农民原子化、农业低值化和农村衰败化趋势，尤其是集体产业和集体经济的衰落，许多农村都陷入了内生能力不足、发展迟缓的境地。尽管从村民自治、农村市场经济到各种基础设施建设，各种现代要素逐步渗透到农村建设、农业发展和农民生活中，

---

① 俞可平. 敬畏民意：中国的民主治理与政治改革[M]. 北京：中央编译出版社，2012：33.

但由于"千百年积淀所形成的传统思想和小农意识以及在高度集中的计划经济中形成的惰性和依赖性"，① 与农村快速现代化生活条件来看，农民"人的现代化"水平依然处于较为落后的状态，加之各种被动式进城上楼和集中居住，使得新形成的各种城乡新型社区明显存在内生动力不足和持续发展能力有限的局面。

（一）乡村集体经济脆弱难以应对市场竞争与风险

改革开放以来，市场经济快速推进和城乡要素快速流动，以集体产权为基础的乡镇企业如雨后春笋般涌现。但是随着我国市场经济深入发展和经济全球化影响，在城市巨大虹吸效应和工业产品巨大比较优势下，除部分因政策、区位、机遇等快速发展壮大的乡村外，大多数乡村集体企业都在市场竞争中逐步衰败下来，对于内陆欠发达的中西部地区来说，农村集体经济更是普遍呈现出弱小的状态。目前，集体经济破零也成为许多欠发达地区重要的政治任务。

总体上，从我国乡村集体经济起步和发展过程来看，大多数都是基于本身资源禀赋或劳动力优势，抓住我国改革开放战略转型期政策红利和市场需求，从事一些粗放式的资源开采和劳动密集型的加工产品，本身就存在基础差、底子薄、产品和股权结构单一，加之人才、技术、金融、管理及风险分担机制等现代性要素较弱，不仅缺乏市场竞争的长期训练，更难以应对经济全球化后市场竞争、产品升级、金融风险等，极易因市场波动而一蹶不振，20世纪90年代末我国大量乡镇企业都纷纷倒闭。尤其是对于资源型地区来说，大多数因煤而富裕的村庄都是靠短期的资源利润或某些政策、市场、机遇的偶然因素，适应市场机制、选择市场产品和应对市场风险能力都相对较弱，出现了大量"快速富裕起来，又很快衰败下去"昙花现象。

因此，对于诸如 D 村这样因生态、扶贫、沉陷区治理等因素易地搬迁

① 陈晓莉. 政治文明视域中的农民政治参与[M]. 北京：中国社会科学出版社，2007：80.

新形成各类新型社区来说，原本搬迁前村庄集体经济就较差甚至没有任何集体产业收入，搬迁后更由于土地、产业、劳动力等不具备比较优势，不仅难以发展集体产业，集体收入甚至难以维持日常运行。即使对于像 T 村这样集体经济较为强大的村庄来说，也由于金融、技术、人才等因素导致其产品难以在市场竞争中具有比较优势，更难以应对各种突发市场风险，进而使建立在某一集体经济强村基础上规模较大的多村合并新村陷入发展停滞甚至烂尾风险。

（二）农民现代化能力较弱影响社区自我发展能力

与集体经济相比，自我管理、自我服务能力更是城乡新型社区得以持续发展的基础，关键在于人的现代化，即农民的现代化，尤其是农民思维方式与价值观念的现代化直接影响农民现代化的能力。从目前城乡各类新型社区的实际运行过程来看，农民生活方式基本实现现代化，但思维方式、组织形态和生产方式等现代化还较弱。

一是从思想观念上看，农民自主意识和公益精神还较为缺乏。在本书介绍的两种城乡新型社区的形成和后续治理中，农民更多体现为一种传统的乡土性和"小农意识"，即过多关注自身利益，注重眼前利益，具有较强依赖心理，缺乏主动改变和自主适应变化的能力，坐等政府帮扶，甚至直接伸手要钱，除了与自身眼前利益相关事项外，不关心社区公共事务以及整体长远发展。当长远规划与自身利益发生冲突，当社区发展遇到困境，不仅不会主动给予支持和帮助，共同分担风险，而且怀疑抗拒甚至直接破坏。比如在 T 区面临产业发展困境时，农民不关心整体发展，而是急于与集体脱钩，避免波及自身。

二是从现代组织上看，农民组织化程度和自我组织能力还较低。无论在产业发展、市场竞争还是社区公共事务治理中，加强农民组织化程度，营造各种社会组织、社群组织、农民自组织等都是提高农民自主意识、自主能力的重要形式和依托。农民组织作为一个纽带，可以把分散的农民联合起来形成一股相对强大并且一致的力量，是农民自我保护的最佳形式。[①]
但从各种城乡新型社区的形成和后续治理中可以明显看出，农民组织化程度非常低，不仅没有形成任何形式社会组织来参与社区产业发展和公共事务，而且即使当自身利益受损，也很难形成有力量的维权行动；即使在政府、企业、精英等外力推动下好不容易组织起来的农民，也因政策冷却、精英退出和集体经济下滑等，重新回到原子化分散化的个体状态。

三是从生产方式看，农民非农就业的现代化能力不足。人力资本是农业经济增长的主要源泉。[②]当农民从传统农业走向城乡新型社区中，不仅是地理空间和生活方式的改变，更伴随着生产方式和就业形式的变化。但由于对农民缺乏有效的技能培训和足够的人力资本投资，致使其无法满足农业、服务业等产业现代化对劳动力素质的要求，进而直接导致各种城乡新型社区产业发展的困难。

（三）"被动式"进城导致新型社区内生动力不足

马克思认为，由于农民人数众多且自主性较弱，"他们不能代表自己，一定要别人来代表他们。他们的代表一定要同时是他们的主宰，是高高站在他们上面的权威，是不受限制的政府权力。"[③]农民是各类城乡新型社区接受对象和承接主体，本应主动参与建设与治理，但从各种新型社区形成动力和方式上看，实践中农民总是处于"被动式"应对，而不是主动选择，总是"被代表"，即被动地接受政府、企业及乡村精英的决策。

无论是采煤沉陷区易地搬迁安置，还是脱贫攻坚的易地扶贫搬迁，还是共同富裕下的"以强带弱"，各种城乡新型社区的形成一定程度上表现为自上而下的政策性主导和农民被动式接受。不仅很难参与各种搬迁方案、产业选择、安置政策、治理方式当中，更难以形成制度化利益表达，导致

① 于建嵘. 农民组织与新农村建设：理论与实践[M]. 北京：中国农业出版社，2007：9.

② [美]舒尔茨. 改造传统农业[M]. 梁小民译，北京：商务印书馆，1999：150.

③ 马克思恩格斯选集（第2卷）[M]. 北京：人民出版社，1995：678.

主体性缺失，成为新型社区建设客体而逐渐"被边缘化"，仅仅体现为一个被动接受者的角色。正是因为如此，各种城乡新型社区的建设形式、形成过程和最终形态无一不体现为政府、企业和精英等外部力量意志，也正是因为如此，直接导致农民对新型社区的认同缺失，不仅是造成新型社区后续发展动力不足的直接原因，更是当遇到困难时难以有效激发农民集体行动的关键因素，直接表现为对于走出困境的"无解"状态。

总之，由于乡村集体经济自身的脆弱性和农民自身局限性，尤其是在各种城乡新型社区的形成和治理中忽视了农民主体作用，被动化进城上楼也是新区后续治理中内生动力不足的重要因素。这种内生动力不足既表现为农民对新型社区认同感、参与感不足，更表现为当社区遇到各种困难时，农民不会进行主动积极的作为，更多体现为一种对政府、企业和精英"等、靠、要"的惰性和依赖性。本质上，无论是易地搬迁、城镇建设，还是产业发展、社区治理，农民都是最重要的参与主体，也更需要尊重和发挥农民的主体作用，否则，不仅很难实现预定目标，解决遇到的各种难题，还会带来新的治理困境。

第三节　资源型地区城乡新型社区
走出治理困境的出路对策

资源型地区各种具有城乡过渡性质新型社区的出现，既反映了资源型地区的特殊情况，也反映了我国整体上从乡土社会向城镇社会的现代化转型。而其中煤炭资源开采不仅加速了城镇化过程，更加速了传统农业农村的消亡，不同于其他地方的城镇化，更多体现为经济利益驱动下的自然选择，即农民自愿选择进城，当城镇难以容纳后，依然可以转回去发展农业。资源型地区由于煤炭开采带来特殊的生态环境改变，短时间内聚集到新型社区的农民很难再回到农村。可以说，资源型地区各种新型社区的出现，反映的是农村城镇化、农民现代化的硬着陆，因此，资源型地区城乡新型社区走出治理困境就更为迫切。而无论是采煤沉陷区治理的移民搬迁，还是资源转型的合并重组，各种城乡新型社区并不是简单"盖楼居住"或者农民上楼集中居住，而是要科学设计出一整套系统的治理制度，不仅满足农民公共服务需求，更要促进新型社区长远持续发展。2022年中央一号文件强调加强"落实搬迁群众户籍管理、合法权益保障、社会融入等工作举措，提升安置社区治理水平。"国家发改委发布的《2022年新型城镇化和城乡融合发展重点任务》（发改规划[2022]371号）要求"推动城镇基础设施向乡村延伸、公共服务和社会事业向乡村覆盖，支持国家城乡融合发展试验区和农村改革试验区加快改革探索"。因此，针对资源型地区出现的各种城乡新型社区，必须加快治理转型，尤其在城乡融合的背景下，加快探索村民自治制度和现代社区治理制度、集体产权制度与农业农村现代化、物的现代化与人的现代化有效衔接机制。

一、深化制度改革：以城乡融合推动新型社区治理转型

与全国其他地方一样，资源型地区各种城乡新型社区的出现实质上反映的是农民向城镇流动的过程，既体现了农民生产生活方式的变迁，也是农民从传统逐步走向现代的过程，是一整套系统的变化。在这个过程中，随着农民聚集方式和空间形态的变化，相应涉及户籍、土地、就业、公共服务等一系列制度的变化，必须治理先行，加强各种制度创新，建立起城乡融合发展社会治理体系。

（一）突出基层党组织的核心作用，创新党的领导方式

党组织在城乡基层治理中具有核心领导角色和作用地位，加强基层党的建设更是贯穿整个社会治理和基层建设的主线。2017年中央发布的《关于加强和完善城乡社区治理的意见》中明确要求"加强和改进街道（乡镇）

、城乡社区党组织对社区各类组织和各项工作的领导。"[1]因此，探索党建"区域化""联合支部""党建＋社区治理"等实现形式，以基层党组织创新实现对社会资源有效整合，使碎片化要素治理向整体化治理的系统能力转变极为重要。

对于各种城乡新型社区，一方面鼓励打破原地域界限，在一定区域内探索设立联合党支部，或根据社区产业、功能、党员人数等设置党支部；或加强区域内社区与企业、各类驻区单位、社会组织等成立联合党支部。比如对于T村这样重组和合并村庄形成的社区，鼓励打破原村庄地域界限，在社区层面设立党委或党总支，但同时更要加强基层党组织尤其是联合党支部的治理权威性，加强联合党支部对社区内各党支部的制度约束力。

另一方面，针对诸如D村这样治理人才缺乏的城乡新型社区，除要加强本村党员模范作用外，更要充分总结"第一书记""包村干部"的成功经验，建立乡镇干部、在职党员参与社区治理刚性制度。比如以县域治理的整体视角出发，以制度要求所有政府机关、企事业单位在职党员干部，建立在职党员联系社区并向社区报到制度，通过推动在职党员下沉社区，发挥党员先锋模范作用，既可以解决城乡新型社区力量不足、人员不足问题，又可以加强社区党组织与下沉党员所在单位党组织的合作共建，提高社区党组织的组织力。

（二）加快城乡融合力度，创新探索不同新型社区治理模式

随着城镇化快速推进，对于资源型地区来说，在经济转型背景下越来越多的农村人口进入城镇，成为新市民。在城乡融合的背景下，社区治理也必须坚持新型城镇化和乡村振兴的协调推进，建立起适应新型城镇化下城乡融合发展社会治理体系，即打破城乡之间的边界和人为区隔，实现城乡的

---

[1] 民政部关于贯彻落实《中共中央 国务院关于加强和完善城乡社区治理的意见》的通知（民发〔2017〕87号）[EB/OL]. 2017-5-13. http://zyzx.mca.gov.cn/article/zyzx/shjs/202001/20200100023233.shtml.

深度融合。一方面，对于城乡社会治理要一体谋划、一体推进，建立城乡融合发展社会治理体制机制；另一方面，加大对乡村社会治理支持力度，合理布局基本公共服务设施，推动城乡均等、普惠、便捷的基本公共服务。

对于本书介绍的各种城乡新型社区，要通过城乡融合，创新不同的社区治理模式。如对于像 D 村这样集体经济薄弱的移民新村，政府要加大公共财政投入，充分借鉴城市社区服务管理经验，将其由农村社区纳入城镇化管理，逐步实现与城镇基础设施、基本公共服务和社会事业发展相衔接。对于像 T 村这样的合并型新村，要大胆创新，探索试验区、新区、村级镇甚至村级市等治理模式和管理体制。在这个过程中要强化地方政府制度创新供给功能，深化改革力度。首先要稳妥推进村改居，对于符合"村改居"条件的新型社区，依法实行"村改居"，纳入城市社区治理体系，按照城市社区模式开展治理服务，社区工作人员的数量、待遇报酬、社区工作经费等都要与城市社区基本一致。对于一些问题比较多、矛盾比较复杂的移民社区，设置一定时间的过渡期、缓冲期，加大政策帮扶力度，同时要积极探索农村集体资源资产的改革，探索集体产权改革有效实现形式，帮助其渡过困难期、转型期。

（三）形成多元合作治理格局，构建"社会治理共同体"

治理理论认为，治理是一个包括政府、社会、市场等多元主体通过合作、协商、建立伙伴关系等方式实施的互动管理过程。[①] 而国家治理体系本质"是社会利益关系、政治权力关系和公民权利关系相互联系、整体构成的有机系统"[②]，体现为中国共产党总揽全局、统筹各方，政府、企业、社会组织和公民多主体共同治理的"一元主导、多方参与、协同治理、交互作

---

① [瑞士] 弗朗索瓦-格扎维尔·梅里安，肖孝毛. 治理问题与现代福利国家[J]. 国际社会科学杂志（中文版），1999（1）：59-68.

② 王浦劬. 全面准确深入把握全面深化改革的总目标[J]. 中国高校社会科学，2014（1）：4-18，157.

用"的基本结构。[①]因此,创新新型社区治理模式关键要改变社区"行政化"或"准行政化"的单一治理方式,探索多元主体合作共治的体制机制,构建"人人有责、人人尽责、人人享有"的社区治理共同体。

一方面要创新居民参与社区治理的规范化制度化渠道。首先要始终坚持和强化基层民主制度,完善群众表达意愿和参与社区公共事务的制度化机制。其次,广泛开辟居民参与社区治理的新渠道,制定相应的政策和激励措施,通过创造参与机会、搭建参与平台、搞好参与引导、激活参与动力,从小项目、小载体、小活动做起,充分发挥人民群众社会治理的主体作用,实现社会治理过程让群众参与、成果让群众获得、成效让群众评判。

另一方面探索向社会和市场主体放权赋能机制和形式。现代社会治理的系统性要求政府、市场、社会、公众等协调行动,相互配合、相互促进。城乡新型社区的治理和发展,不仅需要政府承担公共责任,更需要形成多元主体协同合作,尤其在合作过程中形成政府与企业、社会组织一种平等互利的合作伙伴关系,而不是上下级隶属领导关系,通过"协商与合作达成决策、规则与制度"[②],实现政府与公民对社会生活的共同治理。[③]因此,在城乡新型社区治理过程中,政府要向社会、市场赋权增能,提供政策环境、资金援助、人才引进等多方面服务保障;企业要不断增强经济可持续发展能力和社会服务能力来提高其社会声誉,最终实现政府、企业、社会等多元主体互动共赢,实现政治效果、社会效益、经济效率的统一。

在具体城乡新型社区治理中,通过科学界定政府、市场与社会边界,建立政府和市场、政府和社会的互动机制,综合运用项目购买、项目补贴、项目奖励等多种财政支持形式,促进形成有序竞争、多元化参与公共服务的格局。尤其是面对日益多样化高质量的公共服务需求,单一依靠政府无力向居民提供更多服务,单一依靠人数极其有限的社区工作人员无法满足

---

① 王浦劬. 论新时期深化行政体制改革的基本特点[J]. 中国行政管理,2014(2):6-14.

② 何增科. 人类发展与治理引论[J]. 马克思主义与现实,2002(6):19-28.

③ 俞可平. 敬畏民意:中国的民主治理与政治改革[M]. 北京:中央编译出版社,2012:36.

居民复杂多样需求，需要采取社会化服务方式，充分发挥社会工作者、企业、社会组织等多元主体作用。另外，探索创新自主式项目服务机制，即各社区根据自身实际需要和居民需求，自主确定自身需要的各种项目，然后向政府提交，政府根据辖区内各社区报送上来的项目，审核实际情况、确定标准、制定统一的购买服务名录，最后再由社区申请，达到服务项目与社区实际情况的有效衔接。最后，加强第三方评估和司法确认，无论是项目申报、项目购买还是后期项目验收、绩效评估等，加强第三方专业机构评估，提高服务项目透明度、公开公正性。

（四）加强城乡社区基础设施与公共服务均等化建设力度

一是加快推进城乡社区基础设施和公共服务建设。坚持高起点规划、高标准建设、高强度推进原则，加快推进城乡新型社区基础设施建设力度，继续新建和改扩建城乡新型社区办公服务场所，加大公共服务设施和公共服务投入力度。尤其是要突出县域治理和空间整合的整体化，以新型城镇化和乡村振兴协调推进统一规划，超前规划各种城乡新型社区的公共建设配套设施，做到同步设计、同步建设、同步使用。开展各类便民服务和代办服务，推动日间照料中心、青少年心理咨询、健康医疗、老年餐厅等多样化服务向城乡所有社区的全覆盖，努力缩小城乡公共服务差距，让由农村走向新型社区的农民共同分享经济发展的成果。

二是加快建立统一规范社区公共服务综合信息平台，加快智慧社区、数字社区建设。以市域治理现代化为导向，逐步建设城乡统一的社区公共服务综合信息平台专线，实现城乡社区的全覆盖和专网连通。抓住"互联网+"带来的机遇，全面推广社区服务管理信息化平台应用，打造智慧社区服务，最大限度方便社区居民办事、减轻基层工作负担。

二、做强集体经济：以产业发展提高新型社区内生能力

集体经济是公有制经济的重要组成部分，对实现共同富裕具有重要作用，特别是在农村地区起到了决定性作用。[①] 集体产权是集体经济得以存在和发展的基础性保障，尤其是作为共有产权的完备性是社区集体产出最大化和社区集体福利存在的必要条件。[②] 在城市社区，社区成员之间由于没有共同经济和集体产权所维系，成员的收入、经济利益都与社区没有直接关联，城市社区治理的主要内容是非经济发展的公共服务，社区并不存在经济上自我生存和发展的问题。农村是一个经济、政治、文化和社会的综合体，既要做好村民公共服务事务，也要促进集体经济发展，尤其是建立在土地等生产资料集体共有基础上，不仅成员与村庄经济利益的关联度较高，而且村庄是否有自生能力一定意义上决定着村庄是否存在。城乡新型社区既不同于城市社区，也不同于农村，而是兼具两者特点，既需要城市社区的公共服务，又由于存在农村集体产权关联，经济自生能力就直接影响了新型社区生存与发展。在资源型地区，除土地外，更因为煤矿开办及其负外部性，农民与村集体、农村与新型社区经济关联性更强。因此，在资源型地区各种城乡新型社区的建设和发展过程中，要改变以往重视搬迁移民而不重视移民后生产生活的做法，在移民安置费发放中不仅要充分考虑移民的居住转移、身份转变、职业转变和发展需要，还要考虑集体经济发展，通过发展集体经济为建设公共设施、发展公益事业、增进公共福利、缩小贫富差距提供资金积累。

（一）加大资源补农力度，重塑资源开采利益平衡机制

由于煤炭等矿产资源开采带有极强负外部性，这种极强负外部性主要

---

① 程恩富. 坚持公有制经济为主体与促进共同富裕[J]. 求是学刊，2013（1）：62-67.
② 韩文龙，刘灿. 共有产权的起源、分布与效率问题——一个基于经济学文献的分析[J]. 云南财经大学学报，2013（1）：15-23.

由矿区农民所承接。从煤炭资源型地区各种城乡新型社区的形成过程中看，无一不与煤炭资源的开采及其负外部性治理相关，甚至可以说，新型社区的出现就是对资源型地区乡村治理危机的回应，即主要就是为解决煤炭开采种种"遗留性"问题的权宜性对策。因此，对于资源型地区来说，必须建立科学合理公平的资源补偿机制，让资源收益更多向资源赋存地农民倾斜。在矿产资源开采之前就要妥善规划和安排矿区农民居住、土地耕种、搬迁就业安置等问题，对矿区农民进行横向补偿；在开采过程中，及时解决各种生态环境修复、土地复垦、地质灾害治理等问题，为矿区农村未来持续发展进行合理的纵向补偿。

一是建立财政支持资源型地区农村产业转型发展的资金保障制度。从中央到资源型地区各级地方，要从资源税收中专门设立支持资源型农村转型发展的专项资金，并整合对矿区农民的各种补偿资金，一同并入产业转型专项资金，实行统一管理、集体使用，严格按照法律和民主程序废除各种不合理、不合法的临时性补偿，彻底根除村民不劳而获的寻租空间，充分利用资源收益为农村发展集体经济提供保障，带动矿区农民就业转型，让矿区农民通过充分就业和劳动分享资源红利。二是持续加强资源型地区城乡生态修复和基础设施建设，尤其是加大对采煤沉陷区搬迁治理新型社区的持续性投入保障，可以参考社会灵活就业人员的社会保障待遇，健全和完善沉陷区农民教育、医疗、就业、养老等社会保障制度。三是鼓励和激励各资源型企业主动承担社会责任，加强对资源型地区农村产业转型资金投入和生态补偿。

（二）加快土地复垦速度，促进搬迁后闲置土地再利用

"谁能解决土地问题，谁就会赢得农民"①，"中国的经济必须照顾到农

---

① [美]洛易斯·惠勒·斯诺. 斯诺眼中的中国[M]. 王恩光，申葆青，等译，北京：中国学术出版社，1982：47.

业"[1]。同样,对资源型地区来说,忽视农业发展,无论是从粮食安全保障方面,还是从农村经济持续发展方面都是不可取的。发展农业,基础性前提条件就是要有足够的耕地。而增加耕地面积的主要做法有两种,一是土地整治,一是集中居住[2]。当前,相对于城市来说,农村最大的资源优势就是土地。

在资源型地区,由于地形地势影响,农村多以山区为主,土地也大多呈现小、散、贫瘠的特点,特别是由于煤炭资源开采带来破坏,整体上土地资源存在肥力低、耕种难的特征。尽管如此,在资源型地区农村甚至采煤沉陷区仍有大量耕地,如果得到有效整治和复垦,土地依然具有巨大发展潜力。尤其是经过采煤沉陷区治理、易地扶贫、资源转型之后,农民通过搬迁进行了集中居住,更为增加耕地面积带来有利条件。

一方面,农民搬到新型社区后,远离承包地,加之收益较少,导致农村大量耕地抛荒、宅基地闲置。相关数据显示,有将近80%以上搬迁农户不愿意再回村耕种,这为土地集中整治、规模化经营提供了条件;另一方面,由于耕地价值少,加之煤矿整合后农民利用土地换取补偿的寻租机会减少,资源型山区土地又呈现出低成本的因素。因此,对于资源型地区,必须加快土地复垦力度,通过复垦实现土地规模化经营、促进土地再利用,为搬迁后新型社区发展集体经济创造重要机遇和基础性资源。同时,在完成土地复垦基础上,完善农村土地流转市场化机制,加快完善承包地"三权"分置制度推进力度,在遵循公平、公开、自愿原则基础上,给与农民土地和宅基地更多资产性权利,保障其在流转中土地的使用权可转让性及其相应的可收益权[3],保护农民利益。

---

① 中共中央文献研究室编. 邓小平年谱[M]. 北京:中央文献出版社,2004:514.

② 阮荣平. 农村集中居住:发生机制、发展阶段及拆迁补偿—基于新桥镇的案例研究[J]. 中国人口·资源与环境,2012(2):112-118.

③ 苏昕,何璐瑶. "三个公平"视野中城市新移民权利体系建设研究[J]. 江淮论坛,2019(3):84-91.

（三）加强产业转型广度，发展各种乡村新型集体经济

从资源型地区各种城乡新型社区的形成及发展中可以看出，无论是什么样原因形成的新型社区，当前都面临资金不足、后续乏力的困境，加快集体经济的发展至关重要。因此，充分利用政府转型专项资金和土地复垦后巨大资源优势，广泛开展各种形式的农村产业转型，大力发展各种新型集体产业，壮大集体经济，来提高新型社区经济发展效益。如：可充分利用土地复垦后规模化经营，大力发展现代生态农业，并提高农产品附加值；充分挖掘农村各种特色生态、文化资源，尤其是将土地复垦、新区建设、现代农业与生态旅游、城镇化建设等结合起来，发展各种农村新型业态，如特色种植养殖、生态旅游、乡村民宿等；还可以利用搬迁后大量闲置土地，发展光伏、风电等各种清洁能源等。

除此之外，还需要建立有效的集体资产管理体系，使集体资产保值增值。如聘任专业性强的人来实施管理，提高资金利用率。在产业有一定发展后，加强优质人才引进和人口回归，人来创造财富又给社区带来巨大希望，从而形成社区良性发展。这也是城乡新型社区发展的必要条件，只有经济发展才有创造一切的可能。

三、转变政府职能：为新型社区发展提供良好外部环境

在资源型地区各种城乡新型社区的形成和发展过程中，地方政府始终发挥着主导作用，其角色定位与职能发挥更影响着各种新型社区的治理绩效与后续发展。实践中，地方政府由于行政压力考核、本身自利性倾向等因素，导致在新型社区形成和治理中存在缺位、越位甚至错位现象，直接或间接地造成了新型社区各种治理困境，更严重制约着新型社区健康发展。因此，解决城乡新型社区治理和发展过程中种种问题，促进其健康有序发展，必须明确政府职能，正确处理政府与市场、政府与社会的关系，尤其

是通过强化政府公共服务职能，推动资金、资源、人才等向基层下移，构建亲清政商关系和合作伙伴政社关系等，为新型社区发展提供良好外部环境。

（一）强化政府服务职能，推动治理重心下移

公共服务职能既是政府基本职能和主要责任，也是提高政府治理能力现代化的重要内容。首先要加大公共产品与公共服务投入力度，为城乡新型社区提供交通、水电、医疗、教育等基础设施，逐步实现城乡基础设施建设和公共服务均等化。其次，地方政府要为城乡新型社区，尤其城市新移民群体提供公平公正和机会均等的社会环境，保障搬进新型社区的农民享有同城镇居民同等的土地、就业、医疗、教育等公共服务，并通过深化改革，加强制度和实践探索，逐步实现新型城镇化与城乡融合、乡村振兴与农民自身发展的有机衔接。第三，政府要充分发挥作用，调动和引导各种社会资本参与新型社区建设与服务。可以通过物质奖励或精神表彰等方式支持、鼓励并调动社会各种力量参与农村公共产品与公共服务的提供，并积极协调煤炭企业解决失地农民就业问题。同时，在采煤沉陷区综合治理过程中积极为失地农民创设多类型、多样化就业岗位，如环境卫生、绿化管理、安全保卫、工程建设、商贸物流、餐饮服务等，并对失地农民进行技能培训，确保失地农民能够从事对专业技术要求较高的工作。

社区是社会治理的基本单元，各种新型社区能否实现有效治理更事关城乡基层和谐稳定。习近平总书记更是多次强调"推动社会治理重心向基层下移"。地方政府在强化公共服务职能的同时，更需要推动资金、资源、人才等向城乡社区倾斜，通过各种资源下沉来推动治理重心和公共服务中心向基层下移。一是改变政府单方面投入资金、实施项目方式，在资源配置上整体整合，实现"撒面式"向"整合式"转变，引导和鼓励各种资金向城乡社区汇聚，全面加强城乡社区医疗、文化、教育、体育等基本公共服务领域的技术支持，做到资源下沉。二是推动工作力量向城乡社区下沉，

社会治理、服务资源等项目向城乡社区下放，同时将权限、人员、经费等一并下放到社区，提升社区服务能力。三是持续开展社区赋权增能减负行动，严格落实社区事务准入制度，切实减轻社区负担，增强社区自治功能。

（二）构建亲清政商关系，创造良好营商环境

政府和企业是资源型地区城乡新型社区形成过程中最主要的主体。而资源型地区各类新型社区在后续治理和发展中出现的问题，大多与异化的政商关系相关。因此，应当在明确政府和企业各自职能基础上，改变政府与企业异化关系，坚持市场化、法治化的原则，科学合理解决新型社区治理中资金、就业、土地和社会保障等问题，解决新型社区居民生产和生活的后顾之忧。

一是始终坚持市场化原则，以公开透明的市场规则来彻底改变权力依附、资源交换、利益合谋的政商关系。首先，坚持恪守"市场资源配置的决定性作用"，建立规范透明的市场机制，推动市场去行政化。对于资源型地区，政府要向煤企赋权，采取清权、简政、晒权等措施推动煤炭市场去行政化，为企业经营提供公平竞争良好市场环境，避免煤企恶性竞争，缩小权钱勾结空间和机会。其次，规范政府行为，杜绝直接插手和干预市场的具体运作过程，杜绝向企业直接行政摊派各种任务，切实为企业减负；在涉及各类经济转型、市场交易、项目招标、工程建设等市场行为，严格按照市场规则和程序办事，杜绝各种以权力交换资源的现象。同时，更好地发挥政府作用，加强政府对市场尤其是资源市场的指导和监督，用市场规则规范企业行为，用优质服务推动企业发展。换言之，就是通过规范、监督、指导和服务，建立健全市场机制，不仅实现企业和市场良性发展，更让包含矿区农民在内的全体人民共享企业发展市场繁荣的红利。

二是严格坚持依法治理，增强法律权威，切实提高各级政府依法办事能力。"法无授权不可为"，首先严格依法设定各级政府机关职权，在处理任何经济社会发展事项中只做法律允许和授权的事，不能超越法律做事。

国家治理能力现代化，首先是要求国家治理法治化，就要通过法治手段和法治思维来实现规范行政权行使、防止行政权扩张、转变政府职能的目标。[①]其次，要严格依法办事，在涉及各类经济转型、市场交易、项目招标、工程建设等市场行为中，坚持法治先行，建立政府行政权力清单制，严格厘定政企关系，尤其是通过公开办事流程、压缩审批权限、规范权力行为、严格违法追责等，减少权力寻租和利益合谋空间，以严格法治环境来创造良好营商环境，推动资源型地区经济健康发展。再次要依法解决经济和社会转型过程中出现的各种矛盾和问题，既要为企业发展营造良好法治环境，更要通过法治思维和法治方式维护群众合法权益，积极化解社会矛盾。最后整合各方资源，建立"法律下乡"长效化机制，提高农民法治意识。

三是强化政府对资本的监督机制。资本的本性是逐利的，当资本逐利与社会功能无法统一时，就可能损害社会公共利益。[②]目前，随着国家对农村支持力度加大，许多工商资本开始涌入乡村。资源型地区各种城乡新型社区的形成过程一定意义上也是资本下乡过程的集中反映。但是从实践中看，如果不严格做好资本下乡的监管，就可能导致资本对乡村和农民的侵害。比如一些企业下乡低价圈地，甚至私自改变土地用途，套取国家惠农资金，损害国家和农民权益现象时有发生。因此，应建立资本下乡资格审查监管、风险预防和后期防护机制，防止不良企业下乡侵害农民利益。

一方面，在企业下乡之前，政府要对下乡企业的资质、性质、属性、经营范围、经营能力、运营状况以及发展规划等各方面进行严格审查，既要防止"皮包公司"以各种名义套取国家惠农资金，又要防止企业下乡圈地或私自搞非农建设，更要防止农民承担过大风险。

另一方面，在资本下乡过程中，政府要对企业的资金来源、使用情况、产业发展规划及运作现状等方面进行全程监管，既要随时纠正企业运行过

---

① 王利明. 全面推进依法治国的着力点[N]. 光明日报，2014-09-24（13）.

② 陈晓燕，董江爱. 资本下乡中农民权益保障机制研究——基于一个典型案例的调查与思考[J]. 农业经济问题，2019（5）：65-72.

程中的偏差，又要防止资金链断裂和项目烂尾。总之，政府既要提供优良服务，鼓励和规范引导资本下乡参与乡村建设，同时更要建立健全企业审查、监管和防控体制，防止企业在下乡过程中侵害农民利益，从而实现经济效益最大化和社会效益最大化的有机统一。

（三）建立政社合作关系，激发社会组织活力

当前，随着城镇化快速发展和城乡融合逐步推进，形势对现有以外部制度供给为主的社区治理体系提出了挑战，即要以社会需求为导向寻求内生改革之路，实现多元主体互动和协商共治。实践中，政府对社会组织干预过多，沟通渠道不畅，社会组织难以参与社区治理，也难以有效发挥作用，这是各种城乡新型社区治理中面临的突出问题。因此，要建立伙伴合作的新型政社关系，大力发展社会组织，弥补政府和市场的调控不足，进而解决新型社区内生动力不足的问题。

首先，正确处理基层政府与新型社区的关系。无论是按照农村村民自治还是城市社区的居民自治，城乡新型社区都应该成为一个相对独立治理主体。一方面基层政府要转变原来的治理模式，不能将新型社区作为下属机构，以行政命令方式指派各种行政性事务，增加新型社区负担；另一方面，在做好监督前提下，充分为新型社区赋权增能，充分发挥新型社区自治组织在反映群众意愿、维护群众权益的重要作用。

其次，社会组织要良性发展，就必须提升自我发展能力，不能过度依赖政府，同时政府也不能直接将社会组织作为下属机构，要形成一种平等的合作伙伴关系。因此，政府要转变治理理念，正确处理与社会组织的关系，充分发挥社会组织作为政府与群众之间桥梁纽带的作用。对于社会组织，地方政府要明确角色定位和工作方式，变直接干预为政策引导，充分发挥倡导者、支持者、宣传者和监督者的作用，充分为社会放权、为农民赋权，确保社会组织对其公共事务具有充分决定权，确保社会组织在资源型地区城乡基层治理中发挥好政府与农民的桥梁和纽带作用。同时，政府

要在政策、资金、人才、场地等方面给予社会组织支持和帮助。比如将社区社会组织的发展与培育纳入政府重点工作，成立持续支持社会组织的发展基金，加大对社区社会组织孵化引导，积极整合社区资源，重点培育和优先发展社区服务、公益慈善、文体娱乐、邻里互助等社区社会组织，大力推广社区社会组织联合会等社会组织。尤其是政府要通过简政放权，创新社组织承接社区具体事务的有效机制，逐步引导、规范和支持社会组织有序承接政府职能转移及其有关服务项目，提高社会组织的服务能力和自我发展能力。

最后，社会组织要通过不断发挥作用增强自身影响力。一方面，社会组织要充分发挥其收集群众意见、表达群众意愿、代表群众利益的功能和作用。城乡基层社会组织作为因兴趣爱好、行业职业、利益相关等原因由群众自发成立的正式非正式组织，不仅直接面对群众，还可以有效整合群众，可以实现快速且有针对性收集和反映群众的利益诉求。而作为一种组织，又比分散的原子化农民更容易且更有力量通过制度化的渠道反馈给地方政府，实现地方政府决策民主化。另一方面，社会组织以组织形式向其成员宣传公共政策，向组织成员公开政府工作细节，以促进群众对公共政策的理解与支持，并发挥"社会利益关系调节器"作用，综合运用道德、教育、协商等手段化解矛盾冲突，确保农村社会安定有序。

四、坚持农民主体：加大新型职业农民现代化培育力度

纵观近代以来百年中国乡村建设历程，无论是近代以梁漱溟、晏阳初等知识分子主导的乡村建设运动，还是新中国成立以来政权主导下农村改革与新农村建设，还是当前开展的乡村振兴，虽然可以从人才、政策、资金等方面给予乡村大量外部支持，但决定乡村建设是否见效的关键在于是否满足了农村、农民的现实需求，是否尊重并激发农民主体性作用。因此，无论历史经验、现实需求，还是未来发展趋势，农民都是乡村建设、治理、

发展、振兴的主体。而从资源型地区各种城乡新型社区的形成和后续治理中也可以看出，能否动员和激发农民的主体性、主动性和创造性，进而实现国家战略与农民切身需求、整体部署与乡村差异发展、乡村内生动力与外在力量的衔接，不仅事关新型社区有效治理和持续发展，更事关我国乡村振兴和城乡融合的成效。同时，对于处于城乡过渡的新型社区来说，农民主体作用的实现还与农民现代化培育密切相关。因此，要从思想观念、民主制度、组织形式、职业教育以及文化治理等方面全面促进农民的现代化转型。

（一）培育农民主体性意识，提高主动参与能力

马克思认为"主体是人，客体是自然"[①]。无论是开展新农村建设，还是推进农村城镇化；无论是采煤沉陷区治理与资源转型，还是精准扶贫；无论是农村产业发展，还是乡村治理等等，在种种乡村建设与发展过程中都明确要求"尊重农民的主体地位"，但在实际运行过程中，由于各种制度、方式等问题，"农民却往往成为局外人"[②]。尤其在资源型地区各种城乡新型社区的形成和治理中，更是由于缺少农民主体参与导致出现种种困境。因此，加强农民主体性教育和主体能力培育极为重要。

首先，政府、企业和社会要加强农民主体性的教育与培训。乡村建设"功夫始终全在教育"[③]。由于农民缺少主体性能力，在实践中极易表现出非主体性的自我价值否认，[④] 因而往往容易产生对政府、企业、精英高度依赖而逐步"被客体化"。通过开展各种形式的农民教育培训，尤其是加强社会主义核心价值观教育、信心教育、奋斗教育，通过价值引领来破除"等、

---

① 马克思恩格斯选集（第2卷）[M]. 北京：人民出版社，1995：3.
② 赵振军. 发展至上、体制弊端与新农村建设的方向迷失——十年新农村建设的理念检讨与实践反思[J]. 求实，2015（9）：86-96.
③ 梁漱溟. 梁漱溟全集（第五卷）[M]. 济南：山东人民出版社，1992：1049.
④ 袁银传. 小农意识与中国现代化[M]. 武汉：武汉出版社，2000：62-64.

靠、要"依赖思想，通过不断增强农民主体性意识，走出新型社区的治理困境。

其次，要完善和健全农民主体参与新型社区各种事务的制度建设。制度是稳定的、受尊重的和周期性发生的行为模式，[①]同时也是农民有序参与公共生活、表达利益诉求的可靠保障。对于城乡新型社区来说，在坚持和完善各项基层民主制度的基础上，必须大力探索实现村民自治与社区自治有效对接的方式和形式，坚决防止农民自治权被虚置。在此基础上，强化农民有效参与。农民广泛参与是新型社区治理的必要条件，关系到新型社区建设成效和治理目标的实现。城乡各类新型社区治理的根本目标是实现社区全方位发展，既包括社区基础设施建设、社区功能发挥、社区活力增强，还包括增强农民社区归属感，使农民真正投入新型社区发展中，形成社区和谐友爱的治理关系。在"强国家、强社会"价值取向下，必须实行上下联动、双轮驱动，那么就必须调动广大农民积极性。压制农民参与意愿的单向管理必然导致农民的消极抵抗，只有调动农民主体积极性，使农民参与有效化，才能在实践中有效增进农民主体性意识，实现农民利益和社区利益双丰收。

第三，改革项目供给机制，探索项目自主式提供方式，充分发挥农民主体作用。农民是城乡新型社区的主体力量，也是直接受益者，在新型社区治理和发展过程中，各级地方政府必须尊重农民主体地位，发挥农民主体作用。对于现代政府而言，充分吸纳或调动除行政系统之外的基层治理资源，既是公共服务最佳提供方式，也是治理能力现代化关键所在。因此，要以供给侧结构性改革为依托，探索"项目自主"式供给方式，即改变原有的政府单方面配置社区建设项目的方式，鼓励新型社区组织动员农民群众，群策群力、集思广益，根据自身资源优势设计适合社区的发展项目，

---

① [美]塞缪尔·P.亨廷顿. 变革社会中的政治秩序[M]. 王冠华等译，上海：上海人民出版社，2008：10.

政府在充分评估、研判基础上，采取"以奖代补"等方式予以支持，并做好指导、监督、验收等工作。项目自主是最大优势，既可以实现项目供给与农民需求的双向互动，改变政府供给与农民需求脱节的情况；也可以针对不同区域的差异性，提高公共资源的配置效率；更可以盘活农村现有资源，激活农民主体参与社区建设、治理、发展积极性，尤其是参与社区公共事务的积极性和主动性。

（二）提高农民组织化程度，发展多元社会组织

农民组织化既是改变农民分散性、增强力量的有效形式，也是农民维护利益形成集体行动的重要载体。农民组织化参与不仅可以增强农民话语权，而且可以使农民摆脱惰性和依赖心理，主动寻求未来出路，创造自己幸福生活。所以，政府与企业应基于"互惠与合作"的目标，从外部激发村庄内部各种有利于合作的力量，通过政策支持、资金扶持、舆论宣传等方式，增强农民各类合作组织自主发展力量，提高农民组织化程度。

首先，加强制度创新，畅通渠道，广泛挖掘和激励各种类型的乡土精英担任村庄或社会组织领导人。我国农村是典型的"熟人社会"，本土精英具有极强号召力和感染力，发展壮大农村社会组织，必须充分发挥其带动引领作用。同时，建立和完善相应监督和考核制度，加强农民对组织负责人监督，防止农民利益遭受侵害。其次，引导农民自发自主成立了各式各样的社会组织。社会组织有较强针对性，需要以解决农民关心的某个或某类现实问题为目的，从而激发农民参与积极性。最后，深化地方政府职能转变，不仅要通过转变传统"官本位"意识，改变对社会组织行政领导的方式方法，更要充分给基层社会组织赋权增能，通过权力下放、资金支持和建立权责明晰、分工明确的职能体系，提高社会组织的自主性、活力和能力，让其充分发挥组织农民、带动农民的作用和功能；同时广泛宣传、树立典型、表彰先进，让农民既充分认识到组织起来的重要性，更增强农民创办社会组织、发展合作组织、发挥集体作用的能力和信心。

（三）开展新型职业农民培育，创造非农就业机会

从历史长时段视角看，当前城乡出现的各种新型社区主要是作为我国城镇化、工业化的伴生物而形成的，作为整体社会经济转型的一个侧面，充分反映一种社会发展到一定历史阶段的特殊现象。而这个过程中，不仅是村庄聚落形态、地理空间和农民居住条件、生活方式的转变，还是农村产业结构和农民生产方式变迁的过程，更需要农民职业的转变。因此，资源型地区城乡新型社区建设和发展的过程中，除了要加强基础设施建设、生态治理外，更需要投入大量资源资金加强农民人力资本开发与挖掘，大力开展新型职业农民培育，帮助农民掌握适合第二三产业发展的技术技能，提高农民适应于农业现代化以及其他产业的能力。

虽然通过移民搬迁改善了农民生活条件，但现实中居住在新区里的农民依然是相对贫困的集中分布区。对于这些地区来说，提高劳动者技能素质、加强转移就业力度是解决相对贫困问题最直接、最有效的途径，即通过各种教育和培训提升受助者工作技能，使其通过工作自救和能力提升等实现自我脱贫。[①] 在加强新型农民技能培训的过程中，不仅要充分发扬农民群众厚道、朴实、勤劳、诚信等性格特征，创造各种非农就业机会，抓住城乡要素快速流动的趋势，大量发展各种劳务型、服务型产业，拓展多样化新型就业岗位，同时要加强农民技能培训与乡村振兴、社区转型等产业相关项目的契合度，鼓励和支持农民参与乡村建设，让农民在参与乡村振兴中真正实现职业转换。

（四）大力开展社区文化建设，再造农民集体认同

乡村作为一种共同体，本质上是"持久的、真实的共同生活"，更是

---

① 王立剑，代秀亮. 2020年后我国农村贫困治理：新形势、新挑战、新战略、新模式[J]. 社会政策研究，2018（4）：3-14.

"一个有生命的有机体"①，既需要共同生活，更需要文化认同。城乡各类新型社区的出现不仅改变了农民生活空间，更改变着农民的精神文化生活，尤其是随着乡土文化、生活习俗被城镇化的现代文明所冲击，也消解着传统乡土社会的价值认同。这就迫切需要将传统乡土社会中文化资源、礼俗规范与现代文明相结合，通过文化治理来强化新型社区成员的心理认同和价值共识，构建新的"文化共同体"。首先，加大政府对城乡新型社区文化建设投入，在深化社区文化体制改革同时，广泛吸引社会资本参与新型社区文化建设。其次，农民作为新型社区建设的主体，社区文化建设也要依托农民。在传统乡土文化基础上构建特色的新型社区文化体制，从而满足农民日益增长文化需求，提高农民对新型社区认同感，这样才能激发农民参与社区的兴趣和积极性，在文化建设过程中逐渐融入新型社区治理中，完成新角色转变。

尤其是对于缺乏认同基础的各种新成立城乡新型社区，一是通过深入挖掘乡土社会文化资源，加强社区居民共同的情感联结和集体记忆。二是通过开展经常性的文化活动，组建多种多样正式非正式的群众组织和文化社群，营造积极向上、团结互助的社会氛围，潜移默化地教育群众注重自我公共行为，养成良好社会公德。三是将社区各种公共产品和受益者利益结合起来，不仅要加强项目供给侧改革和建设方式创新，让农民通过参与社区文化项目建设增加收入；同时要构建制度化道德评议奖惩机制，对农民日常行为进行道德监督、社会评议和奖优罚劣。总之，要通过各种文化资源、文化社群、文化活动和制度建设来促进农民参与公共事务和维护公共利益的主动性，②再造农民社区家园认同，推动传统农民向现代市民的转变。

---

① [德]斐迪南·滕尼斯. 共同体与社会[M]. 张巍卓译，北京：商务印书馆，2019：71.
② 王慧斌，董江爱. 文化治理：乡村振兴的内在意蕴与实践路径[J]. 山西师大学报（社会科学版），2020（2）：14-20.

小　结

在当前我国社会面临整体转型的背景下，急速变化的城乡基层社会整体上也面临着"两个转型"：一是从乡土社会向城镇社会转型。我国在静态农业社会里城乡基层治理体系比较成熟，但面对一个快速变化的现代化社会还缺乏足够经验；二是从低收入社会向中等收入社会转型。当一个国家人均收入达到中等水平后，往往出现社会发展滞后、社会矛盾突出、社会事件增长、社会治理困难等"中等收入社会问题"。正是在这两个转型过程中，出现了各种各样城乡新型社区。对于资源型地区来说，随着生态修复、资源整合、经济转型、沉陷区治理、脱贫攻坚、乡村振兴、城镇化建设与行政村撤并等多重任务叠加，出现了大量城乡新型社区。这些新型社区，无论在空间上，还是在治理中大多表现出"既不像城镇，也不像农村"的城乡过渡特征。但实践中，无论是哪种新型社区，依然还是沿用原来的乡村治理模式，导致新型社区存在角色模糊、认同缺失、发展困难、服务难继等诸多困境。可以说，治理转型滞后于实践建设是城乡新型社区的主要困境。

"农村治理危机的出现，其实是政府转型滞后的直接结果"[①]。对于资源型地区来说，虽然各类城乡新型社区形成原因、过程和表现形态各不相同，但在其形成和后续治理中，都体现出极强的政府主导性。虽然由政府主导，但面对城乡基层治理新情况、新问题，政府缺乏有效应对能力和制度创新能力。尤其在推进城乡新型社区形成过程中，地方政府明显缺乏治理能力现代化所要求决策科学化、治理精准化、服务高效化等能力，甚至因为行政压力考核、自利性倾向等因素，角色定位时常出现混乱，引发政府行为

[①]　赵树凯. 乡镇治理与政府制度化[M]. 北京：商务印书馆，2012：219.

与农民需求存在一定程度脱节，更由于其政策强制性、运动性和变通性，导致治理性危机出现。可以说，地方政府治理能力现代化落后是造成困境的主要原因。

　　资源型地区各种具有城乡过渡性新型社区的出现，既反映了资源型地区特殊情况，也反映了我国整体上从乡土社会向城镇社会的现代化转型，是一整套系统变化。因此，必须加快治理转型，既需要创新制度体系，也需要构建新型社区持续发展的内外合力。一是深化制度改革，通过加快城乡融合力度，创新探索不同城乡新型社区治理模式，实现城乡社区基础设施与公共服务均等化。二是通过坚持集体产权，通过政府设立资源转型资金、加强土地整治等，做大做强集体经济，提高内生能力。三是构建亲清政商关系、合作伙伴式政社关系，加快建立服务型、法治型和合作型的地方政府，为城乡新型社区持续发展提供良好外部环境。最后，现代化的本质是人的现代化，城乡新型社区现代化的关键在于农民的现代化。始终坚持农民主体地位，加强农民组织性、参与性，大力开展新型职业农民培育和社区文化建设，才能为城乡新型社区集体认同、长远发展奠定最坚实的社会基础。

结论与讨论

当前，随着我国城镇化快速发展，城乡基层社会治理环境和治理结构发生了巨大变化，农业经营方式、农村治理单元、农民生活方式等相应发生了变化，城乡人口流动加速更使得农村由传统村落向开放的现代社区转变。可以说，我国城乡基层社会面临着乡土社会向城镇社会的转变，基层治理体系也面临从静态传统的城乡分割治理向融合流动的整体治理转变。在这个背景下，国家加大了对乡村建设的投入力度，在美丽乡村、生态治理、扶贫搬迁、城乡公共服务均等化等政策引导下，涌现出许多城乡新型社区。在资源型地区，因煤炭开采、资源整合、沉陷区治理、生态修复、扶贫搬迁等因素叠加，更是出现了大量的城乡新型社区。但是在其形成过程中，由于政府推动方式单一、政企关系异化、农民主体缺失等原因，导致治理转型滞后于建设实践，出现了种种问题。因此，必须探索和创新治理机制，深化制度改革，逐步消除城乡社区公共服务及治理体制上的差异，推动城乡融合背景下乡村治理转型。

第一节　结　论

目前我国正处于城乡融合发展转型时期，各类新型社区、各种新问题不断涌现。尤其是随着城镇化快速推进，诸如大规模整村搬迁、集中居住等原因，形成了大量城乡新型社区。对于煤炭资源型地区来说，在资源经济转型发展背景下，由于采煤沉陷区治理、扶贫搬迁、生态治理等多重任务叠加，城乡新型社区更是大量涌现，比如很多地方将一定区域范围内所有因各种原因需要搬迁的群众集中起来进行安置，合并重组或新建了大量新型居住区，进而形成了各种城乡新型治理单元。从城乡新型社区形成、搬迁与治理过程中看，既有全国性普遍存在的特征，如集中型扶贫安置区，也有资源型地区特殊的类型与特征。但社区建设并不是简单地"盖楼居住"，更需要科学设计和构建一种新型的、具有公共性的生活方式和系统全面的治理体系。如果制度转型滞后于建设实践，就会产生各种治理困境，影响城乡新型社区持续有效发展。

一、制度创新滞后于实践建设是新型社区的主要困境

"制度问题带有根本性、全局性、稳定性和长期性"[①]，提高城乡基层治理体系和治理能力的现代化水平很大程度上体现在制度的创新及其与实践的适应。对于城乡基层社会来说，加强制度创新既要通过做好顶层设计，进行整体规划，更要注重多样化的基层实践创新，避免单一化路径依赖和机械复制。

资源型地区城乡过渡性新型社区的出现，既反映了我国城乡基层从传统向现代的转型过程，又体现出资源型地区独特的方式和特点。比如，煤炭资源开采不仅加速了城镇化过程，更加速了传统农业生产方式和乡村的消亡。不同于其他地方的城镇化是经济利益驱动下的自然选择，即农民自愿选择进城，当城市容不下时依然可以回去发展农业，资源型地区由于生态环境和耕地条件的破坏，难以"返村""务农"。可以说，资源型地区城乡新型社区的出现，集中反映了资源型地区城镇化的硬着陆，没有退路可言。

对于资源型地区来说，虽然各类城乡新型社区的形成原因、过程和表现形态各不相同，但在其形成和后续治理中，大多数主要表现为一种"建

---

① 邓小平文选（第2卷）[M]. 北京：人民出版社，1993：333.

设逻辑"而非"治理逻辑"[①]。虽然在一定程度上改善了农民生活条件,但由于缺乏有效制度配套和对农民内生能力的培育,导致后续治理中陷入"内卷化困境"[②]。部分规模大、投入高的新型社区更出现了发展困难,甚至面临"烂尾"风险。无论是面对城乡新型社区的空间转移、规模转变,还是社会结构和生产生活方式的转变,政府在前期制度规划和后续治理中都没有进行相应的制度改革和规则跟进,比如社区管理制度、户籍制度、集体产权制度、土地制度、社会保障制度、公共服务供给制度等等。面对各种各样的新型社区,实践中还是采用一刀切传统的行政村治理模式,既没有看到变化,也没有提前规划今后可能遇到的问题。调研发现,目前不论是在典型资源型地区山西省,还是在全国范围内,类似于本书研究的 D 村、T村性质的城乡新型社区特别多,但是对这些新型社区存在的角色定位模糊与治理体制滞后现象,比如对于它们到底是采用原来行政村模式的村民自治,还是以服务为主的社区自治,缺乏明确定位和制度创新等解决方案。

资源型地区城乡新型社区的出现,既是一种城乡空间聚落形态的表现,又是一种政府主导下的制度变迁,倒逼治理规则转型。因此,必须加强前期整体规划和制度建构,避免因盲目性和自发性带来的治理危机。尤其是面对我国城乡基层社会的战略转型和结构变迁,必须从长远发展角度整体规划,从县域整体规划和持续发展角度加强制度创新,明确对城乡新型社区的角色定位,加强治理体系、集体产权改革与公共服务供给等方面的制度创新与制度供给。同时在实践创新和治理转型中,坚持因地制宜,根据城乡新型社区不同的形成背景、形成方式、社区规模等探索多样性制度适

[①] 马流辉,曹锦清. 易地扶贫搬迁的城镇集中模式:政策逻辑与实践限度——基于黔中G县的调查[J]. 毛泽东邓小平理论研究,2017(10):80-86,108.

[②] 马良灿,陈淇淇. 易地扶贫搬迁移民社区的治理关系与优化[J]. 云南大学学报(社会科学版),2019(3):110-117.

用路径，规避路径单一和机械模仿复制的风险。①

二、地方政府合作治理能力落后是形成困境的主要原因

在我国从传统走向现代的过程中，推进国家治理体系和治理能力现代化最关键的是推进政府治理体系与治理能力的现代化②，尤其是地方政府治理能力现代化，主要包括制度创新、多元合作、责任承担、电子治理、危机防控等能力。③对于某一个新的组织或新型治理单元来说，由于需要大量资源动员、政策执行以及获得相应的权威、合法性等因素，因此制度创新能力、多元合作能力和责任承担能力更为重要。首先是制度创新能力。相比较其他治理主体来说，由于政府具有推动区域经济社会发展和利益最大化的动机和实力，就有更强的组织集体行动和制度创新的能力。④其次，治理不同于管理，是包括政府、社会、市场等在内的多元互动的关系，其关系直接影响制度运行和治理绩效。负向关系会限缩制度运作空间，如果形成协调治理的正向关系，则会延展制度运作空间，形成更好的治理效能。⑤因此，提升地方政府治理能力"关键是提升由地方政府沟通力、合作力、协作力、竞争力构成的地方政府合作治理能力"。⑥最后是责任承担能力，

---

① 陆益龙，孟根达来. 新时代乡村治理转型的内在机制与创新方向[J]. 教学与研究，2021（8）：50-59.

② 李景鹏. 关于推进国家治理体系和治理能力现代化——"四个现代化"之后的第五个"现代化"[J]. 天津社会科学，2014（2）：57-62.

③ 龙献忠，谢彦欣. 地方政府治理能力现代化：概念比较、要素定位与路径选择[J]. 河南社会科学，2015（6）：28-32.

④ 王玉明. 论政府的制度创新职能—从新制度经济学的视角分析[J]. 中国行政管理，2001（5）：59-64.

⑤ 刘培功，胡小君. 把制度优势更好转化为治理效能——以党的政治建设推进国家治理现代化[J]. 学习与探索，2022（2）：56-62.

⑥ 沈荣华. 提升地方政府治理能力的三重逻辑[J]. 中共福建省委党校学报，2015（1）：12-19.

不仅需要其主动承担履职过程中"失位""越位""错误"责任①,更需要不断提高地方政府的纠错更新能力。

"农村治理危机的出现,其实是政府转型滞后的直接结果"②。对于资源型地区来说,无论是在各类城乡新型社区前期规划、推动方式、实现形成等阶段,还是在其后续治理与发展中,都体现出极强的政府主导性。面对新型社区的治理规则、产业转型、发展趋势以及人的现代化等难以适应于现实发展的困境,政府仍采用传统应对方式或直接甩包袱,加剧了问题的复杂性和严重程度。可以说,在资源型地区,地方政府既是各种事物产生的直接推力,又是各种问题矛盾产生的根源,直接反映了其治理能力现代化程度不足。从当前资源型地区城乡新型社区治理困境背后的原因来看,地方政府制度创新及其与其他主体合作治理能力落后是最主要的因素。

一是政府角色混乱导致缺乏有效的制度创新。在资源型地区各种城乡新型社区的形成与治理过程中,地方政府因为行政考核压力、本身自利性倾向等因素,角色定位时常出现混乱,不仅很少进行整体规划和制度创新,更由于其政策强制性、运动性和变通性,导致治理性危机出现。

二是政企关系异化导致出现严重信任危机。在资源型地区城乡新型社区形成及后续治理中,由于出现政府越位干预市场行为或政企之间临时资源交换现象,甚至直接的权力寻租和利益合谋,不仅导致社区难以妥善处理土地复耕、生态修复、搬迁后的产业发展、收入保障与治理转型问题,更由于存在一些隐性目标损害农民利益,导致群众对城乡新型社区存在的目的及其正当性产生质疑甚至对抗,不仅严重影响了新型社区治理效能,更严重影响着地方社会的稳定与经济发展,进而使整个地区陷入政府信任危机。

三是政社关系行政化导致很难激发社会活力。政府对农村各自治组织、

---

①　陈振明. 中国地方政府改革与治理的研究纲要[J]. 厦门大学学报(哲学社会科学版),2007(6):12-20.

②　赵树凯. 乡镇治理与政府制度化[M]. 北京:商务印书馆,2012:219.

社会组织、新型社区治理组织等，长期存在行政领导关系。城乡新型社区的形成一定程度上表现为自上而下的政策性主导和农民的被动式接受，各种农村社会组织只是作为单纯的政策执行者，不仅很难充分发挥农民主体性作用，更难以代表农民表达意愿、维护权益。正因为如此，直接导致农民对城乡新型社区的认同感缺失，不仅造成新型社区后续发展动力不足，更难以有效激发农民形成解决社区发展问题、走出困境的集体行动。

三、以城乡融合来推动新型社区治理转型是根本出路

全面推进城乡融合、加快城乡要素流动是当前和未来建立和谐的城乡关系、加快乡村振兴的关键。城乡各种新型社区的出现既是城乡融合趋势的直接反映，也提前揭示出城乡融合的问题和难点。推动城乡新型社区持续发展，关键是要推动治理转型，直面城乡融合的难点，深化制度改革和创新，打破城乡之间的边界和人为区隔，实现城乡在治理模式、公共服务等方面真正融合发展。

与全国其他地方一样，资源型地区各种城乡新型社区的出现实质上反映的是农民向城镇流动的过程，既体现了农民生产生活方式的变迁，也是农民从传统逐步走向现代的过程，是一整套系统的变化。在这个过程中，随着农民聚集方式和空间形态的变化，相应地涉及户籍、土地、就业、公共服务等一系列制度的变化，必须治理先行，加强各种制度创新，建立起城乡融合发展的社会治理体系。一方面，对于城乡社会治理要一体谋划、一体推进，建立城乡融合发展社会治理体制机制；另一方面，加大对乡村社会治理支持力度，合理布局基本公共服务设施，推动建立城乡均等、普惠、便捷的基本公共服务。

首先，明确定位，创新社区治理模式，加快治理规则的转型，构建城乡融合下多种形式的社区治理模式。如对于像 D 村这样集体经济薄弱的移民新村，政府要加大公共财政投入，充分借鉴城市社区服务管理的成功经

验，将其由农村社区纳入城镇化管理，并借鉴市场化的经验，逐步实现城乡基础设施、基本公共服务和社会事业发展相衔接，不断提高服务水平和质量。对于像 T 村这样的合并型新村，要大胆创新，探索试验区、新区、村级镇甚至村级市等治理模式和管理体制，逐步实现城乡一体。

其次，转变重建设轻治理的"行政任务"思路，加强脱贫攻坚与乡村振兴的政策衔接，强化搬迁后土地的复垦整治与移民新村内生性发展能力的培养。通过社区营造、多元合作、内生发展能力培育等推动集中安置社区向生活共同体、利益共同体、发展共同体转变，形成参与、服务、资源等方面的良性互动。[①] 一方面在强化移民安置新村经济功能的基础上，加强村级集体经济的发展，尤其是加强新村产业发展和旧村土地整治后规模化再利用，与此同时加快农村土地产权改革，推动构建城乡统一的建设用地市场，有序提高土地利用效率和资源配置效率。[②] 另一方面，逐步探索政府涉农项目供给侧改革，探索农民主动参与公共项目建设与维护的实现形式，完善利益联结机制，增强群众主体性和新村集体行动能力。

第三，形成多元合作治理格局，构建党组织领导、多元合作治理的组织架构。现代化社会是一个多元的开放性社会，任何社会共同体的发展都需要共同体内部力量与外部力量共同作用的合力推动。通过制度创新来推动基层党组织、政府、企业、社会和新区群众的整体协作，探索构建以基层党组织为核心、群团组织为纽带、社会组织为依托的新型社区共同体建设工作组织体系。尤其要改变政府传统行政思维模式，不能用简单的私下的非正式的资源交换来代替制度规划和市场行为，严格做到依法治理，制度先行。

第四，大力加强新型职业农民培训，加快建立人才吸纳机制。一方面

---

① 郑娜娜，许佳君. 易地搬迁移民社区的空间再造与社会融入——基于陕西省西乡县的田野考察[J]. 南京农业大学学报（社会科学版），2019（1）：58-68，165.
② 孔祥智，谢东东. 城乡融合发展面面观：来自县域的报告[J]. 河北学刊，2022（2）：129-139.

加强农民人力资本开发与挖掘，大力开展新型职业农民培育，帮助农民掌握适合第二、第三产业发展的技术技能，提高农民适应农业现代化以及其他产业的能力。另一方面要完善相关激励政策，营造人才成长的环境，畅通各界人士报效乡梓的渠道，通过大力实施"凤还巢"优秀人才选育计划，鼓励各类人才回乡参与公共事务、基础设施、产业发展、公共服务等项目。

最后要培养培育农民的公共精神，通过村规民约、道德评议以及公共项目的供给侧改革，促进农民参与公共事务和维护公共利益的主动性；通过强化农民集体共同体认同、改善农民公共事务参与状态、重塑乡村道德和价值形态等，推动传统农民向现代公民的转变。

第二节　讨　论

一、城乡融合背景下如何实现村民自治和现代社区治理有效衔接？

从实践看，因生态修复、沉陷区治理、脱贫攻坚、资源转型等形成的各种城乡新型社区作为一种政府主导规划建立的社区，由于是政府行政力量作用的结果，导致其在后续治理过程依然存在着行政色彩浓厚、对政府过度依赖等问题。从未来城乡融合和基层治理转型发展来看，无论是乡村振兴，还是新型社区的发展，农民或者说社区居民是乡村建设和新型社区治理真正的主体力量，需要充分调动和发挥乡村社会主体性，才能实现城乡新型社区有效治理和持续发展。那么就面临着组织调适和关系协调的问题。

一是在当前城镇化快速推进和城乡要素快速流动的背景下，未来农村会逐步向城乡新型社区过渡，城乡新型社区也将日益由多个建制村集聚形成，而建制村是村民自治的基本单元，村民委员会及其集体产权仍然是村民自治的主要组织和内容，在建制村撤并长期滞后于新型社区建设和新型社区公共服务一体化建设的背景下，如何科学合理划定城乡基层社会基本治理单元，如何处理新型社区多个建制村之间关系，尤其是如何处理以建制村为单位的集体产权运行与以新型社区为单位的公共服务供给等问题，是未来探索实现村民自治制度和现代社区治理有效衔接的关键，也是本书将继续深入研究的领域。

二是在未来的新型社区治理和发展中，无论采用什么样管理模式，都必须处理政府、企业、自治组织、社会组织、农民之间的关系，而这些治理主体都拥有不同的资源优势和利益追求，如何整合和协调多元主体的利益关系，以达到对共同利益的优先认同，尤其是不同社会治理主体以何种方式参与新型社区治理也是未来需要重点探索的问题。

三是如何解决城乡新型社区不断增多与乡村人才大量流失的矛盾。目前日益增多的城乡新型社区需要大量的人才。由于现在城乡新型社区都还处在"城乡过渡"地带，加之角色定位不清，难以满足人才需求。比如在合并新村里，除村民融合、公共服务以外，最大的发展制约就是人才断代问题，即使村里有较强的集体经济，也很难留住年轻人，甚至难以选择出较为合适的农村领导人。无论是乡村发展还是新型社区治理都需要很多年轻人，需要大量经济类、综合型的人才。但是乡村本身的年轻人都流向了大城市，特别是经济越好的村庄，越重视教育，而越重视教育，人才外流越严重，怎么解决城乡新型社区后继人才问题也是未来需要探索的重点。

二、乡村振兴背景下如何协调资源下沉与社区集体经济发展的关系？

从实践中看，目前城乡各种新型社区的出现主要是为了解决农村基础设施落后、公共服务差的问题，但从未来乡村发展和新型社区的持续建设来看，经济发展仍然是第一要务，尤其集体经济发展壮大更是促进新型社区内生持续发展的基础。精准扶贫和乡村振兴战略实施以来，国家加大了对乡村的投入力度，各种资源、资金、项目都大量地向乡村倾斜。在各地实践中，一方面由于乡村集体尤其是各种新型社区缺乏有效的承接载体，加之农民组织化程度低、主体参与不足等，存在资源使用效率低、公共产品供给成本高等问题，导致许多项目难以落地或难以持续发展；另一方面由于政府"大包大揽"、直接干预或过度依靠项目外包市场等，忽视农民主体建设，出现资源下沉与农民利益连接脱钩的现象，导致集体经济组织过分依赖政府，乡村内生发展活力不足。

国家大量资源进入乡村社会，是通过外部资源输入推动乡村内生成长的社会变迁过程，如何将自上而下的现代化任务与分散的农民有效对接，推动农村现代化变迁则是关键。当前，随着乡村振兴战略的大力实施，各种资源大量向城乡基层下沉，乡村社会尤其是各种城乡新型社区，通过什么样组织载体、以什么样的集体经济形式来承接资源下沉，以及政府应该以什么样的方式来提供，才能既避免因"无主体"性导致资源使用无效率，又避免政府过分干预加剧依赖性等问题，是当前和今后各种城乡新型社区必须解决的现实问题。即：通过什么形式和方式让政府下沉的资源、资金激发起农民和新型社区自我发展的能力和动力，需要进行多方面的探索。

三、资本下乡背景下如何解决社区产业选择与农民利益维护的问题？

随着城镇化发展和各地城乡融合发展的推进，在政府财政资金大规模"反哺"农村的同时，各种工商资本也大量涌向农村，进行土地整理、土地流转、产业发展和乡村建设等，即"资本下乡"。本书研究的资源型地区各种城乡新型社区的形成过程一定意义上也是资源型地区资本下乡的集中反映。比如资本下乡后大力推动"农民上楼"等集中居住形成了各种新型社区，许多企业下乡进行土地流转搞农业现代化建设、参与社区基础设施建设、承接政府建设项目等。但实践中，大量资本、企业在下乡过程中，由于动机不一、良莠不齐，导致出现权钱勾结、村企博弈、市场混乱、欺骗农民等现象，不仅没有取得良好效果，资本更陷入进退两难境地，甚至引发了基层社会大量矛盾，尤其是部分企业下乡并非真正发展乡村产业、带动农民增收，而是低价圈地，甚至私自改变土地用途，大肆搞非农建设，套取国家惠农资金，严重损害了国家和农民利益。

资本是逐利的，当资本逐利与社会责任无法统一时，就可能损害公共利益。目前，随着国家对农村支持力度加大，许多工商资本开始涌入乡村进行产业发展，参与乡村建设。因此，如何有效地利用下乡的资本，防止乡村被资本吞噬，是城乡融合发展的关键，也是未来城乡新型社区产业发展的关键。一方面，从政府职能角度，既要通过创造良好的营商环境，鼓励和支持各种企业参与乡村建设和产业发展，更需要重点探讨资本下乡过程中政府应该承担什么样的责任、怎样承担责任，尤其是建立什么样的资本下乡监管机制和风险预防机制，防止不良企业下乡侵害农民利益。另一方面，从产业发展来看，需要重点处理资本带动与集体产业自身发展的关系，探索产业发展与农民利益连接有效的实现形式，即乡村集体组织和各种城乡新型社区在和企业合作发展产业时，既要加强集体产业与农民利益的连接性，又要避免因经济利益而依附于企业，导致资本替代农民成了乡村治理的主体，进而加大城乡基层社会治理和发展的风险。

参考文献

（一）著作类

[1] 马克思恩格斯选集（第 1 卷）[M]. 北京：人民出版社，1995.

[2] 马克思恩格斯选集（第 2 卷）. 北京：人民出版社，1995.

[3] 马克思恩格斯全集（第 1 卷）. 北京：人民出版社，2002.

[4] 马克思恩格斯全集（第 2 卷）. 北京：人民出版社，2002.

[5] 马克思恩格斯全集（第 3 卷）. 北京：人民出版社，2002.

[6] 马克思恩格斯全集（第 5 卷）. 北京：人民出版社，2002.

[7] 马克思. 资本论（第 1 卷）. 北京：人民出版社，2004.

[8] 毛泽东文集（第 6 卷）. 北京，人民出版社，1999.

[9] 邓小平文选（第 2 卷）. 北京：人民出版社，1993.

[10] 邓小平文选（第 3 卷）. 北京：人民出版社，1993.

[11] 邓小平年谱. 北京：中央文献出版社，2004.

[12] 习近平谈治国理政（第 1 卷）. 北京：外文出版社，2014.

[13] 习近平谈治国理政（第 2 卷）. 北京：外文出版社，2017.

[14] 习近平谈治国理政（第 3 卷）. 北京：外文出版社，2020.

[15] 习近平新时代中国特色社会主义思想三十讲. 北京：学习出版社，2018.

[16] 李培林. 另一只看不见的手：社会结构转型. 北京：社会科学文献出版社，2005.

[17] 王玉梁. 价值和价值观. 西安：陕西师范大学出版社，1988.

[18] 费孝通．中国城镇化道路．呼和浩特：内蒙古人民出版社，2010.

[19] 费孝通．乡土中国．上海：上海人民出版社，2006.

[20] 王沪宁．当代中国村落家族文化：对中国社会现代化的一项探索．上海：人民出版社，1991.

[21] 王沪宁．政治的逻辑：马克思主义政治学原理．上海：上海人民出版社，2004.

[22] 徐勇．现代国家乡土社会与制度建构．北京：中国物资出版社，2009.

[23] 徐勇．国家化、农民性与乡村整合．南京：江苏人民出版社，2019.

[24] 陆学艺．改革中的农村与农民．北京：中共中央党校出版社，1992.

[25] 杨光斌．政治学导论（第三版）．北京：中国人民大学出版社，2007.

[26] 王浦劬．政治学基础（第四版）．北京：北京大学出版社出版，2018.

[27] 景跃进，张小劲．政治学原理．北京：中国人民大学出版社，2006.

[28] 景跃劲等．当代中国政府与政治．北京：中国人民大学出版社，2016.

[29] 乔耀章．政府理论．苏州：苏州大学出版社，2003.

[30] 李明强．地方政府学．武汉：武汉大学出版社，2010.

[31] 汪大海等．社区管理（第二版）．北京：中国人民大学出版社，2009.

[32] 何肇发．社区概论．广州：中山大学出版社，1991.

[33] 胡宗山．城乡社区建设概论．武汉：湖北科学技术出版社，2008.

[34] 项继权．集体经济背景下的乡村治理．武汉：华中师范大学出版

社，2002.

[35] 俞可平. 敬畏民意：中国的民主治理与政治改革. 北京：中央编译出版社，2012.

[36] 于建嵘. 农民组织与新农村建设：理论与实践. 北京：中国农业出版社，2007.

[37] 荣敬本，崔之元. 从压力型体制向民主型体制的转变：县乡两级政治体制改革. 北京：中央编译出版社，1998.

[38] 董江爱. 煤矿产权制度改革与资源型乡村治理研究. 北京：中国社会科学出版社，2016.

[39] 彭澎. 政府角色论. 北京：中国社会科学出版社，2002.

[40] 周黎安. 转型中的地方政府：官员激励与治理. 上海：上海人民出版社 2008.

[41] 赵树凯. 乡镇治理与政府制度化. 北京：商务印书馆，2012.

[42] 何增科，等. 基层民主和地方治理创新. 北京：中央编译出版社 2004.

[43] 朱林兴，孙林桥. 论中国农村城市化. 上海：同济大学出版社，1996.

[44] 陈晓莉. 政治文明视域中的农民政治参与. 北京：中国社会科学出版社，2007.

[45] 刘守英. 直面中国土地问题. 北京：中国发展出版社，2014.

[46] 陈晓燕. 企业制造城镇的政治逻辑. 北京：中国社会科学出版社，2016.

[47] 李周，任常青. 农地改革、农民权益与集体经济：中国农业发展中的三大问题. 北京：中国社会科学出版社，2015.

[48] 厉以宁. 中国道路与新城镇化. 北京：商务印书馆，2013.

[49] 谭鑫. 云南休闲农业发展研究. 北京：民族出版社，2012.

[50] 李晓翼. 农民及其现代化. 北京：地质出版社，2008.

[51] 潘维. 农民与市场：中国基层政权与乡镇企业. 北京：商务印书馆，2003

[52] 王先明. 走进乡村：20 世纪以来中国乡村发展论争的历史追索. 太原：山西人民出版社，2012.

[53] 李利宏. 煤矿产权结构与资源型村庄治理. 北京：中国社会科学出版社，2016.

[54] 刘铁军. 产权纠纷视角下的资源型农村政治生态研究. 北京：中国社会科学出版社，2020.

[55] 袁银传. 小农意识与中国现代化. 武汉：武汉出版社，2000.

[56] 陈柏锋. 半熟人社会. 北京：社会科学文献出版社，2019.

[57] 梁漱溟. 梁漱溟全集（第 5 卷）. 济南：山东人民出版社，1992.

[58] 梁漱溟. 乡村建设理论. 北京：商务印书馆，2017.

[59] 晏阳初. 平民教育与乡村建设运动. 北京：商务印书馆，2017.

[60] [日] 田原史起. 日本视野中的中国农村精英：关系、团结、三农政治. 济南：山东人民出版社，2012.

（二）译著类

[1] [德] 斐迪南·滕尼斯. 共同体与社会. 张巍卓，译. 北京：商务印书馆，2019.

[2] [德] 马克斯·韦伯. 新教伦理与资本主义精神. 于晓，陈维纲，等译. 北京：三联书店，1992.

[3] [德] 韦伯作品集（Ⅳ）经济行动与社会团体. 康乐，简惠美，译. 桂林：广西师范大学出版社，2004.

[4] [德] 沃尔特·克里斯塔勒. 德国南部中心地原理. 常正文，王兴中，等译. 北京：商务印书馆，2010.

[5] [美] 埃莉诺·奥斯特罗姆. 公共事务的治理之道：集体行动制度的演进. 余逊达，陈旭东，译. 上海：三联书店，2000.

[6] [美] 杜赞奇. 文化、权力与国家：1900—1942 年的华北农村. 王福明, 译. 南京：江苏人民出版社, 2010.

[7] [美] 罗伯特·吉本斯. 博弈论基础. 高峰, 译. 北京：中国社会科学出版社, 1999.

[8] [美] 塞缪尔·P. 亨廷顿. 变革社会中的政治秩序. 王冠华, 等译. 上海：上海人民出版社, 2008.

[9] [美] 唐纳德·凯特尔. 权力共享：公共治理与私人市场, 孙迎春, 译. 北京, 北京大学出版社, 2009.

[10] [美] 詹姆斯·罗西瑙. 没有政府的治理. 张胜军, 译. 南昌：江西人民出版社, 2001.

[11] [美] 罗伯特·E. 帕克, 欧内斯特·W. 伯吉斯, 等. 城市社会学. 宋俊岭, 等译. 北京：华夏出版社, 1987.

[12] [美] 埃弗里特·M. 罗吉斯, 拉伯尔·J. 伯德格. 乡村社会变迁. 王晓毅, 王地宁, 译. 杭州：浙江人民出版社, 1988.

[13] [美] 理查德·派普斯. 财产论. 蒋琳琦, 译. 北京：经济科学出版社, 2003.

[14] [美] 罗伯特·A. 达尔, 爱德华·R. 塔夫特. 规模与民主. 唐皇凤, 刘晔, 译. 上海：上海人民出版社, 2013.

[15] [美] 舒尔茨. 改造传统农业. 梁小民, 译. 北京：商务印书馆, 1999.

[16] [美] 斯蒂格利茨. 政府为什么干预经济. 郑秉文, 译. 北京：中国社会科学出版社, 2009.

[17] [美] 珍妮特·V. 丹哈特. 新公共服务：服务，而不是掌舵. 丁煌, 译. 北京：中国人民大学出版社, 2004.

[18] [美] 詹姆斯·汤森、布兰特利·沃马克. 中国政治. 顾速, 董方, 译. 南京：江苏人民出版社, 1995.

[19] [古希腊] 亚里士多德. 《政治学》. 吴寿彭, 译. 北京：商务印书

馆，1983年。

[20][美]V.奥斯特罗姆等编.制度分析与发展的反思——问题与抉择.王诚，等译.北京：商务印书馆，1992.

[21][美]卡罗尔，巴克霍尔茨.企业与社会：伦理与利益相关者管理.黄煜平，等译.北京：机械工业出版社，2004.

[22][英]J.S.密尔.代议制政府.汪瑄，译.北京：商务印书馆，1982.

[23][英]奥蒂.资源富足与经济发展.张效廉，译.北京：首都经贸大学出版社，2006.

[24][意]V·帕累托.普通社会学纲要.田时纲，译.北京：三联书店，2001.

[25][美]洛易斯·惠勒·斯诺：斯诺眼中的中国.王恩光，译.北京：中国学术出版社，1982.

[26][美]弗朗西斯·福山.国家构建：21世纪的国家治理与秩序.黄胜强，许铭原，译.北京：中国社会科学出版社，2007.

（三）论文类

[1]习近平.把乡村振兴战略作为新时代"三农"问题的总抓手.求是，2019（11）.

[2]习近平.在全国脱贫攻坚总结表彰大会上的讲话.人民日报，2021-2-26.

[3]杨郁，刘彤.国家权力的再嵌入：乡村振兴背景下村庄共同体再建的一种尝试.社会科学研究，2018（5）.

[4]徐勇，黄辉祥.目标责任制：行政主控型的乡村治理及绩效：以河南L乡为个案.学海，2002（1）.

[5]徐勇.由能人到法治：中国农村阶层治理模式转换–以若干个案为例.华中师范大学学报（哲学社会科学版），1996（4）.

[6]徐勇，农民理性的扩张："中国奇迹"的创造主体分析.中国社会科

学，2010（1）.

[7] 徐勇. 村民自治的深化：权利保障与社区重建. 学习与探索，2005（4）.

[8] 山西省地方税务局. 改革和完善煤炭资源税的研究——关于山西省改革煤炭资源税的调研报告. 税务研究，2004（12）.

[9] 董江爱，徐朝卫. 基于煤炭资源的利益博弈与策略选择：山西煤矿开采与经营中的政企关系研究. 中国行政管理，2015（2）.

[10] 董江爱，王慧斌. 民生与民主：资源型地区利益均衡的路径选择. 理论探讨，2014（3）.

[11] 王慧斌，董江爱. 产权与治权关系视角的村民自治演变逻辑—— 一个资源型村庄的典型案例分析. 中国行政管理，2018（2）.

[12] 董江爱. 煤矿产权与村庄政治. 政治学研究，2011（6）.

[13] 董江爱，霍小霞. 矿权与乡村治理. 社会主义研究，2012（4）.

[14] 董江爱，陈晓燕. 邓小平"先富与共富"思想及其在资源型地区的实践. 马克思主义研究，2014（1）.

[15] 董江爱. 精英主导下的参与式治理. 华中师范大学学报（人文社会科学版），2007（6）.

[16] 朱力，汪小红. 干群矛盾的理性分析：类型、特征、趋势和对策. 中共中央党校学报，2017（3）.

[17] 秦永雄. 山西煤炭兼并重组后构建和谐地矿关系的长效机制研究. 山西高等学校社会科学学报，2013（10）.

[18] 田毅鹏，韩丹. 城市化与"村落终结". 吉林大学社会科学学报，2011（2）.

[19] 李培林. 村落终结的社会逻辑——羊城村的故事. 江苏社会科学，2004（1）.

[20] 周建军. 山西：亟待破解的"资源诅咒". 中国改革，2007（3）.

[21] 胡乾坤. 山西煤炭资源整合的法律经济学分析. 新西部，2010（6）.

[22] 卢福营. 集体经济资源丰富背景下的村庄治理——以浙江 A 村为例. 中共宁波市委党校学报，2008（5）.

[23] 程恩富. 坚持公有制经济为主体与促进共同富裕. 求是学刊，2013（1）.

[24] 韩文龙，刘灿. 共有产权的起源、分布与效率问题. 云南财经大学学报，2013（1）.

[25] 谢岳. 市场转型、精英政治化与地方政治秩序. 天津社会科学，2004（2）.

[26] 邓欣，潘祥改. 论政府干预目标：效率与公平. 武汉大学学报（哲学社会科学版），1994（2）.

[27] 邓大才. 中国农村村民自治基本单元的选择：历史经验与理论建构. 学习与探索，2016（4）.

[28] 邓大才. 产权单位与治理单位的关联性研究——基于中国农村治理的逻辑. 中国社会科学，2015（7）.

[29] 张毅，董江爱. 集体产权、资源禀赋与农村政治生态优化研究. 云南财经大学学报，2020（1）.

[30] 全志辉，贺雪峰. 村庄权力结构的三层分析－兼论选举后村级权力的合法性. 中国社会科学，2002（1）.

[31] 杨善华. 家族政治与农村基层政治精英的选拔、角色定位和精英更替——一个分析框架社会学研究，2000（3）.

[32] 李祖佩，曹晋. 精英俘获与基层治理：基于我国中部某村的实证考察. 探索，2012（5）.

[33] 赵树凯. 社区冲突和新型权力关系——关于 196 封农民来信的初步分析. 中国农村观察，1999（2）.

[34] 韩宏伟. 超越"塔西佗陷阱"：政府公信力的困境与救赎. 湖北社会科学，2015（7）.

[35] 童星，赵夕荣. "社区"及其相关概念辨析. 南京大学学报（哲学

人文科学社会科学版），2006（2）.

[36] 郑娜娜，许佳君.易地搬迁移民社区的空间再造与社会融入——基于陕西省西乡县的田野考察.南京农业大学学报（社会科学版），2019（1）.

[37] 王寓凡，江立华.“后扶贫时代”农村贫困人口的市民化——易地扶贫搬迁中政企协作的空间再造.探索与争鸣，2020（12）.

[38] 马流辉，曹锦清.易地扶贫搬迁的城镇集中模式：政策逻辑与实践限度——基于黔中 G 县的调查.毛泽东邓小平理论研究，2017（10）.

[39] 董江爱，霍小霞.资源型县域新农村建设的困境及出路.经济问题，2011（10）.

[40] 任国志.易地扶贫搬迁增减挂钩项目中的耕保问题.中国土地，2021（3）.

[41] 刘彦随.科学推进中国农村土地整治战略,中国土地科学，2011（4）.

[42] 谭明智.严控与激励并存：土地增减挂钩的政策脉络及地方实施.中国社会科学，2014（7）.

[43] 钟伟军，陶青青.压力下的权威拓展：基层政府如何塑造非正式治理资源？——基于浙江省 W 镇“仲规侬”的案例分析.公共管理学报，2021（2）.

[44] 欧阳静.“做作业”与事件性治理：乡镇的“综合治理”逻辑.华中科技大学报（社会科学版），2010（6）.

[45] 马良灿，陈淇淇.易地扶贫搬迁移民社区的治理关系与优化.云南大学学报（社会科学版），2019（3）.

[46] 吴新叶，牛晨光.易地扶贫搬迁安置社区的紧张与化解.华南农业大学学报（社会科学版），2018（2）.

[47] 何得桂，党国英.西部山区易地扶贫搬迁政策执行偏差研究：基于陕南的实地调查.国家行政学院学报，2015（6）.

[48] 陈朋.乡村振兴中的城乡空间重组与治理重构.南京农业大学学报

（社会科学版），2021（4）.

[49] 谢晓林.社会主义新农村规划建设"村庄合并"的探讨.黑河学刊，2007（2）.

[50] 李增元，张兴佳.城乡土地增减挂钩政策下的合村并居及其内在逻辑.社会主义研究，2021（6）.

[51] 折晓叶，陈婴婴.产权怎样界定.社会学研究，2005（4）.

[52] 卢福营.经济能人治村：中国乡村政治的新模式.学术月刊，2011（10）.

[53] 何静.村庄兼并：实现农村共同富裕的有效途径.经济问题，1996（10）.

[54] 马远，龚新蜀.城镇化、农业现代化与产业结构调整—基于 VAR 模型的计量分析.开发研究，2010（5）.

[55] 罗必良.村庄兼并：农村社区的组织制度创新—农村经济组织制度的实证分析之一.南方农村，1999（2）.

[56] 苏秀瑞.以党组织设置方式创新推动农村改革发展——山西省阳泉市郊区组建联村党委的探索与启示.中国党政干部论坛，2015（12）.

[57] 狄金华.农村基层政府的内部治理结构及其演变.北京大学学报(哲学社会科学版），2020（2）.

[58] 贺雪峰.论乡村治理内卷化—以河南省 K 镇调查为例.开放时代，2011（2）.

[59] 陈荣卓，李梦兰.城乡关系视域下撤村并居社区的融合性治理.江汉论坛，2018（3）.

[60] 阮荣平.农村集中居住：发生机制、发展阶段及拆迁补偿—基于新桥镇的案例研究.中国人口·资源与环境，2012（2）.

[61] 林聚任.村庄合并与农村社区化发展.人文杂志，2012（1）.

[62] 张鹏，刘春鑫.基于土地发展权与制度变迁视角的城乡土地地票交易探索—重庆模式分析.经济体制改革，2010（5）.

[63] 刘元胜，崔长彬，唐浩．城乡建设用地增减挂钩背景下的撤村并居研究．经济问题探索，2011（11）．

[64] 王兆林，朱婉晴，杨庆媛．近30年中国合村并居研究综述与展望．中国土地科学，2021（7）．

[65] 焦长权，周飞舟．"资本下乡"与村庄的再造．中国社会科学，2016（1）．

[66] 周飞舟，王绍深．农民上楼与资本下乡：城镇化的社会学研究．中国社会科学，2015（1）．

[67] 李文彦．煤矿城市的工业发展与城市规划问题．地理学报，1978（1）．

[68] 张米尔，武春友．资源型城市产业转型障碍与对策研究．经济理论与经济管理，2001（2）．

[69] 张米尔，孔令伟．资源型城市产业转型的模式选择．西安交通大学学报（社会科学版），2003（1）．

[70] 曾坚，张彤彤．新常态下资源型城市经济转型问题、对策及路径选择．理论探讨，2017（1）．

[71] 杨继瑞，黄潇，张松．资源型城市转型：重生、困境与路径．经济理论与经济管理，2011（12）．

[72] 吴雨霏．浅谈我国资源型城市转型以及三种转型模式．中国矿业，2010（12）．

[73] 邵帅，齐中英．西部地区的能源开发与经济增长——基于"资源诅咒"假说的实证分析．经济研究，2008（4）．

[74] 张复明，景普秋．资源型经济的形成：自强机制与个案研究．中国社会科学，2008（5）．

[75] 曾丽君，隋映辉．中国资源型城市循环经济发展水平的聚类实证研究．中国人口·资源与环境，2011（3）．

[76] 刘纯彬，张晨．资源型城市绿色转型初探：山西省太原市的启发．城

市发展研究，2009（9）．

[77] 赵景逵，吕能慧，李德中．煤矸石的复垦种植．煤炭转化，1990
（7）．

[78] 胡振琪，陈龙乾．采煤塌陷区土地复垦管理模式初探中国土地科学，
1994（1）．

[79] 薛曜祖，黄蕾．采煤沉陷区非自愿移民安置模式研究，2017（1）．

[80] 景普秋，张复明．面向可持续发展的可耗竭资源管理．管理世界，
2007（7）．

[81] 陈潭，陈祖华．精英博弈、亚瘫痪状态与村庄公共治理．管理世界，
2004（10）．

[82] 李香菊，祝玉坤．西部地区矿产资源产权与利益分割机制研究．财
贸经济，2011（8）．

[83] 董江爱，王铁梅．煤矿产权与农村政治——基于煤矿资源的农村公
共权力运作分析．政治学研究，2011（6）．

[84] 董江爱，崔培兵．村治中的政治博弈与利益整合——资源型农村选
举纠纷的博弈分析．中国农村观察，2010（2）．

[85] 冯耀明，资源型地区"富人当政"：农村发展的双刃剑．理论探索，
2008（1）．

[86] 李伟峰．资源型农村实现乡村振兴的现实困境与突破路径，学习与
探索，2021（2）．

[87] 董江爱．企业主导农村城镇化的缘起、过程与结果——一个资源型
地区城镇化模式的解释框架．山西大学学报（哲学社会科学版），2017（5）．

[88] 李利宏、董江爱．新型城镇化和共同富裕：资源型地区的治理逻
辑．马克思主义研究，2016（7）．

[89] 张嘉凌．政府还是企业：资源型地区新型城镇化的路径分析——对
山西两个农村城镇化典型案例的调查与思考．中国农村研究，2019（1）．

[90] 李增元．农村社区建设：治理转型与共同体构建．东南学术，2009（3）．

[91] 王小章，王志强.从"社区"到"脱域的共同体"——现代性视野下的社区和社区建设.学术论坛，2003（6）.

[92] 杨君，徐永祥，徐选国.社区治理共同体的建设何以可能？——迈向经验解释的城市社区治理模式.福建论坛·人文社会科学版，2014（10）.

[93] 项继权.中国农村社区及共同体的转型与重建.华中师范大学学报（人文社会科学版），2009（3）.

[94] 吴晓林.治权统合、服务下沉与选择性参与：改革开放四十年城市社区治理的"复合结构".中国行政管理，2019（7）.

[95] 林尚立，王华.创造治理：民间组织与公共服务型政府.学术月刊，2006（5）.

[96] 陈家喜.反思中国城市社区治理结构——基于合作治理的理论视角.武汉大学学报（哲学社会科学版），2015（1）.

[97] 张静.土地使用规则不确定：一个法律社会学的解释框架.中国社会科学，2003（1）.

[98] 狄金华.农村基层政府的内部治理结构及其演变.北京大学学报（哲学社会科学版），2020（2）.

[99] 柳泽，周文生，姚涵.国外资源型城市发展与转型研究综述.中国人口·资源与环境，2011（11）.

[100] 付少平.创新陕南移民社区社会治理的探讨.新西部（理论版），2014（32）.

[101] 何得桂.西部山区避灾扶贫移民型社区管理创新研究——基于安康的实践.国家行政学院学报，2014（3）.

[102] 何得桂，党国英，张正芳.精准扶贫与基层治理：移民搬迁中的非结构性制约.西北人口，2016（6）.

[103] 马流辉，曹锦清.易地扶贫搬迁的城镇集中模式：政策逻辑与实践限度——基于黔中G县的调查.毛泽东邓小平理论研究，2017（10）.

[104] [瑞士]梅里安.治理问题与现代福利国家.国际社会科学杂志（中

文版），1999（1）.

[105] 王浦劬 . 全面准确深入把握全面深化改革的总目标 . 中国高校社会科学，2014（1）.

[106] 王浦劬 . 论新时期深化行政体制改革的基本特点 . 中国行政管理，2014（2）.

[107] 程恩富 . 坚持公有制经济为主体与促进共同富裕 . 求是学刊，2013（1）.

[108] 韩文龙，刘灿 . 共有产权的起源、分布与效率问题 . 云南财经大学学报，2013（1）.

[109] 时影 . 地方政府行为失范及其矫正：一项制度层面的分析 . 行政与法，2016（10）.

[110] 王锡锌 . 参与失衡与管制俘获的解决：分散利益组织化 . 广东行政学院学报，2008（6）.

[111] 赵振军 . 发展至上、体制弊端与新农村建设的方向迷失 . 求实，2015（9）.

[112] 阮荣平 . 农村集中居住：发生机制、发展阶段及拆迁补偿——基于新桥镇的案例研究 . 中国人口·资源与环境，2012（2）.

[113] 王立剑，代秀亮 . 2020 年后我国农村贫困治理：新形势、新挑战、新战略、新模式 . 社会政策研究，2018（4）.

[114] 王曦 . "撤村并居"的制度优化与路径创新 . 江苏农业科学，2017（17）.

[115] 张秀吉 . 农村社区化建设中的利益多元与治理——以齐河县农村合村并居为例 . 山东社会科学，2011（2）.

[116] 王文龙 . 中国合村并居政策的异化及其矫正 . 经济体制改革，2020（3）.

[117] 尤琳，陈世伟 . 后税费时期乡镇政府治理能力研究 . 社会主义研究，2013（6）.

[118] 张勇，周丽，彭山桂.贫困山区农户搬迁与宅基地制度改革协同的动力机制与实践探索——以安徽省金寨县为例.农村经济，2021（2）.

[119] 陆益龙，孟根达来.新时代乡村治理转型的内在机制与创新方向.教学与研究，2021（8）.

[120] 李景鹏.关于推进国家治理体系和治理能力现代化——"四个现代化"之后的第五个"现代化".天津社会科学，2014（2）.

[121] 龙献忠，谢彦欣.地方政府治理能力现代化：概念比较、要素定位与路径选择.河南社会科学，2015（6）.

[122] 王玉明.论政府制度创新——从新制度经济学的视角分析.中国行政管理，2001（5）.

[123] 刘培功，胡小君.把制度优势更好转化为治理效能——以党的政治建设推进国家治理现代化.学习与探索，2022（2）.

[124] 陈振明.中国地方政府改革与治理的研究纲要.厦门大学学报（哲学社会科学版），2007（6）.

[125] 孔祥智，谢东东.城乡融合发展面面观：来自县域的报告.河北学刊，2022（2）.

[126] 王慧斌，董江爱.文化治理：乡村振兴的内在意蕴与实践路径.山西师范大学学报（社会科学版），2020（2）.

[127] 王利明.全面推进依法治国的着力点.光明日报，2014-09-24（13）.

[128] 徐勇.热话题与冷思考——关于国家治理体系和治理能力现代化的对话.当代世界与社会主义，2014（1）.

[129]1991年："有水快流"的硬币两面.中国煤炭报，2009-9-28.

[130] 山西：我国煤炭业诸多矛盾的"缩影".经济参考报，2007-04-10.

[131] "挖煤，山西生态环境之痛"系列报道之五想恢复生态花费要超千亿元.山西晚报，2005-4-29.

[132] 山西综合整治农村环境解决资源型农村的村矿矛盾.山西日报，

2008–12–17.

[133] 着力净化政治生态 . 光明日报，2015–5–3.

[134] 山西煤炭产量终结增长 酝酿组建亿吨级煤炭集团 .21 世纪经济报道，2016–2–20.

[135] 山西拟建立"以煤补农"政策机制 . 中国改革报，2006–3–5.

[136] 胡鞍钢 . 中国绿色发展的重要途径 . 中国环境报，2012–5–11.

[137] 洪大用 . 完善贫困治理体系，推进贫困治理现代化 . 光明日报，2017–10–9.

（四）外文类

[1] Kooiman J.Societal Governance：Levels ' Mode ls And Orders Of Socio-Political Interaction，Oxford University Press，2003.

[2] Lucas RA．Minetown，Milltown，Railtown：Life in Canadian Communities of Single Industry．University of Toronto Press，1971.

[3] Jean C.Oi and Scott Rozelle.Elections and Power：The Locus of Decision Making in Chinese Villages.The china Quarterly.Cambridge University Press，2000.

[4] Sitakanta Panda. Political Connections and Elite Capture in a Poverty Alleviation Programme in India.The Journal of Development Studies，2015，1.

[5] Wedeman，Andrew H. From Mao to Market ：Rent Seeking，Local Protectionism，and Marketization in China，Cambridge：Cambridge University Press，2003.

[6] Bradbury.JH．TowardsanAlternativeTheoryofResource-basedTownDevelopmentinCanada．Economic Geography，1979，2.

[7] Bradbury.JH，St–MartinI．Winding Down in a Quebec Mining Town：A Case Study of Schefferville．The Canadian Geographer，1983，27(2)：128 — 144.

[8] Altman.M. Staple Theory and Export-led Growth：Constructing Differential Growth. Australian Economic History Review，2003，3.

[9] Markey.S，HalsethG，MansonD. The Struggle to Compete：From Comparative to Competitive Advantage in Northern British Columbia. International Planning Studies，2006，1.

[10] Houghton.DS.Long-distance commuting: a new approach to mining in Australia. Geographical Journal，1993，3.

[11] M.E.A.Jochimsen.Reclamation of colliery mine spoil founded on natural succession.Water，Air，and Soil Pollution，1996，91.

[12] Garrett Hardin. The Tragedy of the Commons. Science，1968，12.

[13] Sharply R. Rural Tourism and the Challenge of Tourism Diversification：the Cyprus. Tourism Management，2002，3.

（五）相关政策文件

[1] 国务院批转煤炭工业部关于加快发展小煤矿八项措施的报告的通告（国发〔1983〕73 号）.

[2]《中华人民共和国矿产资源法》（1996 年 8 月 29 日中华人民共和国主席令第 74 号）.

[3] 关于深化改革严格土地管理的决定（国发〔2004〕28 号）.

[4] 山西省人民政府关于继续深化煤矿安全整治的决定（晋政发〔2004〕14 号）.

[5]《国务院关于促进煤炭工业健康发展的若干意见》（国发〔2005〕18 号）.

[6] 中共中央国务院关于推进社会主义新农村建设的若干意见 . 人民日报，2006-2-22.

[7] 国家安全生产监督管理总局、国家煤矿安全监察局等 . 关于加强煤矿安全生产工作规范煤炭资源整合的若干意见 .（安监总煤矿〔2006〕

48 号）.

[8]《山西省人民政府关于加快推进煤矿企业兼并重组的实施意见》（晋政发〔2008〕23 号）.

[9]《山西省人民政府关于进一步加快推进煤矿企业兼并重组整合有关问题的通知》（晋政发〔2009〕10 号）.

[10]《山西省煤炭产业调整和振兴规划》（晋政发〔2009〕18 号）.

[11]《山西省采煤沉陷区治理工作指导意见》（晋农居发〔2014〕3 号）.

[12]《山西省深化采煤沉陷区治理规划（2014—2017 年）》（晋政办发〔2015〕21 号）.

[13]《山西省采煤沉陷区综合治理工作方案（2016-2018 年）》（晋政发〔2016〕31 号）.

[14]《山西省国家资源型经济转型综合配套改革试验实施方案（2016-2020 年）》（晋政发〔2016〕9 号）.

[15]山西省"十三五"时期易地扶贫搬迁实施方案（晋政办发〔2016〕82 号）.

[16]《中共中央国务院关于加强和完善城乡社区治理的意见》，2017-06-12.

[17]民政部等 9 部门联合印发《关于做好易地扶贫搬迁集中安置社区治理工作的指导意见》，2020-10-23.

[18]2021 年中央一号文件.《中共中央 国务院关于全面推进乡村振兴加快农业农村现代化的意见》，2021-02-21.

[19]2022 年中央一号文件.《中共中央 国务院关于做好 2022 年全面推进乡村振兴重点工作的意见》，2022-02-22.

[20]国家发改委《2022 年新型城镇化和城乡融合发展重点任务》（发改规划〔2022〕371 号）.